IT 트렌드
2026

IT 트렌드 2026

김지현 지음

AI로 만드는 부의 지도와 미래 전략

CRETA

차례

프롤로그 · 8

PART 1. 2026 IT 키워드 10

인공지능으로 읽는 2026 키워드 10 · 15

1. 'AI 에이전트' 생각하는 AI와 행동하는 AI로의 도약 · 16
2. '혁신가 AI' 인간도 못 풀던 문제를 해결한다 · 25
3. '응용 서비스의 진화' AI 원천기술을 뛰어넘어 비즈니스의 기회로 · 30
4. '모방학습과 연합학습' AI를 완성시킨다 · 37
5. 'AI 최적화 전략' 검색 엔진 최적화를 압도하는 새로운 전략 · 42
6. 'AX 본격화' 기업의 사업과 일하는 문화를 바꾼다 · 48
7. 'AI 전용 디바이스' PC와 스마트폰을 잇는다 · 54
8. '메타버스와 AI' 지능형 공간으로 또 한 번 혁신 · 57
9. '휴먼 디지털 트윈' 디지털 인간으로 진화한다 · 62
10. 'AI 리서치 혁명' 누구나 박사처럼 논문을 쓰는 시대가 온다 · 66

PART 2. AI 에이전트 시대의 개막

변곡점에 선 에이전트 이코노미 · 73
AI 에이전트, 완전체로 진화하다 · 74
AI 시대의 제3차 브라우저 전쟁 · 78
AI와 AI의 연합, 초지능 동맹의 탄생 · 87
AI에 손발을 달자, MCP와 A2A · 90
플랫폼 왕좌를 위협하는 에이전트 이코노미 · 92
에이전트 이코노미가 설계하는 새로운 비즈니스 지도 · 97

에이전트 구축과 개발의 고려 사항 · 104
에이전트의 종류와 역할 · 105
에이전트 개발, 기술과 전략의 퍼즐 맞추기 · 111
기업이 에이전트를 선택하는 이유 · 122
에이전트 성능 최적화 방안 · 130
에이전트 도입의 함정과 유의점 · 134
에이전트 운영의 기술과 생태계의 조건 · 136

PART 3. AI 디바이스와 메타버스 플랫폼의 진화

AI에 의한, AI를 위한, AI의 디바이스 · 145
AI 디바이스가 바꾸는 내 손안의 세상 · 146
1세대 AI 디바이스의 화려한 실패 · 149

차세대 AI 디바이스의 가능성 · 155

일상에서 만나는 메타버스와 AI · 161
메타의 오리온, 메타버스의 구원투수가 될까? · 162
생성형 AI가 만드는 메타버스 콘텐츠 · 167
메타버스 생태계, 이제는 사용자 중심이다 · 172
AI 에이전트가 주도하는 메타버스 이코노미 · 174
미래 경제의 주인공, 지갑을 지닌 AI 에이전트 · 177

PART 4. AI 주권과 혁신, 2026년을 향한 국가과 기업의 도전

AGI 시대의 문턱에서, AI에 가속도가 붙다 · 183
AI가 코드를 짜는 시대, 개발자 없이 개발한다 · 184
AI와 일하는 세상, 인간의 새로운 역할을 묻다 · 187
현실로 침투하는 피지컬 AI, 현실적 통제가 필요하다 · 191
AI는 도구인가, 권력인가? · 196

국가 경쟁력을 위한 정부의 AI 정책 '소버린 AI' · 200
AI 시대, 한국이 다시 앞서기 위해 · 201
중국의 수직계열화 국가 전략, AI 굴기를 과시하다 · 205
왜 중국 자본은 한국 플랫폼을 노리는가? · 209
HBM만으로는 부족하다, 한국 AI 투자 지형 · 212
AI 주권 전쟁, 2026년 골든타임을 잡아라 · 217
AI 경쟁력의 숨은 변수, 세계 에너지 전쟁 · 220
한국형 AI 바우처, 국민을 위한 디지털 복지 · 225
AI 시대의 플랫폼, 투자 없이는 불가능하다? · 231

AI 혁신을 위한 기업의 자세와 전략 · 239

- 기업의 생존 전략, AX가 답이다 · 240
- AI 동료가 만드는 조직의 미래 · 242
- AI를 움직이는 힘, 고성능 메모리의 진화 · 249
- 반도체 산업의 제2 부흥을 이끌 자율주행차와 로봇 · 257

AI 대변혁 시대, 개인과 조직의 대응 전략 · 260

- AI를 내 편으로 만드는 3가지 원칙 · 261
- AI와 함께 자라는 아이들을 위한 새로운 기준 · 272
- AI 시대의 리더의 역할과 AX 전략 · 280

부록 AI 트렌드 2026, 묻고 답하다

① 복잡한 AI 기술과 용어, 어떻게 이해해야 할까? · 288
② AI는 인간의 전뇌를 대체할 수 있을까? · 292
③ 인터넷 검색의 미래, AI가 장악하게 될까? · 294
④ 구글 글래스부터 애플 비전 프로까지, 메타버스 대중화의 길이 열릴까? · 298
⑤ 제조 AX 시대, AI가 공장 혁신을 이끄는 비결은 무엇일까? · 301
⑥ 암호화폐는 기존 금융과 결합된 스테이블 코인과 디파이로 부활할까? · 305
⑦ AI 에이전트 도입, 사람은 어떤 일을 하게 될까? · 311
⑧ AGI 시대, 인류는 통제할 수 있을까? · 319
⑨ AI 에이전트 이코노미, 새로운 부의 중심이 될 수 있을까? · 323
⑩ 양자컴퓨터는 AI와 블록체인의 적일까, 동반자일까? · 326

2026 AI 인사이트 찾아보기 · 331

프롤로그

　기술은 시간의 흐름 속에서 가속도가 붙는다. 작년 한 해의 변화는 이제 지난 한 달이면 충분하고, 어제 하루 동안의 기술 혁신의 진폭은 지난 10년의 발전을 무색하게 만들 만큼 거대하다. 《IT 트렌드 2025》를 집필하던 작년만 해도 AI는 기술의 상향 평준화와 표준화 속에서 원천 기술 발전은 다소 더뎌지고, 그 위에 새로운 응용 기술이 덧붙여져 다양한 AI 서비스가 가랑비에 옷 젖듯 조용히 스며들 것으로 전망했다.

　하지만 불과 1년이 지난 지금, 돌이켜 보니 현실은 정반대였다. 원천 기술은 오히려 더 빠른 속도로 더 큰 진전을 이루었고, 이를 기반으로 한 응용 기술 기반과 다양한 서비스, 제품의 출현은 예상보다 훨씬 더 빠른 속도로, 말 그대로 봇물처럼 쏟아졌다.

　2000년대 이후, 기술은 모든 트렌드를 압도하며 이끌고 있다. 새로운 상품의 등장, 사회·정치·경제의 변화, 마케팅 트렌드와 기업의 사업 혁신, 비즈니스 모델의 재편에 이르기까지 기술이 주는 영향력 전방위로 확산되고 있다. 그러므로 기술 변화를 인지하고 이해하는 일은 더 이상 선택이 아니다. 새로운 시장 혁신과 산업 전망을 통찰하는 출발점이다. IT와 AI 기술의 트렌드를 이해하는 것은 필수가 되었고, 모든 영역과 직업, 연령층이 기본으로 갖춰야 하는 기본 소양이 바로 '디지털 리터러시'의 핵심인 셈이다.

《IT 트렌드 2026》은 이번에 네 번째로, 지난 4년간 매년 기술 변화 방향과 반드시 알아야 할 기술 발전을 전망하며 핵심 인사이트를 이해하기 쉽게 서술했다. 어려운 기술을 쉽게 풀어내고, 이 기술이 우리의 일상과 사회, 산업에 어떤 가치를 더하고 있는지 생생한 사례를 곁들여 해석했다. 아울러 이들 기술이 이끄는 미래 시장을 전망하고, 기업과 개인, 우리 사회가 어떻게 대처해야 하는지 전략 방안을 제시했다.

2026년 IT 트렌드는 2가지 핵심적인 키워드로 요약된다. 바로 '에이전트 시대의 개막'과 '메타버스의 부활'이다. AI는 이제 단순한 도구를 넘어, 우리가 사용하는 하드웨어와 소프트웨어, 앱과 서비스 전반에 스며들어 에이전트라는 새로운 인터페이스로 진화하고 있다.

기기와 소프트웨어, 인터넷을 사용하는 방식을 근본적으로 바꾸며 사용자들에게 극한의 편리함과 자동화를 제공할 것이다. 또한 오랜 기간 빛을 발하지 못했던 메타버스는 부활의 날갯짓을 시작했다. 현실에 가까운 MR 디바이스의 구현과 에이전트 기술과의 결합은 메타버스가 단순한 유행이 아니었음을 증명하게 될 것이다.

1995년 컴퓨터 기반의 웹, 2010년 스마트폰 기반의 모바일에 이어, 우리는 AI 에이전트와 메타버스가 이끄는 세 번째 새로운 IT의 역사를 맞이하고 있다. 이 책은 격변의 시기가 될 2026년을 어떻게 준비하고 대비해야 할지 실마리를 찾는 데 도움이 되고자 한다.

Special Thanks to Cole & JW

테크라이터 김지현

PART 1.
2026 IT 키워드 10

2026년은 'AI가 일한다'라는 문장이 현실이 되는 해다. 지난 3년간 LLM에서 RLM, LAM으로 이어진 진화는 이제 '에이전트'라는 형태로 우리 일과 삶 속에 스며들어 기업의 AX가 본격화할 것이다. 또한 메타버스와 피지컬 AI가 연결되어 실제 세계를 움직이는 단계로 진입할 것이다. 검색은 AIO(AI 최적화)로 재정의되고, 응용 서비스는 원천기술을 넘어 비즈니스 모델로 증명된다. 사람의 분신인 휴먼 디지털 트윈이 등장해 개인과 조직의 생산성을 확장할 것이다. 거대한 데이터센터 투자와 소버린 AI 흐름은 인프라의 판을 바꾸고, AI 전용 디바이스는 PC와 스마트폰 사이의 공간을 메우며 사용 경험을 다시 설계할 것으로 기대된다.

2026년 IT 키워드 10가지는 '기술 목록'이 아니라 당장 의사결정에 활용할 수 있는 '지도'다. 무엇을 자동화하고, 어디에 투자하며, 어떠한 역량을 쌓아야 할지 방향이 선명해질 것이다. 생각하는 AI와 행동하는 AI가 한 팀이 되고, 디지털과 물리가 결합할 것이다. 2026년을 준비하는 가장 실용적인 방법은 트렌드를 암기하는 것이 아니라, 변화의 메커니즘을 이해하고 작은 실험을 빠르게 반복하는 것이다. 지금부터 소개할 10가지 흐름이 그 실행의 출발점이 될 것이다.

인공지능으로 읽는 2026 키워드 10

2026년에 주목해서 봐야 할 10가지의 핵심 기술 키워드를 통해 기술이 가져올 우리 일상과 사회의 변화, 산업 전망 그리고 기업과 개인의 대처 방안에 대한 실마리를 찾으려 한다.

2023년이 챗GPT의 경이로운 기술로 모두를 놀라게 한 해라면, 2024년은 다양한 생성형 AI 서비스가 나오면서 AI가 할 수 있는 여러 가능성을 보여주었던 해다. 그렇다면 2025년은 어땠을까? 2025년은 지난 2년보다 더 빠르고 다양하며 뛰어난 AI가 진화했고, 미국과 중국을 중심으로 수십조 원의 데이터센터 등의 AI 인프라 투자가 있었다.

이에 한국, 일본, 유럽 등을 중심으로 소버린 AI에 대한 필요성이 대두되며 AI 자강을 목표로 국가적 차원의 노력이 끊임없이 이어졌다. 2026년은 이제 산업에 AI가 스며들며 기업의 AX(AI transformation)가 본격화되고 그간 발전한 여러 AI 기술이 에이전트를 실현해 줄 것이다.

1. 'AI 에이전트'
생각하는 AI와 행동하는 AI로의 도약

2022년 11월 챗GPT 출시 이후 2개월 만에 월 방문자 수가 1억 명을 돌파하며 역사상 가장 빠른 속도로 사용자 수를 확보한 서비스로 주목받았다. 1년 후에는 주간 1억 명이 방문하는 서비스가 되었고, 1년 3개월 후에는 이 수치가 4배가 증가한 4억 명이 되었다.

이렇게 AI가 우리 일상에 스며들면서 많은 변화가 있었다. 똑똑하고 다양한 편의와 업무 및 작업을 도와주는 AI 서비스를 가능하게 한 AI 기술은 한 달이, 아니 하루가 다르게 IT 역사상 그 어떤 기술보다 빠르게 발전하며 진화 중이다. 챗GPT 이후 3년 차를 맞이한 AI 시장의 특이점은 무엇일까?

2025년 상반기 주요 AI 기술 발전 현황

시기	기술 또는 이벤트	설명
2023년 1월	챗GPT MAU(월간 활성 이용자) 1억 명 돌파	출시 2개월 만에 1억 명 MAU를 달성하며 역사상 가장 빠른 성장률을 기록
2025년 1월 20일	딥시크 R1 출시	중국의 딥시크에서 출시한 오픈소스 추론 모델로, 저비용으로 고성능을 달성하여 주목받음
2025년 1월 23일	오픈AI 오퍼레이터 출시	웹 브라우저를 제어하여 사용자의 작업을 자동화하는 AI 에이전트를 선보임
2025년 2월 17일	그록 3 출시	xAI에서 출시한 고성능 AI 모델로, 수학, 과학, 코딩 테스트에서 우수한 성능을 보임
2025년 3월 6일	마누스 출시	중국의 모니카에서 개발한 완전 자율형 AI 에이전트로, 실제 작업을 독립적으로 수행
2025년 3월 말	MCP의 확장	AI 모델과 외부 도구 및 데이터 소스 간의 통합을 위한 오픈 프로토콜로 앤트로픽에서 발표. 오픈AI와 여러 기업이 사용하면서 쓰임이 확산
2025년 4월 9일	A2A 프로토콜 발표	구글에서 발표. AI 에이전트 간의 상호운용성을 위한 오픈 프로토콜
2025년 4월 16일	오픈AI o3 및 o4-mini 출시	오픈AI에서 발표한 새로운 AI 모델, 다양한 작업을 처리할 수 있도록 설계됨
2025년 5월 20일	프로젝트 아스트라 및 제미나이 라이브 발표	구글은 주변 환경을 이해하고 상호작용하는 범용 AI 어시스턴트 프로젝트 아스트라와 이를 기반으로 한 제미나이 라이브 기능을 발표. 사용자와의 실시간 상호작용을 강화
2025년 6월 4일	앤트로픽의 클로드 4 등 주요 AI 모델 출시	앤트로픽의 클로드 4, 구글의 비오3(동영상·오디오 생성), 마이크로소프트의 NLWeb(웹 대화형 AI 프로토콜), 미스트랄의 데브스트랄(오픈소스), 알리바바의 큐원 3 등 다양한 신형 AI 모델과 플랫폼이 대거 출시
2025년 7월 9일	xAI의 그록 4 출시	향상된 멀티모달 입력, 빠른 추론 능력, 코딩과 밈 인식 등 강화
2025년 7월 17일	오픈AI의 챗GPT 에이전트 모드 발표	웹 오퍼레이터 기능, 딥 리서치 기능, 대화형 지능을 하나로 통합해, 사용자를 대신해 복잡한 작업을 처음부터 끝까지 수행하는 자율형 AI 에이전트
2025년 8월 7일	오픈AI의 GPT-5 출시	박사(PhD) 수준의 전문가, 진일보한 코딩 능력과 개선된 안전 기능, 8월 5일에는 오픈소스 모델 GPT-oss 발표

2025년 한 해 동안 AI는 지난 2년보다 더 빨리, 더 큰 폭으로 진화했다. 솔직히 2024년이면 기반 기술은 이제 상향 평준화가 되어 어느 정도 안정기에 접어들고, 2025년에는 응용 서비스가 다양해지며 돈이 되는 AI임이 본격적으로 증명될 것으로 예측했다. 이 말은 반은 맞고 반은 틀렸다.

2025년은 응용 서비스를 기반으로 다양한 AI 서비스가 폭발적으로 늘어나며 AI가 돈이 된다는 것을 증명했고, 기반 기술 역시 지속적인 발전으로 2년 전보다 더 큰 성장을 보였다. 2025년 주요 AI 기술의 발전 상황을 정리해 보면, 당시 매월 발표된 것은 이전에 매년 발표된 기술 변화와 맞먹을 정도로 큰 발전이 있었다.

일련의 변화를 요약하면 AI는 더 많은 기존 하드웨어와 시스템 그리고 서비스에 스며든다는 점이다. 지난 30년간 발전하며 인간이 사용해 오던 컴퓨터와 스마트폰, 각종 소프트웨어와 앱, 인터넷 서비스에 AI 기술이 파고들며 챗GPT를 비롯한 그 밖의 다양한 기술의 용도와 범위가 더 커졌다는 점이 가장 큰 변화상이다. 한 마디로 AI는 이제 하드웨어, 소프트웨어 그리고 모든 서비스에 스며들어 가고 있다.

챗GPT를 탄생시킨 LLM large language model (대규모 언어 모델) 기술은 2024년에 LMM large multimodal model (대규모 멀티모달 모델)으로 한 단계 도약했다. 이후 2025년 초에는 RLM reasoning language model(추론 언어 모델)이 큰 주목을 받았다. RLM은 생각하는 AI를 만드는 기술이다. 기존의 LLM은 학습한 데이터를 기반으로 사용자의 프롬프트와 확률적으로 가장 적합한 단어들을 찾아서 보기 좋게 만드는 등 '빨리 찾아 결과물을 잘 생성'하는 데 집중한다. 반면 RLM은 추론에 특화되었다. 프롬프트를 이해해 데이터를 찾는 것이 아니라, 질문이나 문제의 본질을 파악하고 논리적인 추론 과정을 통해 새로운 결론을 도출하는 데 초점을 맞춘다.

예를 들어 "서울의 인구는 얼마인가?"라는 간결한 질문에 답하는 것이 아니라, "서울의 인구 변화가 부동산 시장에 어떤 영향을 미치는가?"라는 복합적인 질문에 대해 시간 흐름, 정책 변화, 사회적 맥락 등을 고려하여 다단계 사고 과정을 거쳐 답변을

2026 AI 인사이트

RLM의 특징

RLM reasoning language model(추론 언어 모델)은 추론 전용 AI 모델이다. 2025년 상반기부터 딥시크 R1, 챗GPT o3와 o4, 그록 4 등에 적용되었다. 데이터 속에서 정보를 찾아서 출력하는 기존의 LLM과 달리, AI가 스스로 생각하면서 정보를 해석해 새로운 지식을 만들어 내서 출력한다.

구성한다. 이는 단순 생성형 AI를 넘어서 사고형 AI로의 진화를 의미한다. 복잡한 의사결정, 문제 해결, 전략 수립 등 고차원적인 지적 활동에서 인간과의 협력 가능성을 획기적으로 넓혀주는 기술적 도약이라 할 수 있다.

RLM 덕분에 AI는 더 복잡한 프롬프트를 해석할 수 있게 되었고, 앤트로픽Anthropic이 공개한 MCPModel Context Protocol와 구글의 A2AAgent to Agent 덕분에 다양한 시스템 자원에 연결해 더욱더 많은 작업을 처리할 수 있게 되었다. 즉 더 이상 생성만 하는 AI가 아니라 행동할 수 있는 AI가 가능해진 것이다. 이를 LAMlarge action model(대규모 행동 모델)이라고 하며, 이렇게 구현된 AI 서비스를 가리켜 'AI 에이전트AI agent'라고 한다.

에이전트는 AI가 자율적이고 입체적인 작업을 처리할 수 있게 된 것을 뜻한다. 에이전트 덕분에 우리 일상과 업무 편의성이 더욱 나아지고 있는 것이 사실이다. 대신 검색하고, 필요한 쇼핑을 대행해 주며, 최신 시장 트렌드에 관한 기사 요약과 보고서 생성, 이메일 발송 등을 자동화할 수 있게 되었다.

게다가 에이전트는 AI가 목표 설정과 계획 수립, 실행과 추가 학습까지 하며 의사결정의 주체로서 작동하는 단계로 진화하고 있다. 사람이 작성한 프롬프트로 대신 실행만 해주는 단계를 넘

> **2026 AI 인사이트**
>
> ## MCP를 사용하는 이유, 간단 정리
>
> 앤트로픽이 만든 MCP Model Context Protocol 는 AI가 시스템에 연결해서 정보를 주고받을 수 있는 규약을 말한다. MCP를 사용하면 AI가 데이터베이스나 각종 정보화 시스템, 컴퓨터 등에 연결해서 정보를 해석하고 제어·관리하는 것이 가능하다.

어, 목표 지향성을 탑재한 시스템이 될 것이다. 즉 자기 주도적 사고 루프를 통해 자율적으로 문제를 정의하고 해결까지 하는 시대가 올 것이다.

이를 '에이전틱 AI agentic AI'라고 한다. 인간처럼 모든 분야에서 학습, 추론을 넘어 이해와 창의까지 가능한 완전한 범용(일반) 인공지능, 즉 AGI artificial general intelligence 로 가는 전 단계라고 이해하면 된다. LLM에서 시작한 AI 기술이 RLM으로 무르익고, LAM 기반의 에이전트로 실현되면서 에이전틱 AI 기술이 우리 생활 전반에 걸쳐 더욱 가깝게 다가올 것이다. AI 에이전트 기술의 새로운 여정이 곧 AGI인 셈이다.

이 AGI로 가는 여정 속에 반드시 필요한 것이 있다. AI가 인간을 닮아가는 단계에서 길목 역할을 하는 것은 바로 '몸'이다. 아무리 인간의 뇌를 흉내 내 완성체에 가까워진다고 하더라도 AI는 여전히 소프트웨어일 뿐이다. 즉 컴퓨터나 스마트폰을 끄면 사용할 수 없다. AI가 할 수 있는 모든 작업은 가상의 공간에만 머물러 있는 개념이다.

물론 우리가 사는 현실의 많은 것이 소프트웨어를 통해 제어되므로 AI는 현실에 영향을 줄 수 있는 것도 사실이다. 신호등 점멸이나 자율주행차의 움직임, 기차와 선박, 비행기 운행 등은 이미 소프트웨어로 제어하는 중이다. 드론과 무기들의 움직임도 소프트웨어로 관리한다. 그럼에도 AI는 사람처럼 우리가 사는 현실계에서 활동하며 계절이 변하는 것, 바람을 느끼는 감각 등이 없으며 주변 환경과 반응하며 인식하지 못한다. 한마디로 AGI

2026 AI 인사이트

쉽게 설명하는 A2A의 메커니즘

구글에서 발표한 프로토콜 A2A Agent to Agent. 에이전트 간에 데이터를 주고받는 것을 가능하게 한다. A 에이전트가 하지 못하는 작업을 B 에이전트를 호출해서 요청하고, 그 결과를 다시 받아서 A 에이전트가 정리해 사용자에게 전달할 수 있는 개념이다.

시대로 가는 길에 2%가 부족하다.

그것을 채워주는 것이 '피지컬 AIphysical AI'다. 피지컬 AI는 말 그대로 물리적 세계에서 활동할 수 있는 AI를 의미한다. 이는 단순히 로봇팔이나 센서를 부착한 기계 장치를 넘어 AI가 직접 환경을 인식하고, 반응하고, 물리적 작업을 수행할 수 있는 능력까지 포함한다. 다시 말해 소프트웨어에 머물러 있던 AI가 현실 공간 속 '실체'를 갖는 것이다. 이 피지컬 AI는 센서, 로봇, 엣지 컴퓨팅edge computing, 디지털 트윈digital twin, 물리 기반 시뮬레이션 등 다양한 기술이 통합되며 실현된다.

예를 들어 가정에서는 AI가 가사 로봇으로 구현되어 아이를 돌보거나 청소를 수행하는 일을 하고, 공장에서는 자율적으로 불량품을 검출하고 생산설비를 재구성하며, 물류창고에서는 물품을 분류하고 운반하는 작업까지 직접 수행한다.

특히 중요한 점은 피지컬 AI가 지능과 신체의 결합, 즉 '머리와 몸이 함께 작동하는 AI'라는 점이다. 지금까지 AI는 디지털 환경 안에서 텍스트, 이미지, 코드 등을 생성하거나 판단했지만, 피지컬 AI는 실세계에서의 인지, 판단, 움직임을 통합하여 실제 '행동하는 AI'로 진화하는 것이다. 이는 단순한 로봇 자동화(RPA나 산업 로봇)와는 차원이 다르다.

| 인간과 상호 작용하며 운용되는 피지컬 AI. (출처 : 테슬라)

피지컬 AI는 에이전틱 AI의 신체적 확장판이며 AGI가 실제 세상과 상호작용하는 데 필수 요소다. 인간은 육체를 통해 세상과 관계를 맺고, 그 경험을 토대로 학습하며 감정을 느끼고 사회적 존재로 살아간다. AGI 역시 단순히 디지털 지능체로는 한계가 있으며 진정한 '범용(일반) 인공지능'으로 나아가기 위해서는 세상과 몸으로 교감하는 능력을 지닌 피지컬 AI가 필요하다.

결국 LLM은 언어, RLM은 추론, LAM은 실행, 에이전트는 행동을 기반으로 실행되며, 이 기술을 바탕으로 에이전틱 AI는 자율성을 피지컬 AI는 존재와 관계를 실현한다. AGI는 이러한 모든 단계를 거쳐야만 비로소 인간과 같이 '살아 있는 AI'로 완성될 수 있다. AGI의 새로운 여정의 마지막 퍼즐, 그것이 바로 피지컬 AI다.

> **2026 AI 인사이트**
>
> ### 엣지 컴퓨팅과 디지털 트윈의 차이점과 사례
>
> 엣지 컴퓨팅edge computing은 데이터를 중앙 클라우드로 전송하지 않고 IoTInternet of Things(사물인터넷) 기기나 현장 서버 등 데이터 발생 지점 근처(엣지)에서 처리해 지연시간을 줄이고, 실시간 대응을 가능하게 하는 기술이다. 대표적으로 자율주행차가 도로 상황을 즉시 판단하는 시스템이 있다.
>
> 디지털 트윈digital twin은 현실의 사물, 공정, 도시 등을 가상 환경에 정밀하게 복제한 시뮬레이션 모델이다. 센서와 데이터 분석을 통해 실제 상태를 실시간으로 반영하며, 예측과 최적화에 활용한다. 예를 들어 항만 물류 시스템의 디지털 트윈을 구축해 선박 접안과 화물 이동을 시뮬레이션하고, 이를 기반으로 최적의 운영 방안을 도출하는 것 등이다.

2. '혁신가 AI' 인간도 못 풀던 문제를 해결한다

2026년은 AI가 인간의 조력자 위치에서 벗어나 진정한 '혁신가innovator'로 도약하는 원년이 될 것이다. 지금까지의 AI는 텍스트를 생성하거나 이미지를 만들어 내는 등 주어진 정보를 바탕으로 대답하고 실행하는 수준에 머물러 있었다. 하지만 이제는 인간조차 풀기 어려운 복잡한 문제를 AI가 스스로 정의하고 해결 방안을 도출하며, 나아가 새로운 지식을 창출하는 단계로 나아가고 있다. 이러한 도약은 단지 기술의 고도화를 넘어서서, 인간과 AI의 역할이 근본적으로 재구성되는 전환점을 뜻한다.

오픈AI는 2024년 자사의 AGI 로드맵에서 AI의 발전을 다섯 단계로 구분해 설명한 바 있다. 1단계는 단순한 응답형 챗봇chatbot, 2단계는 논리적 사고와 추론이 가능한 추론가reasoner, 3단계는 실행까지 가능한 대리인agent, 4단계는 혁신적인 아이디어와 해법을 제안할 수 있는 혁신가innovator, 마지막 5단계는 하나의 조직 전체를 운영할 수 있는 조직organization 단계다. 2026년은 이 중 바로 4단계, 즉 AI가 혁신의 주체가 되는 '혁신가 AI' 시대에

| AGI로 가는 오픈AI의 5단계 과정.

본격 진입하는 시점으로 주목받고 있다.

샘 올트먼은 2025년 봄 미국 샌프란시스코에서 열린 콘퍼런스와 이어진 인터뷰를 통해 이 같은 예측을 명확하게 드러냈다. 그는 "2026년에는 AI가 인간이 풀지 못하던 문제에 대해 새로운 해법과 지식을 스스로 만들어 낼 것"이라고 발언했다. 단순히 인간이 시킨 일을 정확히 수행하는 단계를 넘어 AI 스스로 목표를 설정하고 전략을 구상하며 결과를 창조하는 존재로 진화하게 될 것이라는 전망이다. 올트먼은 이를 '새로운 통찰 novel insights'이라는 표현으로 정리하며, 지금까지의 AI는 정리하고 재조합하는 데 그쳤다면, 이제는 AI가 스스로 '창의적 통찰'을 만들어 내는 시대로 들어선다고 강조했다.

이러한 혁신가 AI는 기존의 LLM에 더해 추론 능력을 갖춘 RLM, 행동 실행이 가능한 LAM, 현실 인식과 시뮬레이션을 할 수 있는 LWM large world model(대규모 세계 모델)이 결합한 형태로 구현된다. 이들 모델이 통합된 에이전틱 AI는 데이터를 분석하고 계획을 세우는 것에서 더 나아가, 직접 실행하고 그 과정에서 얻은 피드백을 바탕으로 재설계와 개선까지도 수행한다. 다시 말해, 인간처럼 '생각하고 실행하고 반성하는' 능력을 갖춘 AI가 등장한 것이다.

AI가 혁신가로 진화한다는 것은 단지 기술적 진보를 뛰어넘어, 과학, 비즈니스, 사회 문제 전반에 걸쳐 AI가 주도적 역할을 할 수 있음을 의미한다. 신약 개발의 예를 들면 기존에는 수많은 연구자가 오랜 시간 복잡한 분자구조를 분석해야 했다면, 이제는 AI가 스스로 약물 후보군을 생성하고 임상 시험 시뮬레이션을 설계하며 부작용 가능성까지 예측하는 단계까지 왔다. 기후 변화 대응에서도 AI는 새로운 탄소 포집 기술을 제안하거나 도시 단위의 에너지 흐름을 최적화하는 방법을 찾아낼 수 있다. 이처럼 AI가 전통적으로 인간의 전문성이 필요했던 영역에서도 혁신의 시작점이 되고 있다.

하지만 이러한 진화는 새로운 과제를 동반한다. 혁신가 AI는 자율적으로 문제를 정의하고 해결하기 때문에 그 결과에 대한 책임과 통제 메커니즘이 더욱 중요해졌다. AI가 제안한 아이디어가 인간 사회에 어떤 영향을 미칠지, 그에 대한 소유권과 법적 책임은 어떻게 나누어야 할지에 대한 논의 역시 중요하다.

또한 AI가 잘못된 가정을 바탕으로 새로운 문제를 제시하거나 해서는 안 될 영역을 침범하는 리스크도 있다. 이를 방지하기 위해서는 AI의 의사결정 과정을 인간이 설명할 수 있게 만들고, 인간과의 상호 검증 구조를 강화하는 것이 필수다.

무엇보다 중요한 것은 혁신가 AI 시대를 인간 중심적으로 설계하는 일이다. AI는 인간을 대신하는 것이 아니라 인간과 협력하여 새로운 가치를 창출하는 존재로 발전해야 한다. 그러기 위해서는 AI가 발굴한 새로운 아이디어를 인간이 해석하고 사회적으로 의미를 부여하며 실제로 실현 가능한 방향으로 전환하는 '인간과 AI 사이의 협업 체계'가 필요하다. AI가 발명가가 된다면 인간은 그 발명을 사회에 적용하고 책임지는 '시민 디자이너'가 되어야 한다.

2026년은 AI가 도구를 넘어 동료로 더 나아가 혁신의 파트너로 자리 잡는 첫해가 될 것이다. AGI로 가는 로드맵에서 '혁신가'는 종착지가 아니라 새로운 시작을 상징한다. AI가 인간의 한계를 넘어서는 시점에서 우리가 해야 할 일은 그것을 두려워하기보다는 현명하게 길들이고 함께 성장할 방법을 찾는 것이다. 새로운 혁신의 시대는 이미 시작되었고 그 중심에 혁신가 AI가 있다. 이제 인간은 그 AI와 어떻게 함께 일할지를 고민해야 할 시점이다.

2026 AI 인사이트

GPT-5로 AGI에 한 걸음 더

2025년 8월 7일에 공개된 GPT-5는 기존 챗GPT에서 여러 모델을 번갈아 선택해야 했던 번거로움을 없애고, 하나의 통합 모델로 모든 작업을 처리할 수 있게 했다. 사용자가 별도로 모델을 지정하지 않아도 GPT-5가 프롬프트의 성격을 스스로 파악해 가장 적합한 처리 방식을 선택한다.

이는 단순한 편의성 향상을 넘어 다양한 능력을 유기적으로 결합해 상황에 맞게 활용하는 '멀티 능력 통합 AI'로의 진화를 보여주며, AGI(범용 인공지능)에 한층 가까워진 변화를 상징한다. 단 기대 이하의 품질을 보이면서 실망감을 주었고, 이로 인해 챗GPT의 기존 모델을 사용자가 선택해서 사용할 수 있도록 설정을 수정하여 배포했다.

3. '응용 서비스의 진화'
AI 원천기술을 뛰어넘어 비즈니스의 기회로

2025년 1월 들어 중국발 딥시크 R1 DeepSeek R1의 등장은 AI 시장에 메기효과로 작용하고 있다. 대학과 연구기관 그리고 여러 스타트업에 오픈소스로 공개된 R1을 이용해 제2, 제3의 LLM을 개발하면서 시장의 변화 속도에 가속도가 붙었다. 게다가 2월 xAI가 그록 3 Grok 3를 발표하면서 LLM 기술 순위에도 변화가 생길 만큼 기술 경쟁이 더욱 다변화되고 있다.

하지만 정작 챗GPT, 딥시크, 그록 3 등을 우리 주변에서 실제

주요 기업의 LLM 성능
(2024년 8월 ~ 2025년 2월 아레나 스코어 기준)

● **Stage 1 | 오픈AI**
최초 혁신 주도자. 시장 선점 및 독보적 혁신 역량 강조

◆ **Stage 2 | 구글**
TPU 기반 제미나이 모델을 통해 반격. 저렴하고 빠르며 멀티모달 기능 제공

♣ **Stage 3 | 중국**
중국 기업들의 알고리즘 우위로 GPU 의존도를 낮추며 경쟁 구도 교란

★ **Stage 4 | xAI와 유럽**
xAI의 컴퓨트 기가팩토리 구축과 유럽의 2천억 유로 투자로 새로운 중심으로 부상

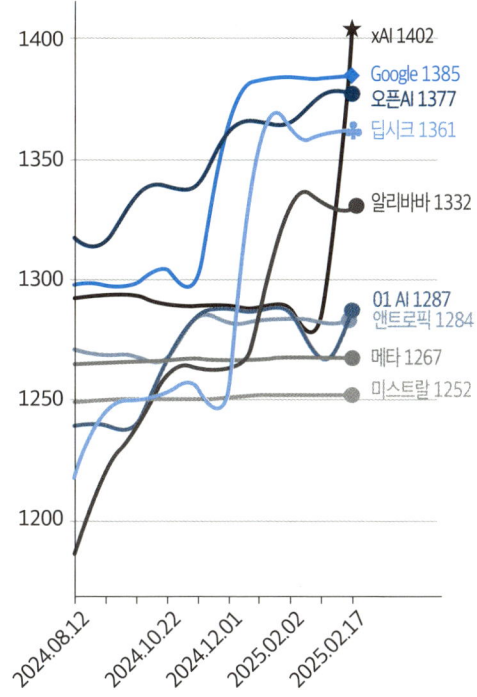

| AI 혁신의 시기를 보낸 2025년 상반기. LLM 시장의 경쟁 구도를 4단계로 나눠 보여주고 있다.
(출처 : https://sg.linkedin.com/in/thejamesliu?trk=public_post_feed_actor-name)

로 사용하고 있는 사람은 얼마나 될까? 일상과 업무에 실질적으로 도움이 된다고 생각해 많은 사용자 자주, 오래 사용하고 있을까? 한마디로 카카오톡, 틱톡과 인스타그램, 쿠팡, 배달의민족처럼 사용하는 것일까?

우리가 사용하는 앱이 지금처럼 많이 자주 사용하는 킬러앱이 되기까지는 오랜 시간이 걸렸다. 2006년 아이폰 출시 이후 2007년 앱스토어가 나오고, 2010년 한국에서도 아이폰이 보급된 이후 우리가 지금 사용하는 여러 킬러앱이 자리를 잡는 데는 수년 이상의 시간이 걸린 것이다. 이렇게 실제 최종 사용자end user가 일상에서 같은 서비스를 익숙하게 사용하며 정착하는 데는 물리적인 시간이 소요된다.

또한 자리 잡기 전에 이러한 앱의 개발과 운영을 도와주는 툴킷과 시스템 등의 원천기술이 뛰어난 성능을 지녀야 하며, 효율적으로 제공되어야 한다. 그래야 이를 응용한 서비스가 사용자에게 새로운 가치와 더 나은 경험을 제공하면서 사업 혁신의 기회를 만들 수 있는 것이다.

그렇게 볼 때 현재 AI 원천기술은 지난 3년간 꾸준히 다양한

다양한 킬러앱의 한국 월 방문자 수 1000만 명 돌파 시점

앱	출시 시점	한국 MAU 1000만 명 돌파 시점
카카오톡	2010년 3월	2012년
배달의민족	2010년 6월	2019년
쿠팡	2010년 8월	2020년
인스타그램	2010년 10월	2019년
틱톡	2016년 9월(한국 2017년)	2020년

형태로 발전했다. 더 저렴한 가격에 더 좋은 성능의 기술로 인해 이제 이를 응용한 AI 서비스가 봇물 터지듯 쏟아져 나오고 있다. 다시 말해 AI 서비스의 발판, 즉 제2의 카카오톡과 쿠팡, 배달의 민족 같은 응용 서비스를 출시할 수 있는 기반이 마련된 셈이다. AI 서비스 집계 사이트 'There's An AI For That'에 따르면 실제로 지난 3년간 전 세계에서 5000개 이상의 AI 서비스가 시장에 선을 보이고 있다.

특히 업무 영역에서 보다 나은 생산성과 창의력을 증진하는

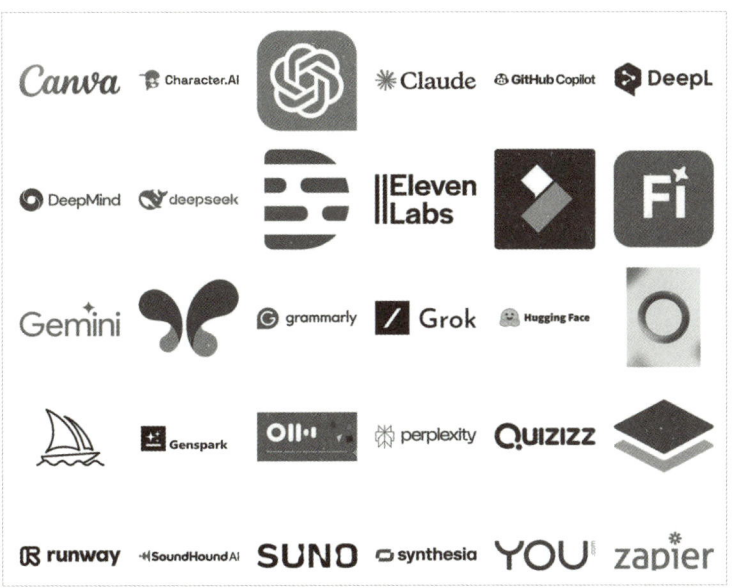

| 다양한 종류의 생성형 AI 서비스들. (출처: 챗GPT 에이전트로 생성)

서비스도 늘고 있다. AI를 활용해 검색 편의성을 높여준 퍼플렉시티Perplexity와 국내의 라이너Liner, AI로 마인드맵을 그려주는 웜지컬Whimsical, 의사결정을 지원하는 라셔널Rationale, 보고서 정리를 돕는 감마Gamma, 아이디어를 수집하는 냅킨Napkin, 발표 영상을 제작하는 헤이젠HeyGen과 회의록을 정리하고 할 일을 분류하는 서클백Circleback, 코딩을 해주는 커서Cursor에 이르기까지 다양한 응용 서비스들이 주목받고 있다.

또한 기존의 서비스에도 AI 기능이 속속 탑재되고 있다. 가장 먼저 AI를 전 서비스에 적용하기 시작한 곳은 마이크로소프트다. MS 오피스와 윈도우, 팀즈 등의 소프트웨어에 코파일럿Copilot을 탑재해 사용성을 높였다. 구글 역시 전 제품군에 구글 워크스페이스Google Workspace를 도입해 실시간 문서 작성 보조, 자동 요약과 회의 녹취 요약 등의 생성 AI 기능을 적용했고, 유튜브 쇼츠에도 텍스트 프롬프트만으로도 영상 클립을 생성하는 AI 기능을 도입했다. 2023년 5월에 어도비는 이미 포토샵에 파이어플라이Firefly라는 AI 모델을 적용해 이미지 생성 및 편집 보조를 제공하고 있다.

2023년 2월에는 10대들이 널리 사용하는 모바일 메신저 서비스 스냅챗도 마이AIMyAI 챗봇을 도입했다. 이는 개인 맞춤형 대화 친구로 선물 아이디어를 추천하거나 여행 계획 등에 도움을 준다. 스포티파이의 AI DJ, 익스피디아의 AI 여행 플래너, 세일즈포스Salesforce의 아인슈타인 GPTEinstein GPT 모두 2023년을 기준으로 기존 서비스에 AI 기능을 더해 더 강력한 편의성을 지원하고 있다.

전 세계적인 이커머스 서비스인 아마존도 2024년 8월에 AI 챗봇 루퍼스Rufus를 도입했는데, 상세 제품 정보와 맞춤 추천 쇼핑 정보를 주고, 제품 비교 등을 AI로 제공하고 있다. 상품 소개 페이지에서 루퍼스를 호출해 "이 커피 메이커를 세척하기 쉬운가?"라고 물어보면 기존 사용자의 리뷰와 제품 정보를 확인해서 이에 대한 답을 제시한다.

2021년 오픈AI의 GPT-3가 공개된 이후, 2022년 이미지 생성 모델 달리 2DALL·E 2 공개(4월)와 스테이블 디퓨전Stable Diffusion 오픈소스 출시(8월)로 이미지 생성 서비스가 폭발적으로 늘었고, 11월 챗GPT 출시로 대화형 AI가 대중화되었다.

스탠퍼드대학교 인간 중심 AI 연구소HAI에서 발간한 〈AI 인덱스 보고서〉 집계에 따르면 이 시기에 공개된 거대 AI 모델은 70여 개로 전년 대비 2배 이상으로 늘어났다. 이후 2023년에는 오픈AI GPT-4 공개를 비롯하여 수많은 기업이 생성형 AI 서비스 출시 경쟁에 뛰어들며 이때 생성 AI 모델은 149개로, 2022년의 2배 이상에 달했다.

또한 각종 스타트업과 대기업에서 서비스를 출시하면서 앞서 언급한 집계 사이트 기준 5000여 개 이상의 생성형 AI 서비스가 2023년까지 누적되었다. 이후 2024년부터 기존 제품과 서비스에 AI 통합이 본격화되고, 새로운 모델이 지속적으로 출시되고 새로운 생성형 AI 서비스가 다양한 사용자들의 사용 사례use case에 적용되면서 응용 서비스들이 폭발적으로 늘어가고 있다.

2026년을 기점으로 AI는 응용 서비스가 본격 개화되면서 지난 3년의 원천기술이 실제 활용되어 비즈니스 가치를 증명하기 시작할 것이다. 그 과정에 다양한 AI 응용 서비스들이 쏟아져 나올 것이다.

2026 AI 인사이트

AI 응용 서비스, 중심의 플랫폼이 되다

제타zeta는 스캐터랩Scatter Lab에서 개발한 AI 캐릭터 채팅으로 60만 개 이상의 감성 캐릭터와 실시간 대화가 가능하다. 한국에서 인당 평균 사용 시간에서 챗GPT를 제치고 1위를 차지하기도 했다. 또한 미국의 스타트업 퍼플렉시티가 출시한 AI 기반 웹 브라우저 코멧Comet은 이메일 작성, 예약, 쇼핑 등 웹 활동을 자동으로 수행한다. 이제 AI는 검색 도구를 넘어 '일상을 실행하는 플랫폼'이 되어가고 있다.

4. '모방학습과 연합학습' AI를 완성시킨다

AI는 인터넷에 공개된 데이터와 인류 문명 속에서 수집되어 온 수많은 정보를 기반으로 학습을 해왔다. 챗GPT는 그 정보만을 학습하고도 세상의 판을 흔들며 세상을 놀라게 했고, 이 기세를 몰아 수많은 종류의 생성형 AI가 연이어 출시되었다.

하지만 이것만으로는 완벽하고 완전한 AI가 만들어질 리 없다. 우리 인간의 학습은 온라인으로만 채워지는 것이 아니라 실제로 사는 현실 속에서 수많은 경험과 시행착오를 거치고, 주변 사람들과의 소통을 통해 완전한 상태를 이룰 수 있다. 그렇게 AI도 더욱더 발전해 완성에 가까운 상태가 되려면 현실을 인간과 함께 학습해야 한다.

즉 현재 AI의 학습 방식은 대부분 인터넷과 기존 데이터를 기반으로 이루어졌지만 AI가 진정한 완전체로 성장하기 위해서는 인간의 학습 방식처럼 현실의 경험과 협력의 과정을 통해 지속적으로 성장해야 한다. 이를 가능하게 하는 기술이 바로 '모방학습imitation learning'과 '연합학습federated learning'이다.

먼저 모방학습은 AI가 인간의 행동을 관찰하고 이를 그대로 따라 하면서 배우는 학습 방식이다. 예를 들어 로봇이 특정 작업을 수행할 때 사람이 시범을 보이면 이를 관찰하고 그 행동을 그대로 흉내 내어 작업을 수행한다. 이는 마치 아이가 부모의 행동을 보고 그대로 따라 하며 학습하는 것과 같다. 아마존의 물류창고의 로봇을 사례로 들 수 있는데, 창고에 배치된 로봇들이 직원의 제품 포장 같은 세부적인 작업을 관찰하고 학습하면서 작업 공정을 단축해 업무 효율성을 크게 높이고 있다.

스탠퍼드대학교 연구팀이 구글 딥마인드와 협력하여 개발한 양팔 로봇 '모바일 알로하 Mobile Aloha'는 지도 시연 supervised demonstration과 행동 복제 behavior cloning 방식으로 사람이 하는 다양한 종류의 집안일의 실행 방법과 동작을 학습한다. 식사 준비, 식기 세척, 세탁물 정리, 주방기기 조작 등 일상에 필요한 가사 업무를 높은 정확도로 수행할 수 있으며, 작업마다 50회의 시연과 기존 데이터셋과의 공동 학습을 통해 성공률을 최대 90%까지 끌어올렸다.

특히 이 로봇은 전신 원격 제어 기능과 양팔 조작 기능을 갖추었고 약 3만 2000달러로 제작할 수 있어, 앞으로는 일반 가정에서도 활용할 수 있을 것으로 전망한다. 이처럼 AI는 모방학습을 통해 인간이 수행한 행동을 빠르게 학습하고, 복잡한 실제 환경에서도 높은 성능을 발휘할 수 있게 된다.

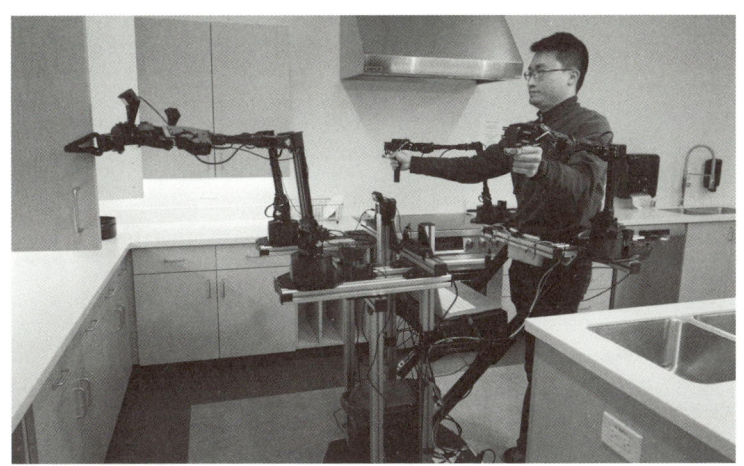

| 스탠퍼드대학교의 양팔 로봇 '모바일 알로하'를 시연하는 모습. (출처 : 모바일 알로하 프로젝트팀)

반면 연합학습은 분산된 여러 장치가 각각 보유한 데이터를 직접 공유하지 않고도 협력하여 학습하는 기술이다. 각 디바이스가 지닌 데이터로 로컬에서 학습을 진행한 뒤에 학습된 모델의 업데이트만을 중앙 서버에 공유한다. 이후 중앙 서버는 여러 장치에서 얻은 업데이트를 종합하여 전체 모델을 개선하는 방식이다. 이 과정에서 개인의 데이터는 각 디바이스에 남아 있어 보안과 개인정보 보호 측면에서 탁월한 강점을 지닌다.

대표적인 사례로 구글의 스마트폰 키보드 앱인 지보드Gboard를 들 수 있다. 이 앱은 사용자가 키보드를 사용할 때의 입력 패턴(예를 들어 추천 단어 클릭 여부 등)을 스마트폰 내에서 학습하

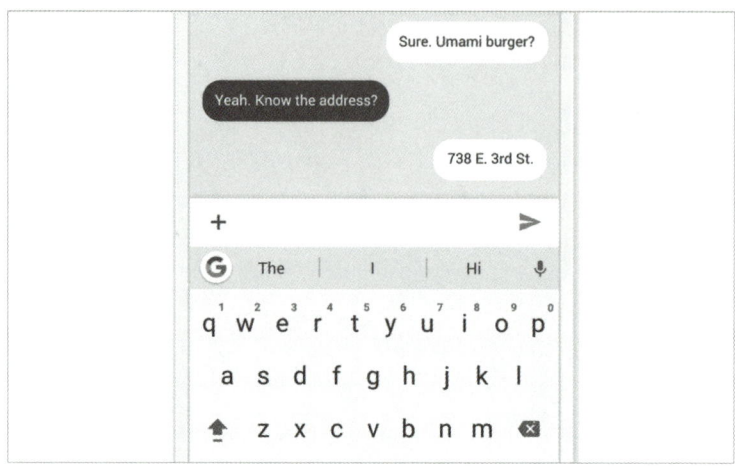

| 구글의 키보드 앱 '지보드'는 문맥에 따라 다음 단어를 제안하는 등의 기능을 포함한다.
(출처 : 구글)

고, 충전 중이면서 와이파이에 연결된 조건에서만 학습된 파라미터를 서버에 전송한다. 이를 통해 사용자의 데이터를 중앙에 저장하지 않고도 문맥 예측과 추천 성능을 지속적으로 높일 수 있다.

또 카카오헬스케어는 개별 병원에서 환자마다 다른 의료 데이터를 외부로 전송하지 않고 내부에서 AI 모델을 학습시킨다. 이를 위해 의료데이터 분석 연구 플랫폼 HRSHealthcare Data Research Suite를 개발하고, 국내 주요 대학병원과 연구 협력 네트워크를 구축해 다양한 프로젝트를 수행했다.

이 방식은 AI 모델이 개별 병원 데이터를 분석해 각 병원의 원천 데이터를 포함하지 않은 결과만을 공유하도록 설계되어 있다. 덕분에 개인정보와 병원 보안을 지키면서도, 질병 예측이나 진단 보조 모델의 정확도를 높이고 있다. 이러한 연합학습은 환자의 민감한 정보를 보호하면서 동시에 의료 AI의 정밀도를 높이는 효과를 얻을 수 있다.

특히 연합학습은 에너지, 네트워크, 자율주행 등 다양한 산업 영역에도 도입되고 있다. 스마트 미터와 전력망에서는 각 지역 단위에서 데이터를 로컬 학습하여 에너지 수요 예측이나 최적화에 활용된다.

자율주행차에서는 각각의 차량이 경험한 주행 데이터를 직접 공유하지 않고도 전체 주행 성능을 향상시킨다. 이러한 분산형 학습 구조는 데이터 주권과 보안을 강화하면서도 시스템 전체의 AI 능력을 끌어올리는 핵심 수단이 되고 있다.

이 2가지 학습 방법의 기술적 특성은 명확하다. 모방학습은 인간의 행동을 직관적으로 따라 하며 빠른 적용력을 제공하고, 연합학습은 데이터 보안과 프라이버시 보호 기능을 유지하면서 협력적 모델 개선을 가능하게 한다. 결과적으로 이 두 기술은 AI가 현실 세계에서의 적용성을 획기적으로 높이고, 데이터 프라이버시 문제를 극복하면서 더욱더 강력한 AI로 진화하는 데 필수적인 역할을 할 것이다.

앞으로 모방학습과 연합학습은 다양한 산업과 사회적 영역에서 더욱 광범위하게 적용될 것이다. 제조, 헬스케어, 금융뿐만 아니라 교육과 서비스 산업에서도 AI가 인간과 더 밀접히 협력하며 정교한 의사결정을 지원하고, 일상적인 업무를 자동화할 것이다. 이러한 학습 방식은 결국 인간의 삶의 질을 높이고, 한층 더 안전하며 효율적인 사회를 구축하는 데 크게 공헌할 것으로 기대된다.

5. 'AI 최적화 전략'
검색 엔진 최적화를 압도하는 새로운 전략

20년 넘게 SEO search engine optimization(검색 엔진 최적화)는 구글 검색을 할 때 상위에 노출되기 위한 기술이었다. 구글이나 네이버 검색의 최상단에 노출되지 않으면 누구도 찾아주지 않고 외면하기 때문에 SEO는 홈페이지 마케팅의 중요한 전략이었다. 키워드를 중심으로 콘텐츠를 구성하고 클릭률과 이탈률, 체류 시간 같은 수치를 분석하며 SEO 전략을 세우는 것이 기본이었

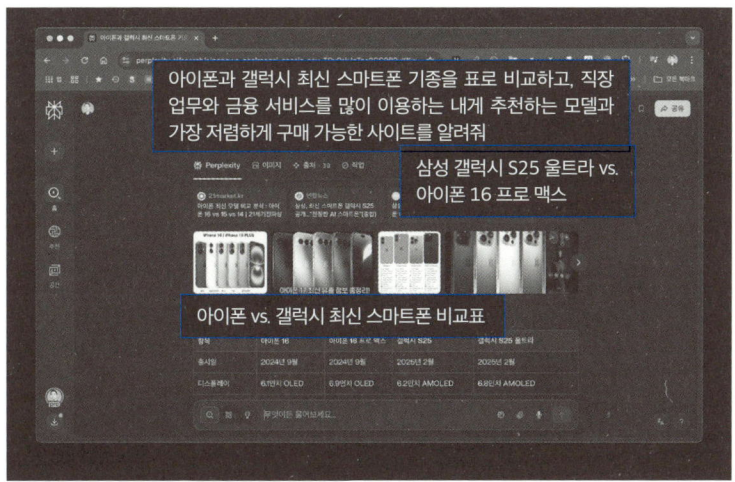

| 복잡한 질문을 처리하는 퍼플렉시티의 검색 결과.

다. 그런데 이제 AI 기반 검색이 대중화되면서 사용자는 더 이상 검색 결과 페이지를 일일이 클릭하지 않는다.

이미 우리에게 익숙한 챗GPT, 퍼플렉시티, 젠스파크Genspark나 오퍼레이터Operator 같은 AI 에이전트에 질문을 던지고 답을 받는 방식을 선호한다. 정보를 소비하면서 굳이 특정 사이트에 방문하지 않고, 유튜브 영상을 봐야 할 수고도 줄어들고 있다. 이는 정보를 탐색하는 습관의 변화를 넘어, 온라인 광고 마케팅 산업의 패러다임 자체가 대변혁의 시기를 겪고 있음을 말해준다.

이러한 변화는 온라인상에서 방문자 대상의 마케팅 방식을 바꿔놓을 것이다. 다시 말해 검색 결과물 최상단에 링크가 노출되는 것이 목표가 아니라, 콘텐츠가 AI에 더 많이 읽히고 더 자주 인용되는 것이 제대로 된 마케팅 성과임을 인식해야 한다. 따라서 기존의 검색 마케팅인 SEO는 이제 AI 최적화, 즉 AIO_AI optimization_의 관점에서 새롭게 정의되어야 한다.

AI가 콘텐츠를 인식하는 방식은 전통적인 검색 엔진과는 다르다. AI는 페이지 전체를 통째로 읽기보다는 의미 단위로 쪼개진 청크_chunk_를 중심으로 정보를 분석한다. 이때 각 청크는 명확한 주제를 포함하고 있어야 하며, '질문-답변 구조'에 최적화되어야 한다. 다시 말해 하나의 문단에는 하나의 정보만 담는 것이 효과적이다. 그래야 AI가 더 명확하고 자세하게 사용자의 프롬프트에 해당하는 답의 근거가 되는 페이지라고 인식하고 더 자주 인용한다.

콘텐츠가 의미 기반으로 구성되어야 하는 또 다른 이유는 다음과 같다. 기존의 검색에서는 키워드 일치가 중요했지만, AI 탐색은 페이지를 찾을 때 의미적 유사도가 더 중요한 기준이 되기 때문이다. AI는 사용자의 프롬프트와 가장 의미가 가까운 청크를 찾아내 이를 토대로 답변을 생성한다. 따라서 페이지 내의 콘텐츠가 얼마나 풍부하고 명확한 의미를 전달하는지가 최적화의 핵심이 된다. 이를 벡터 임베딩_embedding_이라고 표현하며 AI는 이 과정을 통해 정보를 저장하고 검색한다.

더 많이 알리고자 하는 콘텐츠를 AI에 더 자주 선택되도록 하려면 기술적 준비도 필요하다. AI 크롤러가 콘텐츠에 접근할 수 있도록 robots.txt, 메타 태그, 스키마 마크업 등을 적절히 설정해야 한다. 특히 'isAccessibleForFree' 같은 태그를 페이지 내에 삽입해서 AI가 콘텐츠를 인용하거나 요약할 수 있도록 해야 한다. 이는 AI 시스템과의 데이터 상호작용을 위한 기반이 된다.

또한 임베딩은 문장, 단어, 이미지 같은 정보를 숫자 벡터로 바꿔주는 기술이다. 이렇게 바뀐 벡터는 컴퓨터가 의미를 비교하고 유사성을 판단하도록 돕는다. 생성형 AI가 문맥을 이해하고 똑똑한 답변을 할 수 있는 비결 중 하나다.

더 나아가 AI 시대의 새로운 성과 지표도 발굴해야 한다. 과거의 클릭률이나 평균 순위 대신, 이제는 AI 인용 빈도, 의미 밀도, 벡터 인덱스 포함 여부 등이 중요해졌다. 내 콘텐츠가 챗GPT의 답변에 인용되거나 퍼플렉시티에서 링크 없이 언급되는 경우라도 그것이 곧 가시성의 지표가 되어야 한다. 이는 전통적인 웹 트래픽 분석 도구로는 포착되지 않는 영역이며 별도의 AI 트래픽 모니터링 체계를 구축해야 측정할 수 있다.

AI가 콘텐츠를 택할 때는 신뢰도를 기반으로 한다. 최근 SEO 소프트웨어 개발업체 SE 랭킹 연구에 따르면 챗GPT나 제미나이 등의 AI 오버뷰 AI Overview(생성형 AI를 활용한 구글 검색 기능)는

BBC, 뉴욕타임스, CNN과 같은 주요 언론사 콘텐츠를 선호하고 인용하는 경향이 있다. 이는 AI가 단순히 검색 순위를 따르는 것이 아니라 콘텐츠의 '권위'를 따진다는 것을 의미한다. 그러므로 중소 미디어나 브랜드는 AI가 인용할 만한 콘텐츠 구조를 갖추고 권위 있는 외부 링크를 통해 신뢰도를 높여야 인용 가능성을 키울 수 있다.

핵심은 콘텐츠가 AI에 '읽힐 준비'가 되어 있어야 한다는 점이다. 검색이 더 이상 사람이 클릭하는 행위가 아니라 AI가 정보를 요약하고 재구성하는 과정이라면, 우리는 사람을 위한 글쓰기와 동시에 기계를 위한 최적화를 병행해야 한다. 이제 콘텐츠는 사람보다 AI가 먼저 읽고 더 많이 해석하는 시대로 진입하게 될 것이다.

즉 검색보다 '검색될 수 있는 상태'가 중요해지는 이 시대에 마케터와 콘텐츠 제작자는 AI의 읽기 방식, 저장 방식, 응답 생성 방식을 정확히 이해하고 대응해야 한다. 기존의 SEO에서 AIO로의 전환은 기술보다는 '사고방식의 전환'을 요구한다. AI가 답변을 만들 때 우리 콘텐츠가 포함되지 않는다면 우리는 사람들의 주목을 덜 받게 되고 우리가 알리고자 하는 메시지와 상품, 브랜드는 노출의 기회를 놓치게 된다.

AI 시대에 가시성의 정의는 바뀌고 있다. 클릭을 유도하는 것이 아니라 AI가 스스로 찾아내 인용하는 콘텐츠가 진정한 경쟁력이 된다. 검색 최적화는 이제 AI 최적화로 진화하고 있으며 이 변화에 빠르게 적응하는 자만이 다음 시대의 검색 환경에서 살아남을 수 있다.

2026 AI 인사이트

구글 'AI 오버뷰'란 무엇인가?

구글의 AI 오버뷰는 검색에 생성형 AI를 결합한 기능으로 검색 결과 상단에 요약된 답변을 보여준다. 여러 웹페이지 내용을 종합해 한눈에 이해할 수 있도록 도와주는 'AI 요약 비서' 같은 역할을 한다. 복잡한 질문에 빠르게 핵심만 파악할 수 있어 점점 더 많은 검색에 적용되고 있다.

하지만 사용자가 더 이상 웹사이트를 클릭하지 않아 언론사나 블로그, 쇼핑몰 등에 광고주들의 유입이 줄어드는 문제가 있다. 정작 요약에 쓰인 출처 페이지는 방문자 없이 콘텐츠만 활용되는 구조여서 '트래픽 약탈' 논란도 커지고 있다.

6. 'AX 본격화'
기업의 사업과 일하는 문화를 바꾼다

2026년은 AI가 단순히 기업의 기술로 존재하는 것이 아니라 실질적인 '조직의 구성원'으로 작동하며 기업의 사업 구조와 일하는 문화를 본격적으로 바꾸는 해가 될 것이다. 바로 AI 트랜스포메이션AI transformation, 줄여서 AX의 시대가 시작되는 것이다.

지금까지 기업의 디지털 트랜스포메이션digital transformation은 클라우드 전환, RPA 도입, 협업 툴 확산 등을 통해 업무 효율화를 도모하는 데 그쳤다면, AX는 기업의 모든 활동에서 인간과 AI 에이전트가 협업하는 새로운 업무 생태계를 만들어 낸다는 점에서 질적으로 다른 전환이다.

기존의 챗봇이나 RPA는 정해진 규칙에 따라 작동하는 정적인 자동화 기술이었다. 하지만 2025년 이후 급속히 진화한 생성형 AI 기술은 인간처럼 문맥을 이해하고 상황에 따라 판단하며, 필요에 따라 외부 도구를 연결해 복합적인 작업까지 처리할 수 있는 수준으로 발전했다.

특히 마이크로소프트의 코파일럿, 구글의 제미나이Gemini, 세일즈포스의 아인슈타인 GPT는 단순한 생성형 AI를 넘어 조직 내에서 실제 협업을 수행하는 '디지털 동료'로 기능하며 AX의 가능성을 현실로 만들었다. 이들은 회의록을 정리하고 보고서를 작성하며, 일정과 프로젝트 계획을 수립해 이메일을 발송하고, 심지어 사내 문서를 분석한 뒤 전략을 도출하는 수준까지 도달했다. AI는 이제 '도구'가 아니라 '업무 수행 주체'로 진화한 것이다.

이러한 변화의 중심에는 '에이전트'가 있다. 과거의 AI가 사용자 요청에 따라 결과물을 제공하는 소비자형 인터페이스였다면 현재의 에이전트는 스스로 판단하고 필요한 데이터를 검색하고, 도구를 호출하며 다른 에이전트와 협업하는 자율형 시스템이다. 오픈AI의 오퍼레이터, 구글의 A2A 프로토콜, 앤트로픽의 MCP는 이러한 에이전트 생태계의 핵심 기술로 자리 잡았으며, 2025년 하반기부터는 다양한 기업이 자사 조직 내에 다양한 에이전트를 배치하기 시작했다.

특히 주목할 점은 AI가 그저 '한 명의 직원'처럼 작동하는 것이 아니라 여러 가지 에이전트가 조직 내 다양한 역할을 분담하며 협업하는 구조로 진화하고 있다는 점이다. 하나의 업무를 여러 AI가 분업하여 처리하고, 중간 결과를 다시 조율하며, 최종 산출물을 도출하는 방식은 기존 인간 중심 조직이 운영되던 방식과 유사하다. 즉 기업 조직에 'AI 팀'이 들어온 셈이다.

AX가 본격적으로 시동을 걸면서 기업은 그동안 중요하게 여

2026 AI 인사이트

직장인의 AI 리터러시 제대로 파악하기

AI를 제대로 이해하고 활용하는 능력은 점차 직장인의 기본 역량이자 필수 자질이 되고 있다. 직장인은 업무에 필요한 AI 도구를 선택하고 이를 활용할 수 있는 수준을 넘어, 생성된 결과를 비판적으로 검토하는 역량이 중요하다. 무작정 AI에 맡기는 단순한 사용법에서 벗어나 AI를 똑똑한 동료로 활용하면서 비판하고, 멈추고, 판단할 수 있어야 한다.

이를 위해서는 직무별로 요구되는 AI 리터러시를 구분해야 하는데, 기획자나 마케터는 AI 생성 콘텐츠를 전략적 인사이트로 전환하면서, 품질과 편향성에 대해 비판적으로 사고할 줄 알아야 한다. HR 실무자들은 전사 교육 설계와 함께 AI 윤리, 편향 관리, 조직 거버넌스를 고려해야 한다. 개발자는 프롬프트 조정, 모델의 한계 인지 및 에러 리뷰 능력을 갖추어 AI를 '정밀한 도구'로 활용할 수 있어야 한다.

직급에 따라서도 AI 리터러시의 수준과 역할은 달라져야 한다. 실무자는 AI 활용의 초기 적용과 결과 평가 능력을 길러야 하며, 중간관리자는 팀 내 AI 배포와 교육을 담당하고, 조직 내 지식 공유 체계를 설계·운영할 수 있어야 한다. 최고경영층은 AI 중심의 조직문화와 전략적 역할 재설계를 주도하고, AI 전략을 비즈니스 목표와 결합하여 조직에 시스템적으로 통합해야 한다. 이를 전사 문화로 정착시키는 비전과 변화관리 리더십 또한 필수다.

> AI 리터러시는 단순한 기술 숙련도를 넘어, 사고방식과 문화, 전략까지 아우르는 조직적 자산이 되어야 한다.

겨왔던 CX customer experience(고객 경험), EX employee experience(직원 경험)뿐 아니라 이제는 AI 시대에서 에이전트 경험을 할 수 있는 AX를 고려해야 하는 시대가 되었다. 이는 AI 에이전트가 조직 내에서 원활하게 작동하기 위한 인프라, 시스템 접근 권한, 문맥 정보의 지속적인 공유, 실행 권한과 책임 구조 등 새로운 '조직 설계'가 필요함을 의미한다. 이제는 인간만을 위한 ERP, CRM, 그룹웨어를 만드는 것을 넘어 에이전트를 위한 업무 환경도 함께 설계해야 한다.

이제 회사는 회의록, 업무 문서, 메일, 일정, 사내 데이터 등을 벡터화하여 AI가 실시간으로 검색하고 해석할 수 있게 구축해야 한다. 또 각 시스템 간의 API 연동과 프롬프트 설계와 동시에 실행 로그에 대한 감사 체계를 갖추어야 한다. AI가 판단하고 실행한 작업을 누가 승인했는지, 어떤 데이터로 학습했는지에 대한 투명성과 추적 가능성 또한 중요해진다.

이러한 변화는 기업의 조직 구조에도 큰 영향을 미친다. 기존에는 관리자-사원 중심의 위계 조직이 일반적이었다면, 이제는

| 우리 조직 구도에 깊숙하게 스며드는 AI. 회사 등 여러 조직에서 AI와 AI 에이전트를 사용하는 게 자연스러워질 것이다. (출처 : 챗GPT-4o로 생성)

사람과 AI가 공동으로 일하는 '하이브리드 팀'이 구성된다. AI는 보조 역할에 머무르지 않고 프로젝트 주도, 전략 수립, 보고서 작성, 데이터 분석 등 전방위적으로 활동한다. 이로 인해 팀 리더의 역할도 변화한다.

구성원 간의 커뮤니케이션은 인간-인간, 인간-AI, AI-AI 간 상호작용을 모두 포함하며, 이에 따라 조직의 리더십 모델, 인사 평가 체계, 협업 프로세스 모두 재정립해야 한다. 또한 윤리적·법적 측면에서도 AI 에이전트가 수행한 판단과 행동에 대한 책임 소재를 명확히 하고 인간의 통제를 받는 구조를 설계해야 하는 과제가 주어졌다.

> **2026 AI 인사이트**
>
> ### LLM과 AI 에이전트의 차이점
>
> LLMlarge language model(대규모 언어 모델)과 AI 에이전트 모두 AI 기술이지만 역할과 구조가 다르다. LLM은 생성형 AI를 구축하는 데 필요한 기본적인 AI 모델을 뜻하고, AI 에이전트는 LLM 외에 RLMreasoning language model(추론 언어 모델)과 LAMlarge multimodal model(대규모 멀티모달 모델) 등의 여러 AI 모델과 기술들을 활용해 만든 종합적인 AI 서비스를 말한다.
>
> 예를 들어 LLM은 프롬프트 입력이 들어오면 그것에 맞게 출력만 한다. 질문에 답은 하지만 스스로 다음 행동을 결정하지는 않는다. 하지만 AI 에이전트는 사용자의 목표를 중심으로 일련의 작업을 수행한다. '주말에 갈 만한 국내 여행 계획 세우기'라는 목표가 주어지면 목적지와 교통편, 숙박지 등을 찾아 예약하고, 근처 관광지를 기반으로 전체 일정을 정리할 수 있다.
>
> 이를 달성하기 위해 도구를 쓰거나, 결과를 평가하는 것도 AI 에이전트의 몫이다. 즉 LLM은 사람의 말을 이해하고 문장을 생성하는 AI의 '두뇌'라면 에이전트는 특정 목적을 수행하는 '행동하는 실행자' 역할이다.

기업은 이제 'AI를 도입하느냐'의 문제가 아니라 'AI와 함께 일하는 조직을 어떻게 설계하느냐' 같은 문제를 마주하게 된다. AX는 단순한 기술의 도입이 아니라 기업의 일하는 방식과 문화 전체를 재구성하는 전환의 흐름이다. 이 흐름을 빠르게 받아들이고 주도하는 기업은 경쟁력을 확보하고, 그렇지 못한 기업은 조직 내 의사결정과 실행 속도에서 뒤처질 수밖에 없다.

인간이 중심이었던 조직에 AI가 본격적으로 편입되면 기업은 또 한 번의 근본적인 변화를 맞이할 것이다. 2026년은 그 변화가 실험을 넘어 실행의 단계로 본격적으로 진입하는 해다. AGI로 가는 중간 단계에서 AX는 가장 현실적인 전환점이자 가장 중요한 전략의 출발점이 될 것이다.

7. 'AI 전용 디바이스' PC와 스마트폰을 잇는다

지난 40년간 IT 산업의 역사는 디바이스 중심의 진화사이기도 했다. 1980~1990년대 PC의 등장은 인터넷과 소프트웨어 기반의 디지털 혁명을 이끌었고, 2007년 애플 아이폰의 등장은 스마트폰 기반의 모바일 생태계를 만들었다. 그리고 2026년 우리는 PC와 스마트폰을 잇는 제3의 디바이스로 AI 전용 디바이스의 등장을 목격하게 될 것이다. 이 새로운 디바이스는 단지 하드웨어가 아니라, AI와 상호작용하는 새로운 사용자 경험UX을 제공하며 기술 플랫폼의 전환점을 만들어 내고 있다.

　AI 전용 디바이스는 기존의 컴퓨터나 스마트폰과는 다른 방식으로 작동한다. 가장 큰 차이점을 이해하면 좋은데, 이 디바이스는 사람의 지시를 텍스트나 앱으로 처리하는 것이 아니라 음성, 시선, 제스처, 주변 환경을 인식해 스스로 행동하는 '능동형 시스템'이라는 점이다. 예컨대 AI 디바이스는 프롬프트를 입력받기 전에 이미 사용자의 상황을 인식하고, 예측하고, 필요한 조치를 제안하거나 스스로 실행한다. 단순한 정보 검색이나 콘텐츠 소비를 위한 도구에서 진화해 사용자의 '보조 두뇌'이자 '대화형 인터페이스'로 기능한다.

　새로운 폼팩터는 다양한 형태로 등장하고 있다. 애플은 비전프로Vision Pro를 통해 '공간 컴퓨팅'이라는 새로운 패러다임을 제시했다. 더불어 화면이라는 개념을 해체하고 현실 세계 위에 디지털 오브젝트를 덧씌우는 방식의 UX를 구현했다.

　메타는 퀘스트Quest 시리즈로 공간형 협업과 엔터테인먼트를 재해석하고 있고, AI 스타트업 래빗Rabbit의 R1은 말 그대로 GPT를 위한 핸드헬드hand-held AI 인터페이스를 표방하며 AI만을 위한 장치로 주목을 받았다. (비록 실패했지만) 이들은 공통적으로

'앱 없이 작동하는 기기', '음성과 대화 중심의 사용 방식', '지속적인 사용자 문맥 추적'을 핵심 특징으로 삼고 있다.

물론 아직은 초기 시장이다. 2025년 상반기만 해도 R1과 휴메인Humane의 핀Pin 같은 일부 AI 디바이스는 실망스러운 품질로 혹평을 받았지만 초기 스마트폰 시대에 팜, 블랙베리, 윈도우폰이 실패했던 것처럼 기술의 진화 곡선에서 겪게 되는 과도기적 진통이다. 이미 삼성전자, 구글, 메타, 마이크로소프트, 애플 등 주요 테크 기업들은 AI 디바이스 시장을 차세대 플랫폼으로 보고 재편에 나서고 있으며, AI 칩셋과 운영체제OS, AI 퍼스널 에이전트까지 아우르는 수직 통합 전략을 전개하고 있다.

AI 디바이스가 기존의 PC, 스마트폰과 다른 점은 AI가 단지 탑재되는 기능이 아니라 '사용 목적 자체'라는 데 있다. 스마트폰이 전화기를 넘어 카메라, 지갑, 지도, 게임기, 결제 수단으로 확장되었듯이 AI 디바이스는 개인의 기억, 일정 관리, 업무 생산성, 콘텐츠 창작, 심지어 감정적 동반자 역할까지 포괄한다. 이처럼 AI 디바이스는 사용자 경험의 중심을 재정의하고 있다.

AI 전용 디바이스는 인간과 AI가 가장 자연스럽게 만날 수 있는 물리적 공간이다. 사용자는 말하고 바라보고 동작하는 방식으로 디바이스와 상호작용한다. 이는 AI가 인간의 맥락을 이해하고 응답하는 방식에서 더 진화한 인터페이스이며, 궁극적으로

| 옷에 붙이는 AI 장치인 휴메인의 '핀'은 시장에 화려하게 데뷔했지만, 기술의 미성숙으로 사용자의 외면을 받았다. 하지만 이는 기술이 진화하면서 겪는 과도기적 진통일 뿐이다. 이를 기점으로 차세대 플랫폼과 AI 디바이스 시장은 활력을 찾을 것이다. (출처 : 휴메인)

AGI가 사람과 교감하는 첫 번째 창구가 될 것이다. AI를 위한 새로운 몸체, 그것이 바로 AI 디바이스이며 이는 지금 이 순간 새로운 시대의 관문이 되어가고 있다.

8. '메타버스와 AI'
지능형 공간으로 또 한 번 혁신

메타버스는 2020년 등장 이후 크게 주목받았다. 하지만 뚜렷한 성과가 없어 사람들의 기대는 급속히 하락했고, 현재는 기술 재정비의 단계를 거치고 있다. 여전히 기기 보급이나 UX 개선 등이 필요한 상태지만, 2026년의 메타버스는 단지 VR 기기를 쓰는 가상 공간이 아니라 AI가 실시간으로 사람과 교감하고, 콘텐츠를 생성하며, 서비스를 제공하는 지능형 혼합 세계로 진화하고 있다. 팬데믹 시절 폭발적인 관심 속에 떠올랐다가 잠시 주춤했던 메타버스는 이제 생성형 AI의 결합을 통해 산업적 용도로 재조명받고 있으며 그 형태와 쓰임새 또한 크게 달라지고 있다.

과거 메타버스는 단순히 공간적 시뮬레이션, 즉 '입체적인 인터넷 공간'으로 이해되었다. 하지만 이제는 그 공간 속에서 AI가 스스로 사물을 인식하고, 사람과 상호작용하고, 새로운 콘텐츠를 생성해서 제공하는 존재로 작동하기 시작했다. 메타의 호라이즌 월드Horizon worlds나 애플의 비전 프로 등의 공간 컴퓨팅 기기가 대표적이다. 이처럼 AI가 환경을 인식하고 사용자의 요청을 실시간으로 이해하며 행동하는 '인터랙티브 시스템'이 등장하며 발전 중이다.

2025년 구글 I/O 행사에서 공개된 구글 글래스와 안드로이드 XR 기반의 AR 기기들, 그리고 삼성전자와 협업한 프로젝트 무한은 메타버스 기술이 다시금 도약할 수 있다는 희망적인 기대를 불러일으키고 있다.

메타버스 내의 AI는 단순한 챗봇이나 NPC non-player character 수준을 넘어선다. 지금은 사용자의 시선이나 제스처, 위치 정보, 대화 이력을 기반으로 상황을 해석하고 반응하는 AI가 등장하고 있으며, 실시간으로 텍스트, 음성, 이미지, 3D 오브젝트, 영상 콘텐츠를 생성하는 멀티모달 생성형 AI가 메타버스에 탑재되고 있다.

예를 들어 사용자가 "회의 배경을 회의실에서 해변으로 바꿔줘"라고 말하면 그에 맞는 3D 공간이 실시간으로 생성되고, "이 의자 대신 소파로 바꿔줘"라고 하면 다른 오브젝트로 바뀌는 경험을 할 수 있다. 즉 AI는 이제 메타버스 속 콘텐츠를 소비하는 보조 수단이 아니라, 콘텐츠 자체를 생성하고 변화시키는 주체로 자리 잡고 있다.

메타버스와 AI의 결합은 B2C뿐 아니라 B2B 영역에서도 빠르게 확산하고 있다. 제조 산업 분야에서는 디지털 트윈 기반의 시뮬레이션에 AI를 접목해 공정 최적화, 안전 시뮬레이션, 자율 공장 설계를 지원하고 있다. 교육 분야에서는 AI 튜터가 메타버스 내에서 실시간으로 학생과 소통하며 교육 콘텐츠를 생성하고 피드백을 제공한다. 특히 AI가 사람의 표정과 감정을 인식하여 반응하거나 대화 상대에 따라 말투와 페르소나를 조절하는 기능까지 나와 보다 감성적인 인터페이스로 진화하고 있다.

| 메타의 '호라이즌 워크룸'은 메타버스 환경에서 MR(혼합현실) 기기를 활용해 실제처럼 회의에 참여할 수 있는 서비스다. 참여자는 현실과 가상이 결합된 형태를 경험할 수 있다. (출처 : 메타)

기술적으로도 중요한 변화가 일고 있다. 메타는 SAM_{Segment Anything Model}이라는 모델을 통해 현실과 가상의 사물을 구분 없이 인식하고 해석할 수 있는 능력을 강화하고 있으며, 오픈AI, 구글, 마이크로소프트는 자사의 LMM과 LAM 기술을 메타버스 플랫폼에 통합하는 방식으로 혼합현실 내에서도 AI 활용을 강화하고 있다. 이제 메타버스는 공간을 재현하는 플랫폼이 아니라 AI가 상주하며 작동하는 '지능형 공간'으로 탈바꿈하는 중이다.

궁극적으로 메타버스와 AI의 결합은 인간의 현실을 보완하는 새로운 삶의 레이어를 만들어 낸다. 사람은 현실에서 하지 못하는 어려운 실험이나 경험, 창작을 메타버스에서 시도할 수 있고, 그 과정에서 AI는 창작자이자 도우미, 동료, 해설자, 분석가로 활약한다. 이러한 활용은 교육, 의료, 산업, 상거래까지 그 활용 범위를 확장할 수 있다.

메타버스가 '장소'를 제공하고, AI가 활동에 '의미'를 부여하면서 이 둘의 결합은 진정한 혼합 지능 공간 hybrid intelligence space 을 현실화하고 있다. 이제 우리는 AI와 함께 사는 공간이 아니라 AI와 함께 '살아가는 공간'을 만들기 시작한 셈이다.

2026 AI 인사이트

AI 시대의 스마트 공간 '혼합 지능 공간'

혼합 지능 공간 hybrid intelligence space 이란 사람과 AI가 함께 협업하며 문제를 해결하는 지능형 환경을 의미한다. AI가 정보 분석과 반복적인 업무를 맡고, 사람은 창의적 판단과 의사결정에 집중하는 구조다. 이 개념은 회의실, 공장, 사무실 등에 적용할 수 있다. 또 메타버스 같은 가상 공간, 스마트팩토리나 병원과 같은 물리-디지털 융합 공간, 공장의 디지털 트윈 환경 등을 예로 들 수 있다. 이처럼 혼합 지능 공간은 '사람+AI'가 공존하는 스마트 공간으로 진화 중이다.

이 개념은 단순히 기술이 적용되는 공간에 주목하기보다는 인간 중

> 심의 사회에서 AI를 협력적 공존 대상으로 보는 패러다임의 전환을 상징한다. 이로써 AI는 인간의 도구를 넘어, 함께 살아가며 문제를 해결해 나가는 지능적인 파트너로 자리매김하고 있다.

9. '휴먼 디지털 트윈' 디지털 인간으로 진화한다

디지털 트윈 기술은 공정을 복제한다거나 물리 시뮬레이션을 실행하는 것을 넘어 '사람'을 가상에 구현하는 휴먼 디지털 트윈의 형태로 진화하고 있다. 물리적 사물이나 공간의 디지털 쌍둥이를 만들던 기술은 이제 인간의 행동, 심리, 경험, 감정까지 복제하는 새로운 영역으로 확장되고 있으며, 이는 단지 기술의 진보가 아니라 디지털 자아 digital persona 의 등장을 의미한다.

이러한 변화는 몇 가지 기술 축의 융합으로 가능해졌다. 첫째는 다층적 센서 기술과 생체 데이터 수집의 고도화다. 스마트워치와 헬스 밴드 기술을 넘어, 피부 전류, 표정, 음성 떨림, 맥박, 시선 추적 등 다양한 신체 신호가 실시간으로 수집되며 인간의 상태를 다면적으로 인식할 수 있게 되었다.

둘째는 LLM 기반의 개인화 AI 모델 구축이다. 사용자의 대화 이력, 행동 패턴, 의사결정 방식, 언어 습관 등을 학습한 AI가 점차 사용자의 사고 구조와 감정 흐름을 모사하는 수준에 이르고 있다. 여기에 메타버스나 디지털 아바타 기술이 결합하면 인간은 자신을 대체하거나 보조하는 '가상 존재로서의 나'를 만들 수 있다.

휴먼 디지털 트윈은 의료, 교육, 심리, 고객 경험, 창작 등 다양한 분야에서 응용되고 있다. 예를 들어 뇌졸중으로 후유증을 앓고 있는 환자의 재활 경로를 시뮬레이션하거나, 특정 스트레스 상황에서 개인이 어떠한 심리적 반응을 보이는지 예측하여 맞춤형으로 멘탈 케어를 제공할 수 있다.

기업에서는 CEO의 의사결정 데이터를 학습한 AI가 가상 경영 시나리오를 분석하고 전략을 테스트하는 데 활용할 수 있다. 또한 한 개인이 수없이 많은 디지털 작업을 해야 하는 환경에서는 나의 디지털 페르소나를 모사한 AI가 대신 계약서를 검토하거나 상담을 진행하는 등의 대리 작업도 가능해진다.

2025년 이후 등장한 'AI 퍼스널 트윈' 개념은 나의 시간, 감정, 기억, 반응을 가상화하는 과정이다. 이에 따라 디지털 세계에서는 한 사람이 여러 개의 자아로 분화할 수도 있고, 반대로 한 조직에 한 명의 핵심 인물을 복제해 여러 상황에서 활용하는 일이

> **2026 AI 인사이트**
>
> ### 인간과 유사한 디지털 페르소나, 휴먼 디지털 트윈
>
> 휴먼 디지털 트윈은 현실의 사물이나 사람을 가상 세계에 그대로 복제한 디지털 모델이다. 예를 들어 심리 상담 분야에선 환자의 말투, 표정, 감정 반응을 학습한 '감정 디지털 트윈'을 만들어 AI 상담사가 맞춤형으로 대응할 수 있다. 또한 현실 속 실제 사용자와 유사한 반응을 보이기에 정서적 공감을 이끌고, 반복 훈련과 상황 재현 등에 효과적이다. 따라서 의료와 교육, 심리 상담 등 정서적 상호작용과 반복 학습이 중요한 분야에서 특히 활용하기에 적합하다.

가능해졌다. 예를 들어 고객센터 상담사 한 명을 학습시켜 1000명분의 상담 인격체를 생성하거나, 유명 인사의 의견을 반영한 디지털 브랜드 페르소나를 구현할 수 있다.

휴먼 디지털 트윈 기술은 인간을 이해하고 복제하는 것에서 나아가 인간을 확장하는 기술로 변모하고 있다. 이 기술은 물리적 시간과 공간의 제약을 넘어, 또 다른 '나'를 만들어 개인의 영향력과 생산성을 증대시킨다. 그리고 이 확장된 나는 24시간 가동되며 나를 대신해 일하고 말하고 판단한다.

| 인간의 신체적, 심리적, 행동적 특성을 가상 공간에 정밀하게 복제한 휴먼 디지털 트윈. 챗GPT-4o로 가상의 모습을 구현했다. (출처 : 챗GPT-4o로 생성)

 이처럼 2026년의 디지털 트윈은 더 이상 공장의 생산 설비가 아니라 인간의 감성과 사고마저 복제하는 새로운 자아의 실험장이 되고 있다. AI 시대의 자아 확장, 그것이 곧 휴먼 디지털 트윈의 본질이다.

10. 'AI 리서치 혁명'
누구나 박사처럼 논문을 쓰는 시대가 온다

AI의 진화는 정보를 요약하거나 자료를 정리하는 수준을 넘어섰다. 이제는 전문 지식을 생성하고 구조화하는 새로운 연구 모델의 등장으로 이어지고 있다. 2026년에는 AI가 논문을 요약하는 도구가 아니라, 지식을 직접 발굴하고 이론을 재구성하며 탐구 방법론까지 제안하는 '연구자'로 활동하는 전환점에 설 것이다.

지금까지 인간은 정보의 탐색과 해석, 검증, 개념화, 모델링, 시뮬레이션이라는 일련의 리서치 과정을 거쳤다. 수없이 반복적이고 수많은 비정형적 작업을 수행해야 했지만 이제는 LLM과 RAG 기술, 그리고 AGI 전 단계의 추론 AI가 이 모든 과정을 대신할 수 있게 되었다.

특히 오토GPT AutoGPT와 랭체인 LangChain 기반의 연속적 질의 구조화 시스템, 논리형 LLM의 발전, 그리고 '에이전트 스웜 agent swarm' 방식의 다중 AI 협업 연구 시스템은 의제 중심의 지식 생산을 가능케 한다. AI는 서로 다른 학문 간 통합된 개념을 구성하고 과거에 없던 이론을 상정하며, 새로운 변수와 인과 관계를 시뮬레이션할 수 있다.

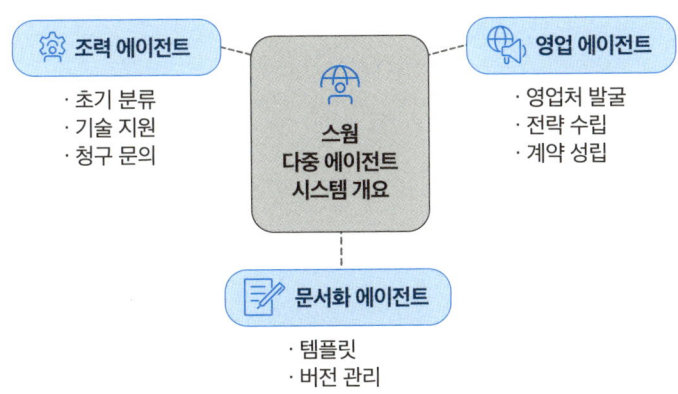

| 오픈AI가 멀티 에이전트 간의 협업을 위해 발표한 스웜 프레임워크.

    이러한 변화는 기존의 학문 구조와 리서치 생태계에도 중대한 질문을 던진다. 과거 대학, 연구소, 학회가 지식 생산의 중심이던 시대에서 이제는 AI 리서치 에이전트가 논문을 작성하고 실험을 설계하는 시대로 변화하는 시점이다. 심지어 스스로 평가peer review까지 수행하는 구조가 형성되고 있다. 인간은 방향을 설정하고, 의문을 던지며, 검증의 틀을 제공하는 역할로 점차 옮겨간다. 이 과정에서 리서치라는 활동 자체가 수직적이고 정형화된 프로세스에서 프롬프트 기반의 탐색적, 조합형 지적 활동으로 바뀌고 있다.

    이와 같은 흐름 속에서 기업들은 R&D 부서에 AI 에이전트를 배치하여 시장조사, 기술 스카우팅, 특허 동향 분석, 논문 리뷰 및 요약, 경쟁사 리포트 작성 등을 자동화하고 있다. 또한 논문 출판 산업에서도 AI 논문 추천, 데이터 기반 학술 큐레이션, 자동 번역 및 주석 추가 시스템이 등장하면서 지식 유통 구조의 전반이 재편되고 있다.

더 나아가 정부와 기업이 함께 만든 '공공+AI 협업 리서치 시스템'은 기후, 환경, 보건, 정책 등 복잡계 문제에 대해 AI가 시뮬레이션한 정책 대안을 자동으로 제시하고 이에 대해 전문가가 해석하는 방식의 리버스 리서치 구조를 만들고 있다.

2026년은 지식 생산의 권력이 변화하는 해다. 정보는 AI가 축적하고 패턴은 AI가 분석하며 해석은 인간이 담당하고 실행은 다시 AI가 수행한다. AI와 인간이 나누어 수행하는 새로운 연구 협업 구조 속에서, 이제 우리는 지식 자체를 소비하는 존재가 아니라 AI를 통해 끊임없이 새롭게 구성해 가는 존재로 변하고 있다. 리서치의 미래는 더 이상 연구실의 특권이 아니다. 그것은 AI의 언어로 구성된, 누구나 접속할 수 있는 지적 행위의 새로운 포털이 되고 있다.

> **2026 AI 인사이트**

AI도 인간처럼 팀플레이를 할 수 있을까?

에이전트 스웜agent swarm은 하나가 아닌 여러 개의 AI 에이전트가 협력해 문제를 해결하는 구조다. 각 에이전트가 맡은 역할을 나눠 분산 작업을 하고, 동시에 협력하며 마치 팀플레이를 하듯이 유기적으로 움직인다. 이름 그대로 '벌떼swarm'처럼 개별 에이전트가 밀접하게 움직인다. 이 기술은 복잡한 업무를 빠르게 처리하거나 창의적인 결과를 도출할 때 강력한 방식으로 주목받고 있다.

IT TREND 2026

PART 2.
AI 에이전트 시대의 개막

2026년은 생성형 AI의 다음 진화형인 AI 에이전트가 경제와 산업의 무대에 본격적으로 등장하는 해다. 챗GPT가 지식과 언어 처리의 놀라움으로 사람들의 기대를 끌어올렸다면, 에이전트는 그 기대를 '실행력'과 '자율성'으로 현실화한다. 대답하고 생성하는 AI를 넘어, 목표를 이해하고 계획을 세운 뒤 다양한 시스템과 데이터를 연결해 스스로 일을 완결하는 '디지털 대리인'이 등장한 것이다. MCP와 A2A 같은 표준 프로토콜은 에이전트가 수많은 서비스와 협력할 수 있는 기반을 마련했다. 이는 인터넷이 HTTP로 연결되며 웹 경제를 탄생시킨 순간과 닮았다.

이제 경제의 중심축은 검색과 앱 중심에서 에이전트 중심으로 이동한다. 사용자는 더 이상 여러 플랫폼을 오가며 정보를 찾고 실행하지 않는다. "회의록을 정리해 보고서로 만들어 배포하고, 관련 일정까지 잡아줘"라는 한 마디면, 에이전트는 필요한 데이터를 수집, 분석하고, 문서를 작성해 공유하며, 캘린더까지 업데이트한다.

이 새로운 패러다임 속에서 기업은 에이전트를 고객 경험 혁신의 엔진이자 내부 업무 효율화의 핵심 동력으로 도입할 것이다. 2026년, 에이전트는 더 이상 실험실의 콘셉트에 머무는 것이 아니라 비즈니스 현장의 주역으로 자리 잡는다.

변곡점에 선
에이전트 이코노미

2025년부터 고개를 든 AI 에이전트는 2026년에 본격적으로 빛을 발하며 '에이전트 이코노미agent economy' 시대의 개막을 알릴 것이다. 과거 웹 생태계가 플랫폼 경제를 만들고, 모바일 생태계가 공유경제를 탄생시킨 것처럼, AI 시대에는 에이전트 생태계를 기반으로 한 새로운 경제 질서가 형성될 것으로 전망한다. 검색과 앱 중심의 경제를 넘어, 이제는 에이전트 중심의 경제가 태동하게 될 것이다.

AI 에이전트, 완전체로 진화하다

2024년 11월 말, AI 시장의 조용한 강자 앤트로픽이 지능형 에이전트용 개방형 프로토콜인 MCP Model Context Protocol를 공개하면서 AI 기술의 새로운 장이 열렸다. MCP는 LLM(대규모 언어 모델)과 AI 에이전트 간의 효과적인 소통과 협력을 돕는 표준화된 프로토콜이다. 비유하자면 HTTP Hypertext Transfer Protocol가 전 세계의 컴퓨터를 연결하며 웹이라는 거대한 온라인 경제계의 기반이 되었던 것처럼, MCP는 에이전트 이코노미의 탄생을 이끄는 핵심 기술이자 인프라가 될 것으로 보인다.

MCP의 핵심 기능은 에이전트가 더 많은 시스템에 연결해 필요한 자원을 이용하고 기능을 활용하게 지원하는 것이다. 에이전트가 사용자의 디지털 캘린더에 기록된 일정을 확인하고, 이동하기 위해 출발지와 목적지를 입력하고 택시를 호출한다. 택시 호출까지 처리하는 작업을 수행하려면 캘린더, 지도, 모빌리티 서비스 등 여러 시스템에 접근해서 데이터를 불러와 실시간으로 연결되어야 한다. 이때 필요한 것이 공통된 표준 프로토콜인데, MCP가 바로 그 역할을 한다.

요즘 세상은 마치 AI가 뭐든 할 수 있는 것처럼 떠들썩하다.

챗GPT가 보여준 놀라운 성능 때문일 것이다. 하지만 현실을 들여다보면, AI는 여전히 챗GPT 안에만 갇혀 있다. 카카오톡에서도, 토스에서도, 유튜브에서도, 네이버에서도 챗GPT만큼의 AI 경험을 누릴 수는 없다.

우리가 회사에서 사용하는 정보화 시스템 역시 마찬가지로 챗GPT를 이용하던 편리함과는 거리가 멀다. 챗GPT에서처럼 자유롭게 대화하며 문서를 정리하거나, 정보를 요약하고, 판단을 도와주는 AI를 기대하기는 어렵다. 이는 마치 호텔에서 인터넷에 연결되어 음성으로 조작할 수 있는 자동 블라인드를 사용하다가 집에 돌아와서는 블라인드 줄을 당겨야 하는 것처럼, 좋았던 경험을 일상에서 계속하여 누리지 못하는 상황과 비슷하다.

챗GPT 덕분에 AI에 대한 눈높이는 비약적으로 높아졌는데, 정작 우리가 사용하는 웹이나 앱 그리고 회사 등에서 사용하는 각종 정보화 시스템은 챗GPT의 경험과 비교해 볼 때 그 기대치에 한참 못 미치고 있다. 그런데 이러한 현실 속에서 MCP의 등장은 AI에 날개를 달 수 있는 중요한 전환점이 된 것이다.

MCP의 등장은 단지 기술적 진보만이 아니라 AI 생태계 전반에 걸친 혁신을 촉진하는 계기가 되었다. 그 파급력은 MCP 발표 후 단 3개월 만에 입증되었다. AI 시장을 선도하는 오픈AI가 이 프로토콜을 공식 채택하겠다고 발표했다. 오픈AI의 MCP 채택은

MCP가 지닌 기술적 가치와 산업적 파급력을 입증한 사건으로 평가받고 있다. 특히 오픈AI는 독자적인 AI 프로토콜을 이미 보유했음에도 불구하고, 경쟁자라 할 수 있는 앤트로픽의 MCP를 지원하기로 했다는 점에서 에이전트 생태계가 활성화되는 신호탄이라고 볼 수 있다.

실제로 에이전트에 연결할 수 있는 다양한 종류의 MCP 서버와 툴이 MCP.so와 Smithery.ai 같은 사이트에 등록되어 있다. 이

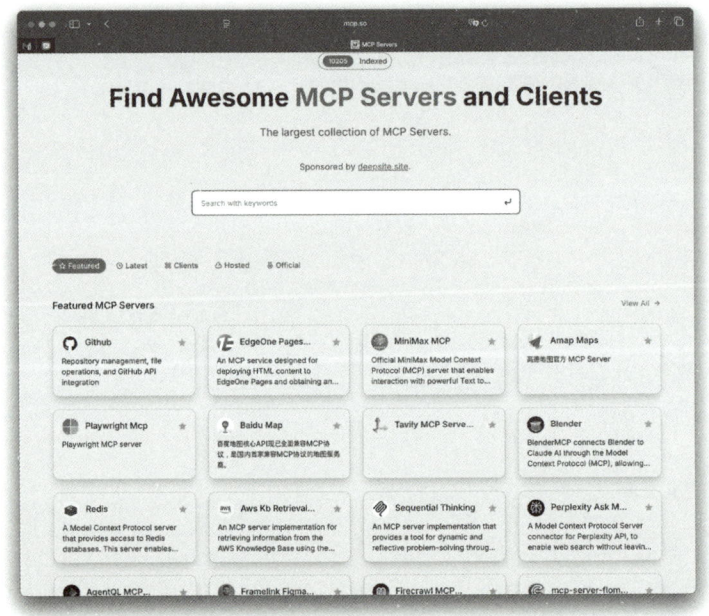

| 에이전트와 연결할 수 있는 MCP 서버를 등록한 사이트. (출처 : https://mcp.so)

들 사이트에 등록된 MCP 서버 수만 해도 이미 1만 개를 넘어섰으며, 계속해서 추가되고 있다. MCP 서버가 늘어난다는 것은 그만큼 에이전트가 할 수 있는 일이 확장된다는 것을 뜻한다.

중국의 에이전트 전문 기업 마누스Manus는 MCP를 이용해서 보다 똑똑하고 다양한 작업을 수행할 수 있는 AI 에이전트를 출시했다. 뒤를 이어 구글은 A2AAgent to Agent 프로토콜을 발표하면서 AI 에이전트 간 상호작용의 가능성을 더욱 확대했다.

2007년 애플이 앱스토어를 출시하며 모바일 플랫폼 생태계를 본격적으로 개척한 것처럼, MCP와 A2A의 등장은 AI 에이전트 생태계의 폭발적 성장을 이끌 신호탄으로 평가된다. 특히 A2A는 에이전트 간에 효율적으로 상호작용하고 데이터를 교환하며 협업할 수 있도록 도와주는 것으로, 그 결과 에이전트는 다른 AI와 소통하며 다양한 작업을 더욱 완벽하게 수행할 수 있게 될 것이다.

챗GPT 출시 이후 다양한 종류의 생성형 AI 서비스가 등장하면서 문서 정리와 번역, 회의록 요약 및 문서, 이미지 생성 등의 작업이 편리해졌다. 하지만 이러한 AI 서비스는 어디까지나 '생성'에 특화되어 있어서 사용자의 명령을 실제로 '실행'해 주는 데는 한계가 있었다.

AI가 사용자의 지시에 따라 자동으로 작업을 수행하려면, 더 많은 자원과 시스템에 연결되어야 한다. 그래야 영화 《아이언 맨》의 '자비스'처럼 사용자의 요구와 명령을 이해하고 실제 무엇이든 처리하고 실행할 수 있을 것이다. 이제 생성형 AI는 이제 에이전트로 한 차원 진화하고 있다. MCP와 A2A의 등장은 이 진화를 뒷받침하는 핵심 기술이다. 이 기술로 2026년은 에이전트의 원년으로 기록될 것이다.

AI 시대의 제3차 브라우저 전쟁

컴퓨터에서든 스마트폰에서든 우리는 여전히 브라우저를 통해 다양한 웹 서비스를 활발히 사용하고 있다. 앱과 달리 웹은 모든 페이지가 공개되어 있으며, 상호 연결이 가능하기에 지난 30년간 웹은 여전히 인터넷 사용의 표준 플랫폼으로 자리매김하고 있다. 즉 인터넷에 접근하는 중요한 채널로 웹 브라우저의 역할은 흔들리지 않고 여전히 견고하다.

덕분에 PC나 스마트폰은 물론, 태블릿, TV, 디스플레이가 탑재된 냉장고와 키오스크 등 다양한 디바이스에서 웹 브라우저를 통해 인터넷 서비스를 사용할 수 있다. 그리고 이제 그 브라우저에 AI가 스며들고 있다.

2024년 10월, 오픈AI의 경쟁사인 앤트로픽은 컴퓨터 유즈 Computer Use라는 이름의 AI를 공개했다. 이 AI는 사용자 대신 컴퓨터를 조작하는 기능을 갖추고 있다. 소프트웨어 형태로 설치된 이 AI에 명령을 내리면, 컴퓨터 내에서 웹 브라우저를 열어 필요한 정보를 찾아 정리하고, 적절한 애플리케이션을 호출해서 자료를 처리하거나 문서를 작성하는 등의 작업을 AI가 직접 수행한다.

앤트로픽의 AI 에이전트가 작동할 수 있는 비결은 바로 화면을 읽는 능력에 있다. AI가 컴퓨터 화면에 어떤 정보가 표시되고 있는지 파악하며, 화면의 각 영역을 구분하고, 메뉴나 클릭할 수 있는 항목 등을 인식할 수 있다. 덕분에 사람처럼 앱을 실행하고, 마우스를 움직여 메뉴나 하이퍼링크를 클릭하며, 검색창이나 로그인 창에 아이디와 비밀번호를 입력하는 등의 다양한 상호작용을 수행할 수 있다.

오픈AI 역시 2025년 1월 23일, AI 에이전트 오퍼레이터를 발표했다. 이 시스템에는 브라우저가 내장되어 있어, 제휴 웹 서비스(도어대시, 인스타카트, 우버, 이베이, 프라이스라인, 트립어드바이저, 로이터 등)를 간단한 프롬프트만으로 자동화해 작동할 수 있도록 했다.

또한 호텔 예약, 상품 검색 및 주문 등의 작업을 자동으로 수

> **2026 AI 인사이트**

챗GPT의 '에이전트 모드' 들여다보기

2025년 7월 17일, 오픈AI는 유료 구독자를 대상으로 챗GPT 대화창 하단의 도구 메뉴에서 '에이전트 모드'를 선택해 사용할 수 있는 에이전트를 출시했다. 기존에는 오퍼레이터라는 이름으로 독립 페이지에서 제공되던 기능이었으나, 이를 종료하고 이제는 챗GPT 내에서 에이전트 기능을 사용할 수 있게 통합한 것이다.

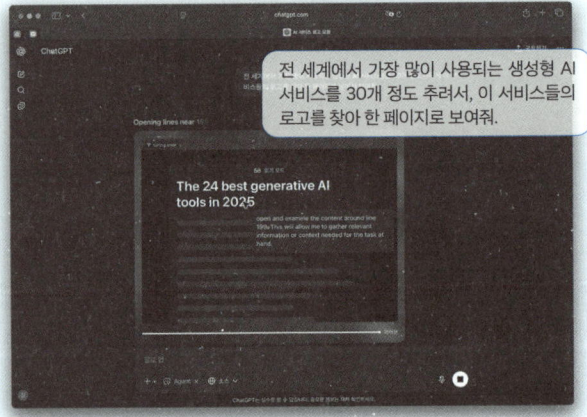

| 챗GPT에서 '에이전트 모드'를 사용하면 복잡한 프롬프트를 입력하더라도 한 번에 완성된 작업을 수행할 수 있다.

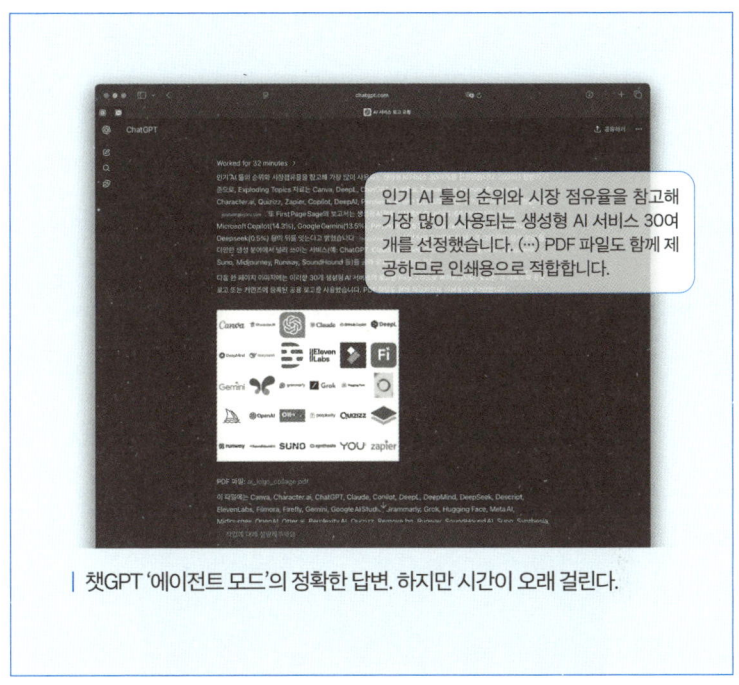

| 챗GPT '에이전트 모드'의 정확한 답변. 하지만 시간이 오래 걸린다.

행하는데, AI가 사람을 대신해 로그인하고, 원하는 상품을 검색하고, 주문까지 진행하는 것이다. 2025년 9월 현재, 챗GPT 프로 버전에서 월 200달러 요금제 사용자에 한해 우선적으로 제공되고 있다.

애플 역시 스마트폰과 다양한 플랫폼에서 UI/UX를 이해하고 복합적으로 인식하는 패럿-UI_{Ferret-UI} 기술을 바탕으로 시리를 통해 아이폰을 자동으로 조작하는 애플 인텔리전스_{Apple}

Intelligence를 공개했다. 이제 스마트폰에서도 AI가 사람을 대신해 앱을 실행하고, 다양한 작업을 자동으로 수행하는 시대가 열린 것이다.

그런데 AI가 사람을 대신해 컴퓨터나 스마트폰 등의 기기를 조작하는 것은 생각만큼 간단하지 않다. 앤트로픽의 AI 에이전트 역시 아직 완결성이 부족해, 실제로는 완전한 자동화가 이루어

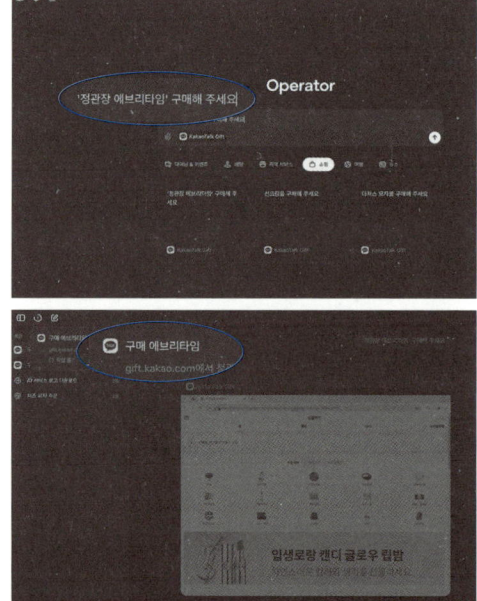

| 오픈AI의 오퍼레이터를 활용해 상품을 구매하는 화면. 현재 이 서비스는 종료되었고, 에이전트 모드를 사용할 수 있다.

지지는 못했다. AI가 지금보다 더욱 많은 작업을 수행하려면 수많은 인터넷 서비스와 데이터에 대한 접근 권한이 필요하다. 예를 들어 AI가 쿠팡과 카카오T, 배달의민족, 토스 등의 여러 플랫폼 서비스의 내부에서 사람 대신 작업을 수행할 수 있도록 허용해야 한다.

하지만 현실적으로 기존 서비스가 이를 쉽게 받아들일 가능성은 적다. AI에 모든 기능을 개방할 경우, 자칫 해당 AI를 만든 기업에 종속당할 수 있다는 우려 때문이다. 일단 종속되기 시작하면 AI 연결 수수료를 내야 하거나 플랫폼 운영 주도권을 빼앗길 우려가 있다. 그렇기에 플랫폼 기업은 이러한 관계를 경계할 수밖에 없다.

이러한 현실의 장벽으로 인해 현재로서는 적어도 시스템 통제권을 완벽하게 갖춘 애플이나 마이크로소프트(윈도우 PC), 삼성전자 등만이 더 완성도 높고 완벽한 AI 에이전트를 구현할 가능성이 높다. 실제로 애플은 AI(애플 인텔리전스) 기반의 시리를 통해 아이폰에서 자동화된 서비스를 구동하려는 시도를 이어가고 있다. 마이크로소프트 또한 코파일럿 AI를 윈도우에 적용해 마우스 없이도 간단한 프롬프트만으로 PC 운영체제를 작동할 수 있도록 하고 있다.

그러나 PC나 스마트폰 등 디바이스 중심으로 AI가 구동되는 과정에서 워낙 많은 소프트웨어와 자원을 동시에 활용해야 하기에 작동 과정에 오류가 많을 수밖에 없다. 이에 비해 변수가 상대적으로 적은 웹 중심의 AI 연동 방식이 완성도 면에서 유리하다. 이를 실현하기 위한 가장 현실적인 방법은 웹 브라우저에 AI를 탑재하는 것이다.

그렇다면 누가 웹 기반 AI를 가장 효과적으로 구현할 수 있을까? 바로 자체 브라우저를 보유하고 있는 기업이다. 크롬을 갖춘 구글, 사파리를 운영하는 애플, 엣지 브라우저를 제공하는 마이크로소프트와 국내에서는 웨일 브라우저를 보유한 네이버가 대표적이다. 이들이 브라우저에 AI를 통합하면 사용자는 마우스나 손가락을 사용하지 않고도 웹 브라우징을 하고, 단순한 프롬프트만으로도 웹 서비스를 손쉽게 쓸 수 있다.

예를 들어 "쿠팡 장바구니에 넣은 스마트폰 거치대를 주문해. 그리고 카카오맵에서 집에서 회사까지 가는 데 걸리는 현재 소요 시간을 알려줘"라고 입력하면 브라우저 내의 AI가 쿠팡과 카카오맵, 네이버, 유튜브 등에 연결해 로그인하고, 필요한 서비스를 작동한다. 즉 AI가 사용자 대신 직접 웹을 탐색하며 입력한 작업을 대신 처리하는 것이다.

현재 AI 시장을 선도하고 있는 오픈AI는 자체 브라우저를 보유하고 있지 않다. 이러한 상황에서 오픈AI는 2024년 말부터 브라우저를 개발하기 위해 전문 인력 채용을 시작했다. AI를 자체 브라우저에 탑재해, 보다 상위 개념에서 웹을 자동화하고, 지능화된 방식으로 인터넷 서비스를 사용하려는 전략이다.

돌이켜 보면 지난 2000년대 PC 브라우저 시장에서는 인터넷 익스플로러에 이어 크롬이 경쟁하며 시장을 주도했고, 2010년대 모바일 시장에서는 사파리가 크롬의 뒤를 바짝 쫓았다. 그리고 2025년, AI 시장이 본격적으로 개막하면서 'AI를 품은 브라우저' 경쟁이 새롭게 펼쳐질 것으로 전망한다.

단, 브라우저는 AI를 제대로 활용하기 위한 단기적이고 불가피한 선택일 뿐이고, 궁극적으로는 AI 에이전트 중심의 환경으로 점차 전환될 가능성이 크다. 각각의 버티컬 서비스가 독자적인 AI 에이전트를 통해 고객에게 더욱 정교하고 개인화된 서비스 경험을 제공하려는 움직임이 본격화하면서, 브라우저 속 AI가 아닌 개별 서비스에 내장된 AI 에이전트 사용이 주된 사용 방식으로 자리 잡을 것이다.

이미 이러한 AI 에이전트를 쉽게 개발하게 도와주는 다양한 개발 툴이 시장에 등장하고 있다. 마이크로소프트의 코파일럿 스튜디오Copilot Studio와 세일즈포스의 에이전트포스Agentforce, 엔비디아의 네모NeMo와 님NIM, NeMo Infrastructure Manager, 오픈AI의 오퍼레이터가 대표적인 예다. 2025년부터 시작된 AI 에이전트를 둘러싼 시장 경쟁의 본격적인 막이 오르면서 2026년에는 차세대 AI 서비스의 맹주가 결정되고, 이 시장의 패권을 누가 차지할지도 점차 윤곽을 드러낼 것이다.

> **2026 AI 인사이트**
>
> ### 본격적인 막이 올랐다, AI 브라우저 전쟁
>
> 챗GPT를 비롯해 퍼플렉시티, 젠스파크 등의 AI 서비스가 독자적인 브라우저를 출시하고 있다. 이는 자사의 AI 서비스를 더욱더 편리하게 이용할 수 있게 하려는 전략이다. 이들 브라우저가 크롬이나 사파리같이 시장을 지배하는 기존 브라우저와 경쟁력을 갖추려면 AI 연동처럼 단순한 기술을 넘어, 기존 브라우저에서는 불가능했던 새로운 기능과 자동화 경험을 제공해야 한다.
>
> AI 브라우저는 사용자 정보와 사용 데이터를 기반으로, AI가 사용자의 인터넷 사용 습관과 행동을 더 잘 파악하고, 이를 토대로 자동화된 AI 서비스를 제공할 수 있어야 한다. 이러한 능력이야말로 차세대 AI 브라우저의 핵심 경쟁력이 될 것이다.

AI와 AI의 연합, 초지능 동맹의 탄생

2023년은 뛰어난 인공지능 모델LLM이 등장하며 세상을 바꿔놓았고, 2024년은 이 모델을 활용한 다양한 생성형 AI 서비스가 출시된 해였다. 2025년은 중국의 딥시크를 포함한 AI 기술이 급부상했다. 더불어 중국의 AI 기술이 상상 이상이라는 점이 주목받았고, 동시에 추론형 AI 모델의 비약적인 성장이 이어졌다.

이러한 흐름 속에서 앤트로픽의 MCP와 구글의 A2A 기술이 등장했다. 이 기술은 AI가 더 다양한 자원에 연결될 수 있고, AI끼리 서로 정보를 주고받으며 협력할 수 있는 기반을 마련했다. 게다가 마이크로소프트가 구글의 A2A 프로토콜에 호응했고, 오픈AI가 앤트로픽의 MCP를 수용하기로 하면서 AI 간 '대연합' 시대의 가능성도 내비쳤다.

AI를 둘러싼 일련의 기술 진화는 앞으로의 AI가 더 복잡하고 많은 일을 처리하는 강력한 능력을 갖추게 해줄 것이다. 이는 AI 연합체로 초연결 AI 시대가 본격적으로 열리는 신호탄이 될 것이다. 그 과정에서 핵심은 하나의 AI가 아니라, AI와 AI 간에 서로 협력한다는 점이다. 한마디로 AI가 서로 협력하면서 더욱 강력한 AI를 혼자가 아니라 함께 만들고 있는 셈이다.

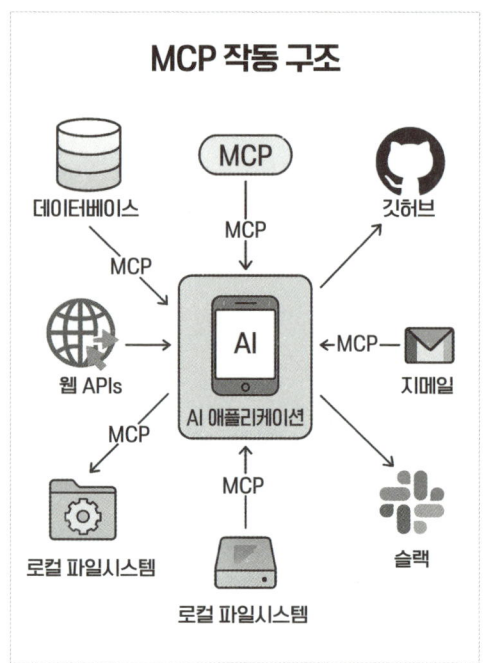

| MCP가 AI 애플리케이션에서 어떻게 작동하는지 구현한 구조도.

물론 MCP와 A2A 외에도 다양한 프로토콜이 등장하고 있다. 오픈소스 커뮤니티의 ANP는 암호화된 방식으로 분산화를 강조하고, 아고라Agora는 A2A보다 확장성이 뛰어나 에이전트 기반의 인터넷 구현을 가능하게 한다. 또한 로보틱스연구소의 CrowdES는 군집 로봇 간의 협업에 특화되었으며, 구글이 만든 gRPC는 A2A보다 높은 성능을 제공하는 고성능 프로토콜로 주목받고 있다. 여기에 uAgents는 암호화폐 결제 시스템과 통합되어 블록체

인 기반의 에이전트 거래를 가능하게 방식을 제공해 주목받고 있는 프로토콜이다.

이러한 후발주자의 등장에도 MCP와 A2A가 여전히 주목받는 이유는 이를 실제로 도입해서 사용하고 있는 기업들의 규모가 빠르게 성장하고 있기 때문이다. 이에 시장을 이끄는 여러 빅테크 기업이 두 프로토콜을 채택하면서 AI 간의 표준과 협업이 더욱더 본격적으로 진행되고 있다.

프로토콜은 단순한 개념의 기술 수단보다는 인류 문명의 발전 원리와 맞닿는 관점에서 이해해야 한다. 사실 인류 문명이 비약적으로 발전할 수 있었던 핵심 원인은 사람들이 혼자가 아닌 함께 협력하고 소통하며, 서로가 가진 지식과 경험을 공유했기 때문이다. 이러한 소통은 음성언어(말)와 문자언어(글)라는 매개를 통해 시공간을 초월해 인류 역사 속에서 지속적으로 확장되었다. 그리고 그 소통의 대상과 범위는 양적으로, 질적으로 점점 더 넓고 깊어졌다.

특히 2000년대 이후 월드와이드웹WWW, World Wide Web이 등장하면서 인류의 소통과 그 방식은 기존보다 급진적으로 확장되었다. 지난 25년간의 기술 발전이 과거 250년의 진보에 필적할 정도로 빠른 것도 월드와이드웹이 기여한 바가 크다. 오늘날의 AI 역시 이 흐름을 닮아간다. 초기의 AI는 인간이 글로 쌓아둔 방대한 데이터를 중심으로 학습했다.

이후 말과 사진, 영상 등의 데이터도 학습에 활용되었지만, 인간처럼 서로 간의 상호작용과 협력으로 배우는 수준에는 도달하지 못했다. 하지만 이제 AI가 인류 문명을 가능하게 한 지식 공유와 협력이라는 원칙을 모방할 수 있는 기반이 마련되고 있다.

WWW를 가능하게 한 기술적 기반은 HTTP라는 규약이다. 이 표준 규약 덕분에 전 세계의 컴퓨터가 서로 접속하며, 인류는 컴퓨터를 매개로 전 세계 사람들과 정보와 데이터를 실시간으로 연결할 수 있었다. 오늘날의 AI 역시 이와 유사한 흐름을 따라가고 있다. AI가 더욱 많은 자원에 연결되고, 사람처럼 다른 AI와도 소통할 수 있는 기술적 배경이 점차 갖춰지고 있다.

AI에 손발을 달자, MCP와 A2A

이 가운데 주목할 기술이 바로 MCP다. MCP는 사람으로 비유하자면 머리와 입, 귀 정도만 있었던 AI에 손과 발을 달아준 기술이다. 기존의 AI는 주어진 데이터 내에서만 정보를 추출하고 요약하거나, 콘텐츠를 생성하는 한정되어 있었다. 반면 MCP는 AI가 내부를 넘어 외부의 별도 시스템에 연결해서 필요한 자원을 탐색하고 가져와, 더욱 입체적인 작업을 수행하도록 해준다.

MCP를 기반으로 내부의 시스템 자원을 구성해 두면 AI가 사람을 대신해 필요한 자원에 접근해 참고하고 컨트롤할 수 있다. 예를 들어 AI가 회사의 주소록이나 ERP 시스템에 접근해 회사의 작년도 매출, 비용, 부채 등에 대한 자료를 정리해서 이메일 시스템에 연결해 파일을 자동으로 보낼 수 있다. 또한 캘린더에 기록된 미국 출장 계획에 따라, AI가 항공권 예매 사이트에서 일정에 맞는 항공권을 예매하고 이를 캘린더에 기록하거나 호텔 예약까지 완료할 수도 있다. 이 모든 것을 가능하게 하는 핵심이 바로 MCP다.

A2A는 AI가 서로 협업할 수 있도록 해주는 기술이다. 챗GPT만으로는 할 수 없는 작업이 있을 경우, 구글의 제미나이를 호출해서 해당 작업을 대신 수행하게 하고, 그 결과를 챗GPT로 전달받아 확인할 수 있다. 기업 내의 AI가 다른 기업의 AI를 호출해 협업할 수도 있다. 예컨대 회사 내부 AI가 자체적으로 수행할 수 없는 작업을 외부 AI에 요청하고, 승인 절차와 권한에 따라 처리하도록 하는 구조 역시 A2A를 통해 이루어질 수 있다.

기존 AI는 주어진 정보와 권한 범위 내에서만 일을 처리할 수 있어 제한적인 작업만 수행했다. 그러나 A2A가 다른 AI를 호출하고 협업하는 구조를 만들면서 AI의 활용 범위가 넓어지고 있다. 이는 사람의 일상과 업무 구조와도 닮았다. 기업에는 전문 직종과 부서가 있고, 서로가 갖춘 전문성을 바탕으로 협업해 완성도 높은 결과물을 만든다. 마찬가지로 AI 역시 서로 다른 학습 영역과 특화된 영역을 서로 나누면서 협력하다 보면, 정교하고 복합적인 작업을 기존보다 완벽하게 수행할 수 있을 것이다.

플랫폼 왕좌를 위협하는 에이전트 이코노미

지난 30년간 인터넷 비즈니스의 핵심축은 플랫폼 생태계였다. 플랫폼을 지배하는 자가 모든 것을 집어삼키는, 이른바 플랫폼 중심 시대였다. 플랫폼이란 공급자와 수요자 양측을 연결하고, 그 사이에서 가치거래가 이루어지도록 중개함으로써 광고나 거래 수수료를 받는 방식으로 수익을 창출하는 사업 구조다. 플랫폼의 개념은 이미 오래전부터 존재했다. 백화점, 시장 등에 입점한 판매업체와 이를 찾는 소비자들을 이어주는 것이 플랫폼의 초기 형태이자 시초인 셈이다.

이처럼 유통에 국한되어 작동되던 플랫폼이 웹, 모바일 등의 IT 기술을 만나 커머스, 검색, 뉴스, 부동산, 음악, 만화 등 다양한 영역으로 확대되었고, 배달, 교통, 금융, 소셜 미디어 등으로 확

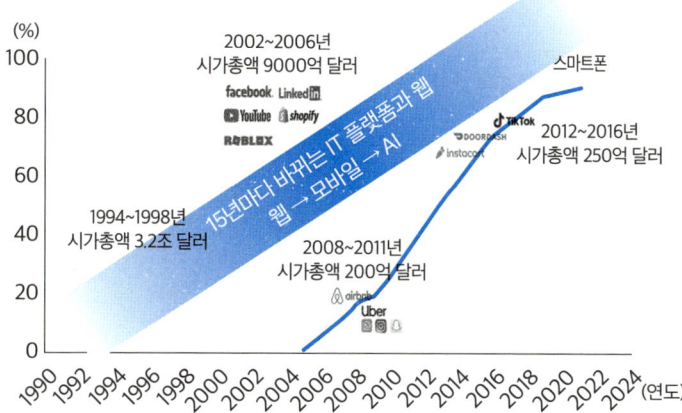

| 지난 30년 동안의 IT 플랫폼의 진화 과정. 15년마다 대규모 애플리케이션이 등장하는 모습을 보였다. (출처: COATUE)

장된 것이다. 그 과정에서 이런 플랫폼 시장을 장악한 일부 IT 기업이 시장을 독점적으로 지배하는 구조가 되었다.

하지만 챗GPT로 시작된 생성형 AI가 에이전트로 이어지면서 AI를 활용한 가치거래가 활성화되고, AI가 직접 가치를 창출하게 된다면 기존 플랫폼의 지배력은 유지될 수 있을까? AI 시대의 '에이전트 이코노미'는 비즈니스 모델을 어떻게 변화시키고, IT 시장의 경쟁 구도를 바꾸게 될까?

AI 에이전트는 챗GPT와 같은 콘텐츠 생성형 서비스보다 더 자율적이고 복잡한 작업을 실행할 수 있다. 챗GPT는 주로 글, 이미지, 영상, 문서 등의 콘텐츠를 생성하거나 요약하는 데 그치지만, 에이전트는 여러 시스템과 자원, 서비스에 접근하고 내용을 연동해 실제 업무를 대신 할 수도 있다.

예를 들어 에이전트는 다음처럼 복잡한 일을 스스로 한다. 지난주 기획팀 회의록을 확인해 다음 미팅 일정을 파악하고, 회의 결과에 따라 각 부서 담당자가 보고해야 할 사항을 정리해 공지 메일을 보내며, 규모에 맞는 사내 회의실을 예약하고, 각 참석자의 업무 캘린더에 미팅 일정을 기록하라는 복잡한 지시에도 작업을 완수할 수 있다.

물론 이러한 복잡한 일을 처리하려면 에이전트가 다양한 작업을 순서대로 실행하기 위한 계획을 세우고, 회사 회의록 저장 시스템과 주소록 데이터베이스 등 다양한 내부망에 연결해 데이터를 입력하고 출력해야 한다.

이미 이 일련의 동작을 가능하게 하는 표준 프로토콜이 출시되었다. 기업 안팎의 여러 시스템과 서비스에 연결할 수 있는 앤트로픽의 MCP와 에이전트 간 소통을 돕는 구글의 A2A 등의 표준안이다. 이미 여러 기업이 이들 표준을 지원하겠다고 발표하고 있으며, 그만큼 에이전트의 시대가 더 빨리 다가오고 있다. 만약 이처럼 에이전트의 시대가 본격적으로 열리게 된다면 기존의 플랫폼 중심의 비즈니스는 어떠한 위기에 직면하게 될까?

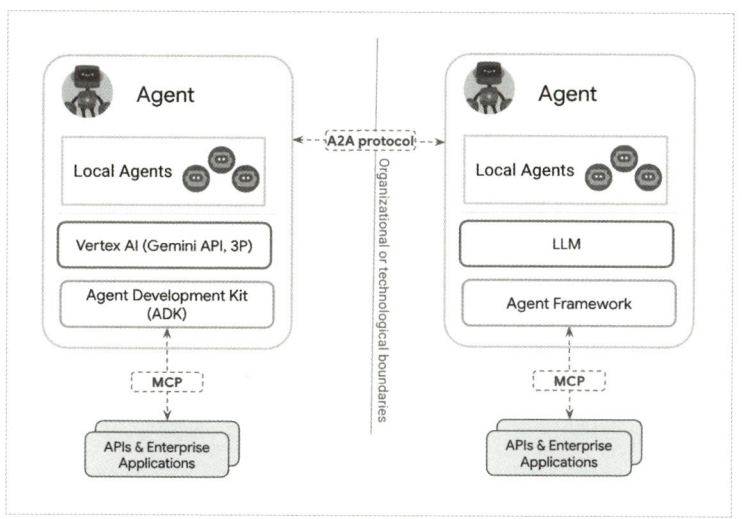

| A2A와 MCP의 구성도. 에이전트는 자신만의 내부 구조(로컬 에이전트, AI API, 프레임워크 등)를 갖추고 있으며, 공통의 A2A 프로토콜을 통해 협력하거나 데이터를 주고받을 수 있는 생태계를 형성하고 있다. 또한 MCP 프로토콜을 사용해 외부 시스템과 연결한다. (출처 : 구글)

AI 검색 에이전트 퍼플렉시티는 다음과 같은 복잡한 명령도 스스로 해결할 수 있다. "생성형 AI를 법무팀의 영업 계약서 검토 업무에 이슈 없이 도입하기 위한 사내 구축 방안을 조사해 줘. 옵션별 장단점과 구축 시 고려사항, 대략적인 비용 등을 조사해 이를 MS 워드 포맷으로 정리하고, 경영진이 의사결정할 수 있도록 주요 쟁점별 질문을 마지막 페이지에 정리해 줘."

이러한 명령command을 내리면 사용자가 일일이 세부 항목별로 검색하고 이를 메모한 뒤 다시 문서로 정리하는 과정을 거치지 않아도 퍼플렉시티는 이를 자동으로 처리해 포맷에 맞게 결과를 생성한다. 문서 포맷으로 생성하는 기능은 현재 안 되지만 (2025년 5월 15일 기준) 조만간 지원될 예정이다. 검색, 메모, 문서 작성 등 각각의 작업을 하나의 프로그램 안에서 수행할 수 있다는 점에서 퍼플렉시티는 업무 도구의 새로운 가능성을 보인다.

검색 에이전트에 익숙해지면 구글 검색이나 MS 오피스 같은 프로그램의 사용 빈도는 자연스럽게 줄어들 수밖에 없다. 특히 구글처럼 검색 광고 매출에 크게 의존하는 플랫폼 기업에 치명타가 될 수 있다. 실제로 퍼플렉시티는 2022년 12월 설립된 신생 기업임에도 불구하고, 3년도 채 되지 않은 시점에 약 20조 원의 기업가치를 인정받았다. 한편 구글이 2024년 한 해 동안 검색으로 벌어들인 매출만 300조 원에 달하는데, 이 같은 검색 플랫폼의 위상도 AI 검색 에이전트가 확산되면 중대한 위협에 직면할 수 있다.

이처럼 에이전트 기반의 검색과 업무 자동화가 일반화되면 플랫폼의 전통적 기반인 '사용자 체류시간'과 '클릭 기반 수익 모델' 자체가 붕괴한다. 특히 사용자가 정보를 얻기 위해 여러 서비스를 오가던 과정이 AI 에이전트 내부에서 '한 번의 명령과 결과'로 축소되면서 플랫폼은 유입도, 노출도, 전환도 잃게 된다.

더 나아가 AI 브라우저와 에이전트가 '추천-탐색-실행'까지 사용자의 모든 흐름을 독점하면 포털, 커머스, 콘텐츠 유통 플랫폼 등은 더 이상 '디지털 게이트웨이'로의 기능을 유지할 수 없는 구조적 위기에 직면한다. 즉 AI가 사용자의 목적에 직접 연결되는 '초개인화된 운영체제'로 부상하면서 기존 플랫폼은 점점 더 사용자와 단절되는 운명을 맞게 될 수 있다.

에이전트 이코노미가 설계하는 새로운 비즈니스 지도

그렇다면 에이전트는 무엇으로 돈을 벌 수 있을까? AI가 사람을 대신해 검색하면 검색 광고는 더 이상 노출되지 않고, 유튜브를 대신 보고 요약해 주면 유튜브의 광고 매출도 줄어들 수밖에 없다. 이처럼 사람 대신 AI가 기존 플랫폼을 이용하면 플랫폼 비즈니스는 위기에 빠진다. 결국 에이전트가 지속적으로 성장하려면 기존 플랫폼에 의존하지 않는 독자적인 비즈니스 모델이 있어야만 한다.

기본적으로 생성형 AI와 에이전트 서비스는 유료로 제공되며, 사용자에게 이용료를 받는다. 사용자의 시간을 줄이고 새로운 가치와 경험을 제공하니 그에 상응하는 보상을 요구하는 것이다. 하지만 최종 소비자에게 직접 비용을 청구하는 모델만으로는 규모의 경제를 이루기 어렵다. 결국 각종 AI 서비스가 지속적으로 운영되려면 새로운 에이전트 비즈니스 모델이 필요하다. 해답은 결국 기존 플랫폼 비즈니스와 비슷하게 가치 거래에 따른 수수료를 받는 방식이다.

다만 기존 플랫폼과 다른 점이 있다. 사람이 광고를 보거나 상품을 구매할 때 그에 따른 일정 수수료를 광고주나 판매자가 플랫폼에 지급하는 단순한 방식이 아니라는 것이다. 에이전트는 사용자 명령을 완결적으로 수행하기 위해서는 사람을 대신해 필요한 시스템, 자원에 연결된다. 이 과정에서 어떠한 거래가 성사되고 이루어지며, 창출된 가치를 어떻게 나눌 것인지 등을 입체적으로 계산하고 적정하게 분배해야 한다.

예를 들어 금요일 저녁 비즈니스 만찬을 위한 조용한 식당을 예약하고자 할 때 사용자는 에이전트를 통해 "조용한 분위기에서 비즈니스 대화를 나눌 수 있는 한식당을 예약해 줘. 일시는 이번 주 금요일 저녁 7시, 인원은 4명이고, 장소는 서울시 종로구야"라고 명령만 내린다. 그러면 사용자의 에이전트는 식당 전문 예약 에이전트와 연결해 적절한 레스토랑을 골라 예약한다. 이 모든 과정은 사람의 개입 없이 오직 에이전트 간의 소통으로 이루어진다.

이때 식당을 선택하는 방식은 기존처럼 사용자가 배너 광고를 보거나 할인 쿠폰, 마일리지 적립 등을 하는 단편적 방법으로만 이루어지지 않는다. 에이전트는 실시간으로 가격과 품질, 사용자의 컨텍스트(의도, 성향 등)를 기반으로 의사결정을 내린다. 에이전트 검색은 기존의 단편적 광고, 거래 수수료와는 다른 모델이 적용될 것이다.

에이전트는 평소 사용자의 의도와 성향을 기본적으로 세밀하게 파악하고 있다. 그렇기에 개인에 최적화된 서비스를 선별해 추천한다. 이는 기존 플랫폼이 광고나 거래 수수료 등 수익을 올리려는 목적으로 일방적으로 추천하는 방식과 다르다. 또한 에이전트가 사용자 커맨드에 맞게 실행하는 과정에 같은 상품이나 서비스라 하더라도 다른 가격dynamic pricing으로 AI에 제안한다. 그러면서 가격도 수요에 따라 변화하고 그것에 맞게 수익 분배 구조도 바뀔 것이다. 그만큼 기존 플랫폼 비즈니스의 일방적인 비즈니스 모델과 달리 역동적이고 유연한 방식으로 다변화될 것이다.

웹에서 모바일로 시장이 변화하면서 기득권 기업과 신규 스타트업 간 경쟁이 치열했던 것처럼, 이미 플랫폼을 장악하고 있는 기업과 에이전트 기반의 신규 비즈니스 혁신을 시도하는 기업 간의 경쟁 구도도 2026년에 더욱 격화될 전망이다.

기득권을 가진 플랫폼 기업은 에이전트를 기존 서비스에 내재화하는 전략을 기본적으로 선택할 것이다. 아마존은 쇼핑 에이전트 '루퍼스'를 자사 서비스에 탑재해 제공하고 있다. 루퍼스는 쇼핑을 돕는 에이전트로, 사용자가 구매 목적과 의도를 프롬프트 창에 입력하면 자동으로 그에 맞는 상품을 취합해 장바구니

> **2026 AI 인사이트**
>
> ### 꼭 알아야 할 AI 에이전트 혁신 기업
>
> 2025년은 AI 에이전트가 기술적으로 도약한 해다. 오픈AI의 GPTs, 앤트로픽 MCP, 구글의 A2A, 엔비디아의 네모와 님, 마이크로소프트의 코파일럿 스튜디오 같은 다양한 기술을 선보였다. 이 에이전트 서비스는 성능도 뛰어나지만, '사람을 대신해 실행하는 서비스'라는 에이전트의 목적도 이뤄내 그 가능성을 보여주었다. 생성형 AI의 대화 기반 AI 서비스에 이어 '행동하는 AI'는 여러 기업의 실질적인 도구로 작동했다.
>
> 이러한 기반 기술을 바탕으로 2026년에는 다양한 사업 영역에서 수많은 스타트업이 에이전트 서비스를 본격 출시할 것이다. 단순히 서비스의 조력자가 아니라 사용자의 맥락을 파악하고, 결정을 내리며, 결과를 도출하는 AI 에이전트는 우리의 생활과 산업의 전면에 점차 자리 잡고 있다. 한마디로 2026년은 에이전트 생태계가 본격적으로 열리는 원년이 될 것이다.

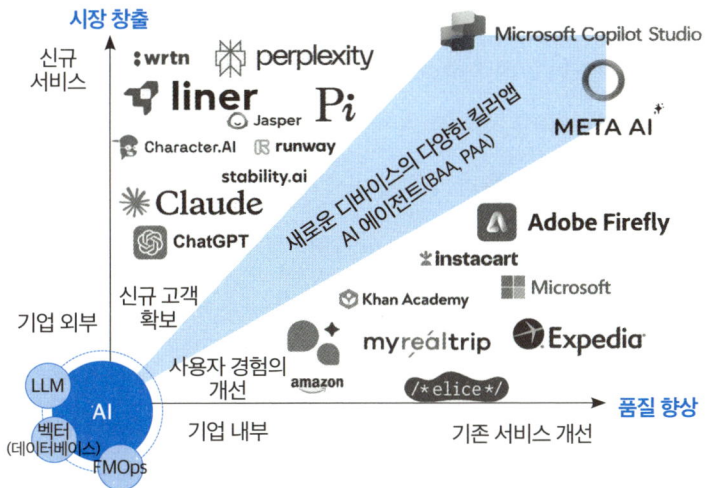

에이전트 시장의 경쟁 구도. 가로축은 에이전트를 탑재한 기존 플랫폼 사업자, 세로축은 신규 에이전트 스타트업이다.

에 일괄적으로 담아준다.

기존처럼 일일이 상품 리뷰를 보고, 필요한 상품을 골라내며, 가격을 비교해 예산에 맞게 장바구니에 담는 수고를 덜어준다. 이러한 점에서 기존 방식과는 달리 더욱 편리한 쇼핑을 돕고, 새로운 경험을 제공하는 에이전트다.

반면 선혀 새로운 에이전트 서비스가 과감하게 도전장을 내밀며 신규 시장을 개척해 나갈 것이다. 예를 들어 퍼플렉시티는 기존 검색 서비스와는 전혀 다른 방향과 접근성으로 전 세계 사용자의 검색 경험을 혁신하고 있다. 하지만 연간 300조 원 규모의 검색 광고 매출에 의존하는 구글은 매출 하락의 우려로 급진적인 도전을 하기에는 어려운 구조다.

이처럼 기존 플랫폼의 한계를 돌파하고 도전하려는 AI 스타트업이 다양한 영역에서 도약할 것이며, 예매, 예약, 상담, 업무 보조 등 다양한 분야의 에이전트 서비스가 새로운 시장 기회를 만들 것이다.

그 과정에서 업무를 돕는 에이전트를 BAA Business AI Agent, 일상의 편의를 돕는 에이전트를 PAA Personal AI Agent라고 한다. 그렇게 앞으로의 시장은 2가지 방향으로 전개될 것이다. 첫째는 기존 플랫폼 서비스에 에이전트 기능을 탑재하는 방식이다. 그다음은 새로운 에이전트 서비스를 신규로 제공해 기존 플랫폼을 대체하거나 기존에 없던 새로운 시장을 개척하는 방식이다. 이러한 혁신이 궤도에 오르며 에이전트 기반의 생태계는 더 넓게 확장될 것이다.

2026 AI 인사이트

PAA, BAA, DAA의 정의

이제는 누구나 AI 에이전트를 곁에 두고 살아가는 시대다. 처음에는 단순한 챗봇 사용이 주를 이뤘지만, 곧 일상과 업무, 특정 서비스 분야에까지 깊숙이 파고들게 될 것이다. AI 에이전트 도약을 맞이하는 이 시점에서 AI 에이전트의 발전 단계를 설명하는 PAA, BAA, DAA의 개념을 아는 것이 중요하다.

- **PAA**Personalized AI Agent

사용자 데이터를 학습해 개인 맞춤형으로 행동하는 에이전트다. 사용자의 스케줄, 스타일, 과거 행동 등을 반영해 의사결정을 한다.

- **BAA**Basic AI Agent

단일 작업을 자율적으로 수행하는 기초형 에이전트다. "이메일을 요약해 줘"처럼 단순 요청을 받아 처리한다.

- **DAA**Dynamic AI Agent

환경 변화와 복잡한 변수에 맞춰 자율적으로 판단하고 조정하는 고도화된 에이전트다. 여러 시스템과 에이전트에 연동되며 상황에 따라 스스로 목표를 재설정하기도 한다.

에이전트 구축과 개발의 고려 사항

기업은 2026년에 대고객 서비스를 혁신하거나 내부 구성원들의 일하는 방식을 개선하기 위해 에이전트의 구축과 개발 및 운영을 본격 도입해야 할 것이다. 그 관점에서 기업이 에이전트를 왜 도입해야 하는지, 어떤 영역에 활용할 수 있는지, 어떻게 구축해야 하고, 운영해야 하는지 구체적으로 고민해야 한다. 또한 도입 이후에는 어떤 점들을 고려해야 하는지도 함께 진단할 필요가 있다.

에이전트의 종류와 역할

AI 에이전트는 단순히 챗봇이나 검색 도우미 역할에서 벗어나 인간처럼 자율적으로 의도를 파악한다. 또 필요한 자원을 찾아 연결하고 실행까지 할 수 있는 '디지털 대리인'으로 진화하고 있다. 이러한 AI 에이전트는 크게 4가지 유형으로 분류할 수 있다.

첫째는 정보 기반의 검색 에이전트다. 퍼플렉시티, 유닷컴you.com, 파이Pi처럼 사용자의 질문에 맞게 신속하고 정확하게 답변하거나, 다양한 정보를 수집해 요약하는 기능을 수행한다. 간단

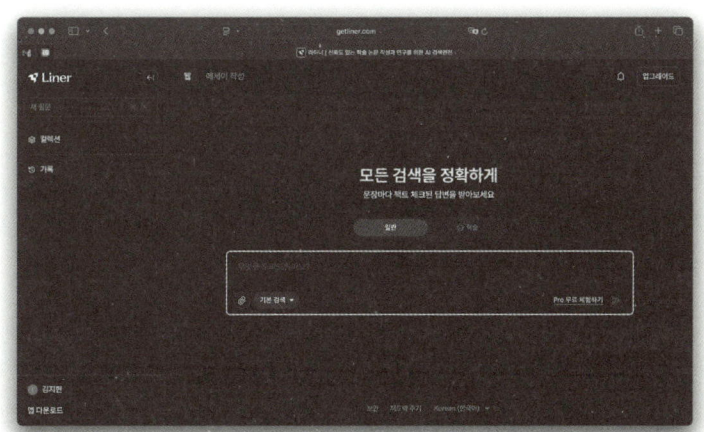

| '라이너'는 정보 탐색부터 문서 생성까지도 범위를 넓히고 있는 AI 검색 엔진이다.

한 문서 요약에서부터 다중 소스를 기반으로 한 보고서 생성까지 가능해, 기업 내 지식관리나 회의록 정리 등에 특히 유용하다.

둘째는 실행 중심의 작업 에이전트다. 사용자의 명령을 받아 여러 애플리케이션이나 시스템에 접속해 실제 작업을 수행한다. 예를 들어 회사 일정표를 확인해 회의실을 예약하고, 참석자에게 메일을 발송하며, 캘린더에 일정을 등록하는 일련의 과정을 자동으로 처리한다. 오픈AI의 오퍼레이터, 앤트로픽의 컴퓨터 유즈, 마이크로소프트의 코파일럿 등이 이에 해당한다.

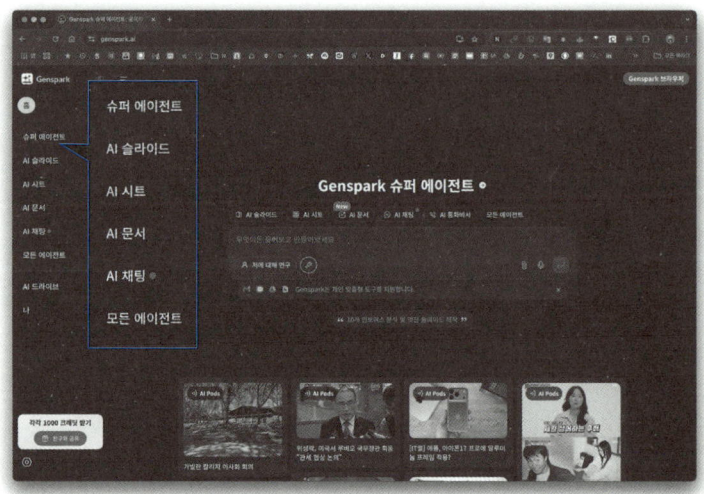

| '젠스파크'는 올인원 AI 워크스페이스를 표방하여 문서, 채팅, 이미지 및 동영상 생성, PPT 작성 등을 하나의 프롬프트로 해결하는 AI 에이전트다.

셋째는 상호작용형 커뮤니케이션 에이전트다. 단순히 질문과 응답이 아니라, 인간의 감정과 상황적 맥락을 고려한 대화를 지속하며 상담이나 지원을 수행한다. 대표적으로 레플리카Replika, 캐릭터 AICharacter.AI, 파이 등의 에이전트가 있는데, 개인의 감정적 지지나 안정을 지원하고, 일상으로 코칭 역할을 수행하며 사용자와 상호작용을 이어나간다. 최근에는 이들에 감정 추론 기능과 LLM을 기반으로 한 연기 능력이 더해지며 디지털 캐릭터로 진화하고 있다.

넷째는 전문 기능 특화형 에이전트다. 금융, 법률, 의료, 마케

| '캐릭터 AI'는 1000만 개 이상의 페르소나를 보유한 대화형 AI 에이전트다. 구글이 핵심 인력을 영입하고 라이선스 제공 계약을 체결하면서, 사실상 인수한 상태다.

팅, 제조 등 특정 도메인에 최적화된 에이전트로, 해당 분야의 전문 지식과 기업 내 시스템과의 연계성을 확보하고 있다. 세일 즈포스의 에이전트포스나 SAP의 쥴Joule은 업무 자동화 수준을 넘어, 기업의 의사결정을 지원하는 인텔리전트 에이전트로 자리 잡아가고 있다.

물론 이러한 특화형 에이전트를 특정 용도로 구분하지 않고 다양한 기능을 통합한 '슈퍼 에이전트'로 진화하는 것이 AI 에이전트 기술의 궁극적인 목표이자 방향이다.

추가로 이러한 에이전트들은 활용 환경에 따라 다시 3가지 유형으로 나눌 수 있다. 첫째, PAA는 스마트폰이나 노트북, 웹 브라우저 등 개인 단말기에서 작동하며, 비서를 대체해 일상적인 명령을 수행한다. 둘째, BAA는 기업 내의 다양한 시스템과 업무를 연결해 자동화한다. 셋째, DAA는 개발자를 보조하거나 코드 생성, 디버깅 등의 전문 작업을 지원해 생산성을 높여준다.

이처럼 다양한 에이전트는 활용 목적이나 환경에 따라 구분되며, 공통으로 다음과 같이 4가지 특징을 공유한다. 첫째, 사용자와의 대화를 통해 명령을 인식하기 때문에 인터페이스 측면에서 자연어처리NLP, natural language processing의 중요성이 크다. 둘째, 다양한 시스템, 앱, 데이터베이스에 연결해 작업을 수행해야 하므로 외부 연결성과 API 통합이 핵심이다. 셋째, 일회성 작업에 그치는 것이 아니라 지속적 상호작용과 실행을 반복하기 때문에 장기 메모리와 상태 추적 기능이 요구된다. 넷째, 복잡한 작업 요청을 효율적으로 처리하기 위해 다양한 도구와 액션을 조합하는 체계적인 계획 수립 능력이 필요하다. 이를 구현할 때 사용하는 기술이 '계획 후 실행Plan-and-Execute' 또는 '리액트 플랜ReAct Plan'이다.

> **2026 AI 인사이트**
>
> ### AI 기술에 자연어처리가 필요한 이유
>
> 자연어처리NLP, natural language processing는 사람이 쓰는 언어를 컴퓨터가 이해하고 처리할 수 있도록 하는 기술이다. 챗GPT처럼 질문에 답하거나 문서를 요약하고 번역하는 AI 서비스의 핵심 기반이 바로 자연어처리 기술이다. 자연어처리는 문장 구조 분석, 감정 인식, 요약, 질의응답 등 다양한 기능에 활용된다. 사람과 AI가 자연스럽게 대화할 수 있도록 돕는 '언어의 뇌' 임무를 수행하는 셈이다.

결론적으로 AI 에이전트는 생성형 AI의 다음 진화형이다. 단순히 결과물을 제공하는 데 그치지 않고 실행력과 자율성, 연결성을 갖춘 존재로 빠르게 진화하고 있다. 사용자는 에이전트와 대화로 목적을 전달하고, 에이전트는 이를 해석해 최적의 실행경로를 설계한다. 이후 스스로 다양한 자원과 협력 에이전트를 호출해 작업을 완수하는 구조로 발전하고 있다.

에이전트의 등장으로 인해 우리가 인터넷을 사용하는 방식, 소프트웨어를 작동시키는 방식, 업무를 수행하는 방식이 근본적으로 바뀌고 있다. AI 에이전트는 새로운 사용자 경험의 중심으로 자리 잡고 있다.

2026 AI 인사이트

AI가 문제를 해결하는 방식

AI 에이전트가 문제를 해결하는 방식은 다음과 같이 크게 2가지로 나눌 수 있다. 첫째, 계획 후 실행Plan-and-Execute 방식이다. 이 기술은 전체 작업 계획을 미리 세운 뒤, 순서에 따라 한 번에 실행하는 방식이다. 둘째, 리액트 플랜ReAct Plan 방식은 생각과 행동을 반복하면서 실시간으로 문제를 해결해 나간다. 전자가 '신중한 전략가'라면, 후자는 '민첩한 현장형 AI'라고 볼 수 있다. 최근에는 이 두 방식을 혼합한 '하이브리드 플랜' 방식도 주목받고 있다.

에이전트 개발, 기술과 전략의 퍼즐 맞추기

AI 에이전트는 단순히 생성형 AI 모델을 호출하는 것만이 목적이 아니다. 에이전트는 명확한 목표를 설정하고 이를 달성하기 위한 계획을 수립한다. 또한 필요 자원을 호출하고 다양한 시스템과 상호작용하여 복합적인 결과를 도출해야 한다. 이에 에이전트 개발에는 고도화된 기술 스택과 복합적인 설계 요소가 필요하다.

특히 2025년을 기점으로 MCP, A2A 같은 표준이 확산하면서 에이전트는 단순한 언어 모델이 아닌 통합적 실행체로의 역할을 수행하고 있다. 따라서 에이전트 개발에 반드시 고려해야 할 기술과 요소는 기존의 웹이나 앱 개발과는 전혀 다른 관점과 접근이 요구된다.

에이전트의 가장 중요한 부분은 무엇보다 명령을 이해하는 수준을 뛰어 넘어 '목표를 이해'하며, 이를 '계획'하고, '실행'하는 능력이다. 이를 실현하기 위해 가장 먼저 필요한 기술 요소는 고성능 LLM과 이것을 기반으로 한 플래닝planning 알고리즘이다. 단순 응답형 LLM만으로는 실행할 수 없기에 복잡한 의도를 파악하고 이를 목적 지향적으로 구조화할 수 있는 추론reasoning 중심의 모델이 필요하다.

이러한 이유로 최근에는 리액트, ToT~tree of thought~(생각의 나무), CoT~chain-of-thought~(사고의 사슬)와 같은 프롬프트 기반 추론 프레임워크가 각광받고 있다. 에이전트는 단일 행동을 수행하는 데 그치지 않고 다단계 행동을 계획해야 한다. 따라서 LLM 위에 별도의 플래너~planner~를 얹는 설계가 필수다.

예를 들어 "출장 항공권과 호텔을 예약해 줘"라는 명령은 캘린더 확인, 예산 조회, 항공편 탐색, 호텔 조건 설정, 결제까지 일련의 하위 작업으로 분류해야 한다. 이러한 작업의 순서를 설정하

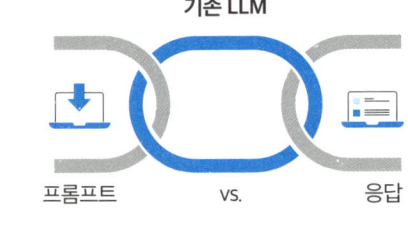

| CoT(사고의 사슬) 기반의 추론 프레임워크.

고, 조건을 판단하는 능력이 중요하다. 그 판단은 LLM 모델이 아니라 에이전트가 수행해야 하며, 그 기능은 독립된 모듈로 구현되어야 한다.

> **2026 AI 인사이트**
>
> ### AI도 생각하며 결정한다, ToT와 CoT 방식
>
> AI가 복잡한 문제를 풀 때 '생각의 흐름'을 전개하는 방식에 따라 2가지로 구분된다. CoT_{chain-of-thought}(사고의 사슬)는 한 줄로 이어지는 '단계적 사고' 방식이다. '1단계 계산 → 2단계 판단 → 3단계 결론'처럼 차례대로 사고를 확장해 간다. 수학 문제나 논리 퍼즐처럼 정답이 하나인 문제에 효과적이다.
>
> 다른 하나는 ToT_{tree of thought}(생각의 나무)다. 다양한 가능성을 동시에 가지 뻗듯 탐색하는 '분기형 사고' 방식이다. 여러 경로를 비교하고 평가한 뒤에 가장 나은 경로를 선택한다. 이러한 이유로 창의적 문제 해결이나 전략적 의사결정에 적합하다. 말 그대로 AI가 '생각의 나무를 그려가듯' 사고의 흐름을 확장하는 방식이다. 요약하자면 CoT는 선형 사고, ToT는 탐색 기반 사고로, 2가지 모두 AI의 '생각하는 방식'을 진화시키는 중요한 전략 도구다.

두 번째로 중요한 기술 요소는 도구 호출과 외부 시스템 연결이다. 에이전트가 작업을 완수하려면 다양한 툴과 API에 연결되어야 하기 때문이다. 이를 위해서는 먼저 에이전트가 사용하는 툴을 정의해야 하며, 나아가 해당 툴을 언제, 어떤 조건에 사용할 것인지 판단할 수 있어야 한다.

이러한 기능을 지원하는 대표적인 프레임워크로는 랭체인, 오토GPT, 크루AI CrewAI 등이 있다. 특히 랭체인은 툴 사용을 위한 함수형 인터페이스를 정의한다. 함수 호출 function calling 기능으로 에이전트가 외부 시스템과 연결할 수 있도록 설계되었다.

최근에는 구글, 오픈AI, 마이크로소프트 등도 LLM 자체에 툴 사용 인터페이스를 통합하고 있다. 이로 인해 브라우저, 이메일, 캘린더, 결제 시스템 등 다양한 애플리케이션을 에이전트가 직접 호출하고 통제할 수 있게 되었다.

이 과정에서는 API 호출뿐 아니라 보안 통제와 인증 체계도 중요하다. 예를 들어 인증 절차 없이 외부 시스템과 연결하는 것은 불가능하며, 이를 위해 오쓰 OAuth 나 JWT JSON Web Token 같은 인증 기술이 반드시 필요하다. 이 구조는 단일 사용자가 아닌 복수 사용자, 복수 시스템을 연동해야 하는 엔터프라이즈 환경에서 그 중요성이 더욱 커진다.

에이전트 개발에서 고려해야 할 세 번째 기술 요소는 상태 관

> **2026 AI 인사이트**

간편 로그인과 로그인 정보 기억하기의 기술

오쓰OAuth는 인터넷 사용자가 비밀번호를 직접 제공하지 않고도 다른 웹사이트나 애플리케이션에 접근 권한을 부여할 수 있게 하는 공통적인 개방형 표준 프로토콜이다. 쉽게 설명하면 웹이나 앱에 로그인할 때 '구글로 로그인', '카카오로 로그인' 방식처럼 다른 서비스 계정을 빌려 로그인을 할 수 있게 해준다. 사용자는 별도의 계정 정보를 입력하지 않아도 되고, 서비스 제공자 역시 사용자의 로그인 정보를 직접 저장하지 않기 때문에 보안성과 편의성 모두 높일 수 있는 방식이다.

JWTJSON Web Token는 인증authorization과 정보 교환information exchange을 안전하게 처리하기 위해 사용하는 토큰 기반 인증 방식이다. 서버와 클라이언트가 주고받는 정보에 디지털 서명 토큰을 사용하여 정보를 안전하게 저장할 수 있다. 사용자가 로그인에 성공하면 서버는 '인증 완료' 정보를 담은 디지털 티켓, 즉 JWT 토큰을 발급한다. 그렇기에 사용자는 매번 다시 로그인하지 않아도 된다.

리와 메모리 구조다. 기존 챗봇은 세션 단위로 작동했지만, 에이전트는 연속적인 맥락을 기억해야 한다. 이를 위해서는 장기 기억 구조long-term memory와 작업 중 발생하는 임시 데이터를 저장할 워킹 메모리 구조working memory가 필요하다. 이러한 메모리는 대화를 저장하는 수준을 넘어, 에이전트가 이후의 작업을 판단하는 기반으로 작동해야 한다.

예를 들어 사용자가 선호하는 호텔, 최근에 예약한 출장 이력, 업무상 참고한 문서 등을 기억하고, 이를 활용해 다음 행동에 반영할 수 있어야 한다. 이를 위해서는 벡터 데이터베이스 형태로

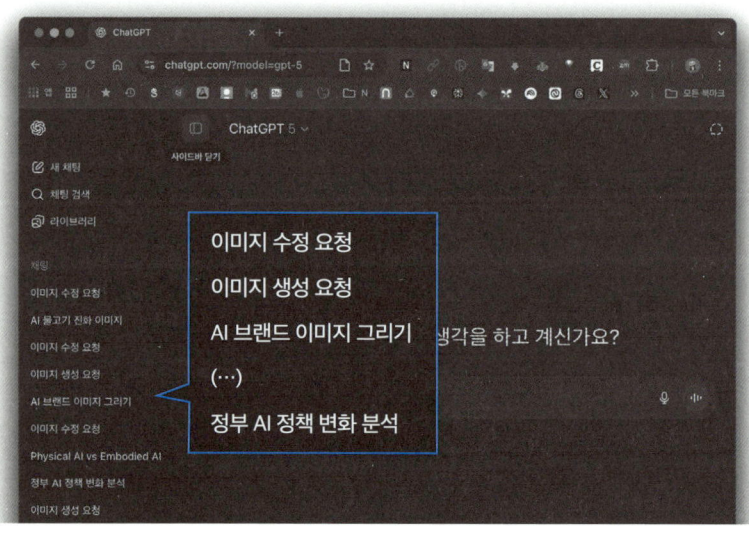

| 챗GPT 좌측 사이드바에는 채팅 기록이 정리되어 있다.

저장되고 유사도 기반 검색RAG 구조와 결합해야 한다. 대표적인 벡터 데이터베이스는 크로마Chroma, 위비에이트Weaviate, 파인콘Pinecone 등이 널리 활용되고 있다. 특히 에이전트가 단순히 정보를 저장하는 것에서 더 나아가, 적절한 시점에 이를 검색해 문맥으로 반영하는 기능이 중요해지고 있다.

> **2026 AI 인사이트**
>
> ### 챗GPT가 내 말을 찰떡같이 알아듣는 법
>
> 장기 기억 구조long-term memory는 AI가 사용자와 나눈 이전 대화, 선호도, 문서, 이력 같은 정보를 지속적으로 저장하는 기술이다. 한마디로 '기억창고' 같은 역할을 하며, 다음 대화나 작업에서 그 정보를 참고할 수 있게 한다. 예를 들어 "내가 지난주에 말한 프로젝트"라고 했을 때 AI가 그 내용을 기억하고 정확하게 대답할 수 있는 것은 장기 기억 구조 덕분이다.
>
> 반면 워킹 메모리 구조working memory는 대화 중 필요한 정보를 잠시 머릿속에 넣어두고 처리하는 일시적인 작업 공간이다. 이는 주로 질문 흐름을 연결하고, 짧은 문맥을 유지하는 데 쓰인다. 예를 들어 "그거 말고 앞에서 이야기한 서비스는?"이라고 질문했을 때 AI가 앞의 내용을 이해하고 맥락에 맞게 반응하는 것은 워킹 메모리 구조 덕분이다.

> 이 두 기억 구조가 함께 작동할 때, AI는 일회성 응답을 넘어 맥락을 이해하고 지속적으로 똑똑하게 반응할 수 있다.

네 번째 기술 요소는 에이전트 개발에서 간과하기 쉬운 데이터 연결성과 프롬프트 설계다. 에이전트는 내부적으로 수많은 프롬프트를 활용해 사용자 지시를 해석하고, 시스템 호출을 위한 API 명세를 생성하며, 결과를 요약하고 판단하는 등의 복잡한 단계별 작업을 처리한다. 이 모든 과정에서 프롬프트는 고도로 구조화되어야 하며, 단순한 지시문이 아닌 에이전트의 역할, 목표, 조건, 제한사항 등을 포함해야 한다.

최근 에이전트 개발자들 사이에서는 프롬프트 엔지니어링뿐 아니라 프롬프트 체인prompt chaining과 스크립트 기반의 플로우 설계에 대한 관심이 높아지고 있다. 동시에 LLM이 모든 프롬프트를 이해하지 못한다는 한계로 인해 시멘틱 파서semantic parser를 활용해 자연어를 명령어로 변환하거나, 도메인 특화 언어 DSLdomain specific language로의 해석 등도 에이전트 설계에 활용되고 있다.

> **2026 AI 인사이트**
>
> ### 프롬프트 설계의 다양한 방식
>
> 시멘틱 파서semantic parser는 사용자가 입력한 자연어 문장을 기계가 이해할 수 있는 구조화된 명령어나 코드로 바꿔주는 기술이다. 예를 들어 "내일 오전 9시에 팀 회의 잡아줘"라는 문장을 캘린더 앱 명령어나 SQL 질의 또는 코드 등으로 자동 변환해 준다. 이때 변환된 결과는 일반적으로 도메인 특화 언어DSL, domain specific language 형태로 해석된다. DSL은 특정 분야에서만 통하는 간단한 규칙 기반 언어나 스크립트 형식으로, 복잡한 프로그래밍 없이도 자동화나 작업 실행을 가능하게 돕는 역할을 한다.
>
> 이러한 기술은 AI 에이전트가 실제 행동할 수 있도록 만드는 핵심 구성 요소다. 대화형 명령을 실행형 액션으로 연결해 주는 고리가 된다.

    마지막으로 중요한 기술 요소는 에이전트의 안전성과 투명성을 고려한 설계다. 에이전트는 단순한 정보 제공자에서 벗어나, 실제 실행 권한을 가진 '행동 주체'로 진화하고 있다. 그만큼 잘못된 판단이나 오작동은 보안상 심각한 위협이 될 수 있기에 에이전트 설계에는 로깅logging, 감사audit trail, 피드백 루프 구조가 반드시 포함되어야 한다. 이는 어떤 의사결정 경로로 특정 행동을 수행했는지 추적하게 한다.

특히 기업 환경에서는 에이전트가 회계 시스템이나 CRM 데이터 등 내부의 민감한 정보에 접근해 작업을 처리하는 만큼, 그 결정 과정이 투명하고 재현할 수 있어야 한다. 이를 위해 에이전트는 스스로의 판단 근거와 실행 이력을 기록할 수 있어야 하며, 외부 감사나 사용자 검토 시 이를 명확하게 제시할 수 있어야 한다.

2026 AI 인사이트

에이전트의 3가지 명령 수행 구조

에이전트는 사용자의 지시를 받아 계획을 세우고 실행하며, 결과를 저장하고 학습하는 일련의 과정을 따른다. 이때 중요한 구성 요소가 바로 로깅logging, 감사audit trail, 피드백 루프feedback loop다. 로깅은 에이전트가 어떤 작업을 했고, 어떤 선택을 했는지 모든 과정을 기록하는 기능이다. 감사는 이후 검토나 책임 추적을 위해 단계별 작업 내역과 변경 사항을 시간순으로 명확하게 남기는 구조다. 피드백 루프는 실행 결과를 다시 입력받아 잘못된 점을 보완하거나 다음 행동에 반영해 스스로 성능을 개선하는 순환 구조를 뜻한다.

이러한 구조 덕분에 에이전트는 실행 내역을 투명하게 추적하고,

> 반복적인 학습을 통해 지속적으로 진화할 수 있다. 특히 복잡한 업무를 자동화하거나 외부 시스템과 연동되는 상황에서는 이 세 요소가 에이전트의 안정성, 신뢰성, 개선 가능성을 결정짓는 핵심 요소로 작용한다.

결론적으로, 에이전트는 더 이상 단일 모델의 성능으로 평가받는 시기를 벗어났다. 계획 수립, 도구 연동, 상태 기억, 보안 관리, 데이터 통합 등 다양한 기술적 요소가 복합적으로 결합한 하나의 시스템으로 봐야 한다. 이러한 복잡성을 단순화하기 위해 에이전트 개발 프레임워크가 등장하고 있다. 하지만 본질적으로는 설계자의 기획 능력과 시스템 전반에 대한 이해도가 핵심이다.

에이전트 개발은 기술이 아니라 사고방식의 전환에서 출발해야 한다. 인간처럼 생각하고 행동할 수 있는 디지털 존재를 설계한다는 관점에서 에이전트를 개발해야 하며, 이는 앞으로의 소프트웨어 아키텍처 설계에 있어 가장 중요한 패러다임이 될 것이다.

기업이 에이전트를 선택하는 이유

기업이 AI 에이전트를 개발하려는 목적은 단순히 새로운 기술을 도입해 보려는 시도가 아니다. 그 본질은 4가지로 요약할 수 있다. 업무 효율화, 고객 경험 혁신, 의사결정 자동화, 디지털 경쟁력 강화가 목표다. 특히 생성형 AI가 텍스트와 이미지를 생성하는 데 그쳤던 시기를 지나, 이제는 실제 업무와 일상을 실행하는 주체로서 에이전트가 부상하고 있다. 이에 따라 기업은 조직 내 에이전트 도입을 위한 전략적 접근을 해야 할 때다.

이제 기업은 챗봇 수준의 고객 응대를 넘어 실질적인 업무를 처리할 수 있는 AI를 조직 내에 배치하려 하며, 실제 그 수요가 늘어나고 있다. 이에 따라 에이전트 구축 방법론에 대한 이해와 접근법이 필요하다.

기업이 에이전트를 도입하는 첫 번째 이유는 복잡하고 반복적인 작업의 자동화를 위해서다. 기존의 RPA robotic process automation는 정해진 룰과 시나리오에 따라 작동하는 방식으로 업무를 처리하는 데 한계가 있었지만, LLM 기반의 에이전트는 문맥을 이해하고 예외 상황을 판단할 수 있어, 보다 유연한 자동화가 가능하다.

예를 들어 고객센터에 접수된 이메일을 분석해 긴급성과 주제를 파악하고, 고객 정보와 과거 이력을 참고해 답변을 만든 뒤 CRM 시스템에 입력하는 일련의 작업은 에이전트가 충분히 처리할 수 있다. 또 회의록에서 다음 액션 아이템을 추출하고 관련 팀에 알림을 보내며, 일정을 조율하는 등의 사무 지원 업무 역시 에이전트가 효과적으로 수행할 수 있다.

두 번째 이유는 고객 경험의 개인화와 실시간 대응하기 위함이다. 전통적인 플랫폼 기반 서비스에서는 사용자가 직접 앱을

| 델타항공의 '컨시어지 서비스' 에이전트. 항공사의 개인 맞춤형 서비스가 어떻게 지원되는지 보여준다. (출처 : 델타항공)

탐색하고 정보를 조회해야 하는 등의 과정을 거쳤지만, 에이전트는 사용자의 요청을 이해하고 가장 적절한 정보를 찾아 실행까지 도울 수 있다. 이러한 에이전트는 대화형 인터페이스를 기반으로 하면서도, 내부 시스템과 외부 API를 호출해 문제를 해결해 주는 '디지털 컨시어지'로 기능한다.

특히 금융, 유통, 헬스케어 등 고객 접점이 많은 산업에서는 이러한 에이전트가 고객 대응의 패러다임을 근본적으로 바꾸게 될 것이다. 단순한 상담 챗봇을 넘어, 상품 추천과 결제까지 일괄적으로 처리하는 프론트엔드 통합 에이전트가 등장하면서 기업은 고객당 수익률을 높이고 동시에 운영 비용을 줄일 수 있게 된다.

세 번째는 내부 업무 지원과 협업 최적화다. 에이전트는 기업 내 구성원의 디지털 어시스턴트가 되어 직원 개개인의 업무를 돕는 개인화된 생산성 도구로 자리 잡고 있다. 예를 들어 마이크로소프트의 코파일럿은 엑셀, 파워포인트 등 오피스 문서와 이메일 전반에 걸쳐 자동화된 작업을 지원한다. 이처럼 기업에서 직원 전용 에이전트를 구축해 문서 작성, 보고 자료 준비, 회의 요약, 데이터 정리 등 일상적인 업무를 효율적으로 처리하는 역할로 활용할 수 있다.

더 나아가 이들 에이전트는 서로 협업하여 특정 과제를 분담

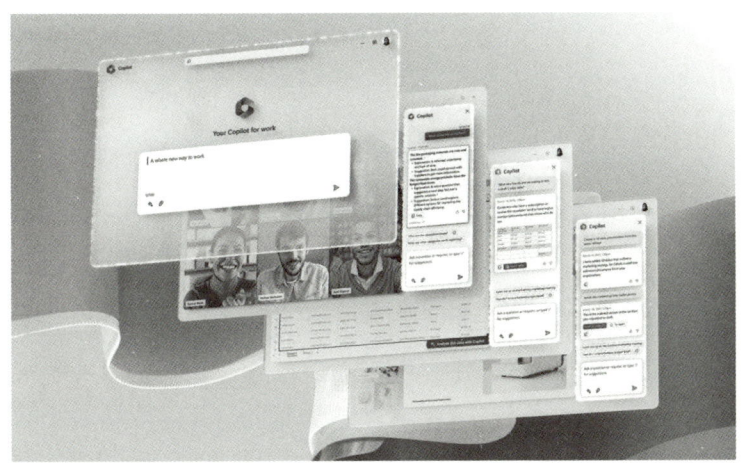

| 마이크로소프트의 '코파일럿' 에이전트는 윈도우, 오피스, 메일 등 다양한 소프트웨어에 기본으로 탑재되어 있다. (출처 : 마이크로소프트)

할 수도 있다. 하나의 작업 흐름을 여러 에이전트가 나눠서 실행하는 구조로 발전하면서, 기업은 더 유기적이고 민첩한 협업 구조를 구축할 수 있다.

기업이 에이전트를 실제로 구축하기 위해서는 몇 가지 단계를 고려할 필요가 있다. 첫 번째 단계는 업무 목적과 도입 범위가 명확해야 한다. 에이전트가 지원할 작업의 범위, 목표, 기대 성과를 먼저 설정하고, 이를 기반으로 우선 적용할 업무를 선정해야 한다.

이는 초기 PoC proof of concept (개념 증명) 형태로 시작해 점진적으로 확장하는 방식이 효과적이다. 예컨대 고객 서비스, 인사 관리, 회계 정산, 일정 관리 등 다양한 업무 중에서 효율성은 높고 리스크가 낮은 도메인부터 시작하는 것이 좋다.

두 번째 단계에서는 기술 스택과 아키텍처를 선정해야 한다. 에이전트는 LLM도 중요하지만, 플래너와 툴 인터페이스, 메모리, 데이터 연동, 인증 체계 등 다양한 모듈로 구성된다. 그렇기에 이를 어떻게 연결할지에 대한 기술 아키텍처 설계가 필수다. 기업

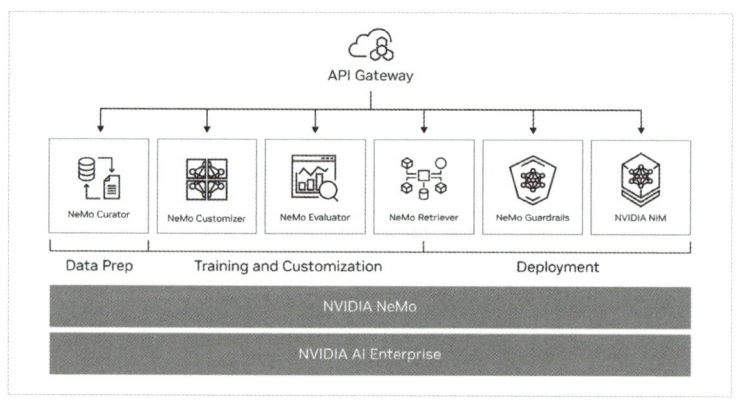

| 엔비디아의 '네모'는 기업이 자신만의 AI 모델을 쉽게 만들고 사용할 수 있도록 지원하는 플랫폼이고, '님'은 이를 배포하는 역할이다. 데이터를 준비하고(네모 큐레이터), 모델을 맞춤 훈련하며(네모 커스터마이저), 성능을 평가하고(네모 이밸류에이터), 외부 지식을 불러오고(네모 리트리버), 안전장치를 적용하고(네모 가드레일), 최종적으로 서비스를 배포(님)할 수 있는 일련의 과정을 지원한다. 모든 기능은 API로 연결되어 개발자가 손쉽게 조합할 수 있으며, 엔비디아 AI 엔터프라이즈 기반에서 안정적으로 운영된다. (출처 : 엔비디아)

은 직접 구조를 개발할 수도 있고, 랭체인, 크루AI, 오토젠AutoGen 등 공개된 에이전트 프레임워크를 활용할 수도 있다. 또는 마이크로소프트의 코파일럿 스튜디오, 세일즈포스의 에이전트포스처럼 기업용 플랫폼에서 제공하는 에이전트 툴킷을 도입하는 방식도 가능하다.

이때 중요한 것은 자체 시스템과의 연동 방식이다. ERP, CRM, 메일 서버, 데이터 웨어하우스 등 기업 내부의 핵심 시스템과 API 연동이 이루어져야만 에이전트가 실질적인 업무를 수행할 수 있기 때문이다.

세 번째 단계는 보안과 권한 설정, 감사 기능을 확보해야 한다. 에이전트가 사람 대신 실제 업무를 수행하면 민감한 정보를 다루며, 잘못된 판단을 내릴 때 기업 내 의사결정에 직접적인 영향을 미칠 수 있다. 따라서 에이전트가 어떤 작업을 언제, 어떠한 권한으로 수행할 수 있는지를 세밀하게 설정해야 한다.

이때 실행 이력을 추적할 수 있는 로깅 시스템 또한 필요하다. 특히 기업 내부 문서나 고객 정보를 다룰 때는 프라이버시 보호와 접근 통제 기능이 함께 구현되어야 하며, 이를 위해 제로 트러스트zero trust 기반의 인증과 내부 감시 체계도 병행하여 도입해야 한다.

에이전트 구축에서 놓치기 쉬운 부분은 조직문화와의 정합성이다. 아무리 기술적으로 뛰어난 에이전트를 개발하더라도 이를 활용하는 내부 구성원들이 낯설게 느끼거나 신뢰하지 않는다면 도입 효과는 예상보다 크게 떨어질 수 있다.

따라서 구성원의 사전 교육과 적응 프로그램을 병행해야 하며, 에이전트와의 상호작용이 불편하지 않도록 인터페이스와 UX 설계에도 세심하게 신경써야 한다. 최근 많은 기업이 슬랙, 팀즈, 네이버웍스 같은 내부 협업 도구에 에이전트를 연동해 사용자 경험을 자연스럽게 통합하는 방식을 택하고 있다.

2026 AI 인사이트

제로 트러스트 기반의 인증과 내부 감시 체계

제로 트러스트 zero trust는 기본적으로 누구도 신뢰하지 않는다는 전제로 작동하는 보안 모델이다. 사용자든 기기든 시스템에 접근할 때마다 철저한 인증 과정을 반복해야 하며, 내부 사용자 역시 지속적으로 감시받고, 검증하는 방식이다. '내부에 들어오면 안전하다'라는 기존의 경계형 보안과 달리, 제로 트러스트는 로그인 이후에도 사용자의 행동 패턴, 접근 위치, 기기 상태 등을 실시간으로 분석하며 이상 여부를 판단한다.

인증은 멀티팩터 인증MFA, multi factor authentication, 디바이스 인

> 증, 지속적인 세션 검증 등을 통해 이루어진다. 내부 감시는 사용자 행위 기반 이상 탐지 UEBA, user behavior-based threat detection, 로그 분석, 감사 추적 audit trail 등의 방식을 활용한다. 즉 내부자든 외부자든 '증명 없이는 접근할 수 없다'라는 원칙을 세워 항상 의심하고, 끊임없이 확인하는 것이 제로 트러스트의 핵심이다.
>
> 이러한 구조는 특히 AI 에이전트나 자동화 시스템이 기업 자산에 접근하는 환경에서 필수적인 보안 체계로 주목받고 있다.

기업의 에이전트 구축은 기술 도입이 아니라 조직 운영의 방식 자체를 바꾸는 과정이다. 과거에는 IT 시스템이 인간의 명령에 따라 작동했다면, 이제는 인간의 명령을 이해하고 실행하는 '디지털 주체'가 되어 조직 안으로 들어오고 있다.

이것은 단순한 자동화가 아니라 디지털 권한을 위임하는 새로운 조직 구조로의 전환을 의미한다. 그리고 이 변화의 중심에는 에이전트가 있다. 따라서 기업은 단순히 기능을 구현하는 차원에 머물러서는 안 된다. 업무의 본질과 구조를 재정의하는 관점에서 에이전트를 설계하고 운영해야 한다.

> **2026 AI 인사이트**

에이전트와 기업의 조직 변화

AI 에이전트가 기업 업무에 본격 도입되면, 반복적이거나 규칙 기반의 작업을 수행하던 기존 인력 중심의 조직 구조는 필연적이고 근본적인 변화를 맞이한다. 에이전트는 문서 요약, 보고서 작성, 일정 조율, 고객 응답 등 다양한 실무를 빠르게 자동화할 수 있다. 이에 따라 단순 실행 중심의 역할은 축소되고, 기획, 판단, 검증, 관리 역량을 가진 인재 중심으로 조직이 재편된다.

특히 각 부서가 독립적으로 운영되던 구조는 에이전트 기반의 자동화 흐름에 맞춰 바뀔 것이다. 업무는 '프로세스 중심'의 수평적 구조로 바뀌고, 에이전트를 감독하거나 훈련하는 역할(예를 들어 AI 오퍼레이터, 프롬프트 매니저, 데이터 큐레이터 등)이 새롭게 등장한다. 이처럼 에이전트는 '사람 중심' 조직에서 '사람+AI 혼합형' 조직으로의 전환을 촉진하며 기업 내 일과 역할의 개념 자체를 다시 쓰게 만들 것이다.

에이전트 성능 최적화 방안

AI 에이전트는 한 번 만들어졌다고 해서 끝인 기술이 아니다.

실제로 사람을 대신해 작업하고, 다양한 자원과 시스템에 접근해 계획 수립과 실행까지 담당하게 되면 자연스럽게 그 성능의 편차가 실질적인 업무 품질에 영향을 미친다. 따라서 에이전트는 지속적인 학습과 정제, 업데이트를 통해 점진적으로 성능을 최적화해야만 한다.

하지만 이 과정에서 단순히 정확도 향상만을 최적화 목표로 삼는다면 에이전트의 본질적인 역할을 놓치기 쉽다. 에이전트 최적화는 모델의 퍼포먼스 개선보다는 '목표를 얼마나 잘 이해하고, 복잡한 작업을 얼마나 신뢰성 있게 수행하느냐'를 기준으로 정의되어야 한다.

에이전트의 성능을 결정짓는 가장 중요한 요소는 프롬프트 설계와 워크플로우 플래닝 능력이다. 프롬프트가 단순한 질문이나 명령어 수준에 머무르면 에이전트는 그저 언어 모델 기반의 응답 머신에 그칠 수밖에 없다. 하지만 목적, 조건, 제약사항, 툴 사용 가이드, 응답 포맷 등을 포함한 구조적 프롬프트가 제공되면, 에이전트는 더욱 정확하고 일관된 작업을 수행하게 된다.

따라서 초기 에이전트 개발 시점부터 프롬프트 템플릿을 체계적으로 관리하고, 다양한 사례별로 테스트하며 버전 관리를 하는 것이 중요하다. 특히 실제 사용자 입력은 예측할 수 없는 변수로 가득하므로 다양한 표현과 맥락에 대응할 수 있도록 프롬프트 설계를 지속적으로 수정하고 개선해야 한다.

또한 성능 최적화에서 간과할 수 없는 요소는 에이전트가 사용하는 툴과 API의 호출 타이밍 및 활용 전략이다. 동일한 목표를 수행하더라도 언제, 어떤 순서로 툴을 호출하느냐에 따라 에이전트의 처리 시간과 성공률은 크게 달라질 수 있다. 이를 위해 각 툴의 신뢰도, 응답 시간, 실패 가능성, 대체 경로 등을 고려한 우선순위 전략이 필요하다.

이를테면 일정 확인은 내부 캘린더에서 먼저 시도하고, 실패 시 외부 API로 대체하며, 그마저 실패하면 사용자에게 직접 확인을 요청하는 방식의 예외 처리 흐름이 사전에 정의되어야 한다. 에이전트는 외부 자원에 의존하는 구조다. 그만큼 실패를 견디는 복원력과 우회 경로 설계는 필수 요소다.

에이전트의 성능을 최적화하기 위한 또 하나의 중요한 축은 메모리 시스템과 컨텍스트 관리다. 인간이 과거의 경험과 대화를 바탕으로 상대의 의도나 문맥을 추론하듯, 에이전트 역시 지속적인 기억 구조를 통해 맥락 기반 추론 능력을 강화해야 한다. 이를 위해 벡터 데이터베이스 기반의 장기 기억long-term memory과 대화 과정에서 즉시 활용하기 위해 생성되는 임시 저장 메모리short-term memory가 함께 작동해야 한다.

성능이 우수한 에이전트는 과거 사용자의 행동, 선호, 자주 하는 질문 등을 기억하고, 이를 기반으로 더 정확하고 일관된 반응을 생성할 수 있다. 하지만 잘못된 기억이나 불완전한 맥락 참조는 오히려 성능을 떨어트리고 혼란을 초래할 수 있다. 따라서 기억 정보의 저장 조건과 유지 기간, 자동 삭제 정책 등을 세밀하게 설계해야 한다.

또한 에이전트는 단일 환경이 아닌 실제로 운영하는 환경에서의 '테스트'와 '관찰'을 통해 최적화되어야 한다. 이를 위해 A/B 테스트, 사용자 피드백 수집, 로그 분석, 실패 케이스 리뷰 등의 지속적인 운영 관리 체계가 필수적이다.

에이전트는 코딩 결과물이 아니라 실시간으로 사용자의 요구에 반응하고 대응하는 동적인 존재다. 지속적인 관측과 개선이 전제되지 않으면 쉽게 고립되거나 동일한 오류를 반복하게 된다. 특히 반복되는 실패 케이스를 자동 감지하고, 이를 튜닝하는 루프 시스템을 구축하면 에이전트는 스스로 학습하고 성장하는 구조를 갖출 수 있다.

에이전트 도입의 함정과 유의점

에이전트 도입에 유의해야 할 점도 많다. 무엇보다 에이전트의 과도한 자동화는 오히려 사용자 신뢰를 떨어뜨릴 수 있다. 사용자는 에이전트가 대신 실행한 결과에 책임을 져야 하기에 잘못된 예약이나 문서 발송, 구매 결정 등이 이루어졌을 때 큰 피해를 볼 수 있다.

따라서 에이전트는 자율적으로 판단을 내리기 전에 사용자에게 요약을 확인하도록 요청하거나, 중간 단계에서 의사결정을 유보하는 장치를 마련해야 한다. 완전 자율형 에이전트일수록 그 결정 과정이 투명하게 설명되어야 하며, 이를 위해 자연어 기반의 자기 설명self-reflection 기능이나, 과정 로깅과 재생 기능이 함께 구현되어야 한다.

또한 시스템 간 연동이 많아질수록 성능 최적화는 인프라 설계 문제로 확장된다. 예컨대 에이전트가 사용자의 명령을 받은 후 외부 API 3개를 동시에 호출하고, 내부 ERP 시스템과 연동해 결과를 종합한 뒤, 이를 다시 프레젠테이션 문서로 정리하는 작업을 수행한다고 가정해 보자. 이 경우 단순히 LLM의 성능만으로는 전체를 원활하게 처리하기가 어렵다.

각 호출 간 네트워크 병목, 툴의 응답 실패, 데이터 포맷 불일치, 응답 지연 등이 성능 저하의 주요 원인이 되며, 이를 해결하기 위해 비동기 처리, 캐시 전략, 에러 핸들링 설계가 함께 이루어져야 한다. 결국 에이전트는 백엔드와 프론트엔드, 인터페이스와 운영 구조까지 아우르는 시스템 레벨의 성능 최적화가 필요하다.

마지막으로 에이전트의 성능을 평가하는 지표 또한 새롭게 정의되어야 한다. 기존의 챗봇 평가는 주로 정확도나 응답 속도에 집중되었지만, 에이전트는 단순 응답이 아닌 작업 완결률, 복잡 작업 처리율, 사용자 재활용률, 결과물 품질, 실행 오류율 등의 복합 지표로 평가되어야 한다.

특히 에이전트가 생성한 결과물을 사용자가 추가로 얼마나 수정했는지, 그 결과가 실제 업무에 얼마만큼 활용되었는지를 측정하는 피드백 루프는 성능 향상의 중요한 근거가 된다. 이는 단순히 정답 여부를 넘어, 실제 업무 맥락에서 에이전트가 유효하게 작동했는지를 반영하는 메타 성능지표라 할 수 있다.

에이전트는 인간의 업무를 위임받는 디지털 파트너로 자리 잡고 있으며, 그 성능은 곧 조직의 경쟁력으로 이어진다. 성능 최적화란 단순한 기술 향상이 아닌 인간의 기대와 신뢰를 만족시키는 방향으로 에이전트를 조율해 나가는 과정이다. 그리고 그 과정에서 가장 중요한 요소는 데이터도, 모델도 아닌 '사용자 경험과 기대를 중심에 둔 설계'라는 점을 잊지 말아야 한다.

에이전트 운영의 기술과 생태계의 조건

에이전트는 개발 단계보다 운영 단계에서 더 많은 이슈와 과제를 드러낸다. 초기에 잘 설계된 시스템이라 하더라도 실제 환경에서 다양한 사용자, 복잡한 상황과 시스템을 마주하면 예상하지 못한 오류와 한계에 부딪히기 마련이다.

특히 에이전트는 정적인 코드가 아니라, 실시간으로 자원을 호출하고 외부 API와 상호작용을 하며 문맥에 따라 자율적으로 판단을 내리는 '살아 있는 실행체'다. 이처럼 작동하는 시스템은 단순한 서비스 관리 차원을 넘어선 운영 전략이 필요하다. 따라서 에이전트를 운영할 때는 성능 유지와 보안, 지속적인 업데이트, 사용자 신뢰 확보, 시스템 간 통합 관리 등 다양한 측면을 동시에 고려해야 한다.

무엇보다 중요한 것은 에이전트가 처리하는 결과에 대한 검증과 책임 구조다. 에이전트는 사람의 지시를 해석해 대신 업무를 수행하지만, 그 판단이 언제나 옳은 것은 아니다. 에이전트의 판단이 잘못되었다면 틀린 정보나 논리적 오류가 포함되었을 가능성이 크다. 그렇다면 그 피해는 고스란히 사용자에게 전가된다.

에이전트를 운영할 때는 반드시 결과 확인 루틴을 포함해야 하며, 일정 수준 이상의 판단은 사용자에게 중간 확인을 요청하는 방식처럼 보수적으로 설계해야 한다. 특히 도입 초기 단계에서는 완전 자동화보다는 반자동, 즉 보조 수행의 형태로 기능을 제한하고, 점차 신뢰와 경험이 쌓인 다음에 점진적으로 자동화 범위를 확대하는 방식이 바람직하다.

에이전트 운영의 또 다른 핵심은 데이터 보안과 접근 제어다. 에이전트는 내부 시스템의 정보를 조회하거나 외부 서비스에 접근해 작업을 수행하기 때문에 사용자 권한과 데이터 민감도에 따라 접근할 수 있는 정보의 범위를 분명히 제한해야 한다. 예를 들어 회사 내부의 영업 기밀 정보, 고객 개인정보, 재무 데이터처럼 민감한 정보에 접근할 때는 에이전트가 자동으로 판단하거나 실행하지 않도록 제한을 두어야 한다. 이때는 다단계 인증을 요구하거나 사전 확인 절차를 거치게 하는 방식이 효과적일 수도 있다.

운영 환경에서는 세션 유지나 로그인 정보 공유 같은 기능이 자주 사용된다. 하지만 에이전트가 여러 사용자 세션을 동시에 처리할 때 발생할 수 있는 정보 혼용이나 권한 이탈의 위험이 발생할 수 있는 환경이다. 특히 여러 사람이 함께 에이전트를 사용할 때는 각 사용자가 어떤 일을 했는지, 어떤 내용을 기억해야 하는지, 어떤 설정을 사용하고 있는지를 명확히 구분해서 관리할 수 있어야 한다. 그러려면 한 시스템 안에서도 사용자마다 공간이 나뉘어 있는 구조, 즉 하나의 시스템 안에서 각 사용자가 자신만의 비서를 두고 있는 것처럼 독립적으로 작동하게 해주는 시스템 설계가 필요하다.

또한 운영 과정에서는 지속적인 에이전트 개선과 업데이트 체계를 갖추는 것이 중요하다. 에이전트는 고정된 기능만을 반복 수행하는 단조로운 시스템이 아니다. 새로운 명령어에 적응하고, 다양한 문맥을 이해하면서 변화하는 환경에 따라 유연하게 진화해야 한다. 이를 위해 사용자 피드백을 수집하고, 오류 케이스를 분석하며, 실행 로그를 기반으로 프롬프트나 툴 활용 전략을 개선하는 순환 구조를 마련해야 한다.

특히 에이전트는 생성형 AI를 기반으로 작동하기 때문에 동일한 명령에도 매번 결과가 달라질 수 있다. 실행 결과의 불안정성이나 불일치 현상이 발생할 수 있으며, 이에 대한 기록과 통계가 중요하다. 이를 토대로 어떤 명령이 언제, 왜 실패했는지, 특정 사용자군이 자주 겪는 오류 유형은 무엇인지 등을 분석해 업데이트를 기획해야 한다.

에이전트의 운영에서 필수로 필요한 과제는 UX(사용자 경험)의 일관성과 신뢰를 확보하는 일이다. 기존의 웹이나 앱은 정해진 화면과 절차에 따라 사용자가 익숙해질 수 있는 구조였다. 하지만 에이전트는 사용자의 자연어 입력과 작업 흐름에 따라 예측 불가능하게 작동되기 때문에 사용자가 '내가 무엇을 기대할 수 있는지'를 명확히 이해하고 인식할 수 있도록 안내하는 것이 중요하다.

이를 위해 에이전트는 작업을 시작하기 전에 목표와 계획을 요약해서 안내해야 한다. 작업 중에는 중간 결과를 투명하게 제공하고, 작업을 완료한 후에는 결과물과 함께 근거 정보를 함께 제시하는 구조가 효과적이다. 특히 업무용 에이전트의 경우, 어떤 데이터를 기반으로 판단했는지, 어떤 API나 툴을 사용했는지에 대한 설명이 없으면 사용자 불신으로 이어질 수 있다. 따라서 운영 과정에서는 에이전트가 자기 설명 능력을 갖추도록 설계하고, 자연어 기반의 작업 이력 리포트 기능을 함께 제공하는 것이 중요하다.

또 하나의 중요한 고려사항은 시스템 통합과 기존 레거시 환

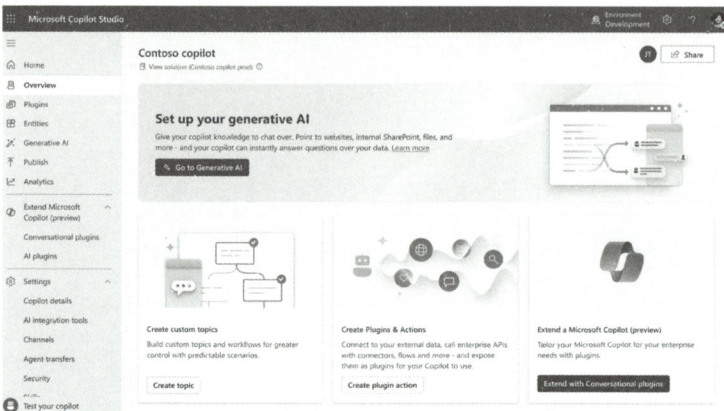

| 마이크로소프트의 '코파일럿 스튜디오'는 업무를 돕는 나만의 에이전트를 개발할 수 있도록 돕는다. (출처: 마이크로소프트)

경과의 호환성이다. 대부분의 기업은 이미 수많은 SaaS_{Software as a Service}(소프트웨어 기반 서비스), 내부 시스템, 데이터베이스, 워크플로우 도구들을 운영하고 있으며, 에이전트는 이러한 기존 시스템 위에서 작동해야 한다. 따라서 에이전트를 별도의 독립 서비스로 두기보다는 기존 업무 시스템과 어떻게 유기적으로 연결할 것인지에 대한 통합 전략이 필요하다.

에이전트가 내부 메일 시스템, ERP, CRM, 일정 관리 툴, 협업 도구 등과 연동되어야만 실제 업무에서의 가치를 실현할 수 있다. 이를 위해서는 API 게이트웨이, 메시지 큐, 인증 통합, 데이터 파싱 등 다양한 엔지니어링 요소가 뒷받침되어야 한다. 특히 기존 시스템이 정형 데이터를 기반으로 운영되고 있다면 에이전트는 이를 처리할 수 있는 변환 레이어를 갖춰야 한다. 반대로 에이전트가 생성한 결과물을 기준 시스템에 적합한 포맷으로 변환하는 후처리 로직도 동시에 필요하다.

에이전트는 일회성으로 도입하는 기술이 아니라 함께 일하는 팀의 구성원 같은 존재다. 따라서 운영 관리자는 에이전트를 단순한 소프트웨어 객체로 다룰 것이 아니라 '업무 파트너'로 인식해야 하며, 에이전트의 업무 성과와 신뢰성을 함께 평가하고 관리해야 한다.

에이전트가 실질적인 업무 주체로 작동하는 순간, 그 운영은 기술 중심의 관리에서 벗어나 조직 구조와 업무 프로세스 전반에 영향을 미치는 문제로 확장된다. 이는 곧 기업의 일하는 방식 자체를 변화시키는 계기가 되며, 새로운 디지털 조직 시스템을 만드는 출발점이 될 것이다.

IT TREND 2026

PART 3.
AI 디바이스와 메타버스 플랫폼의 진화

PC가 웹 시대를 열고, 스마트폰이 모바일 시대를 개척했듯, 2026년은 AI 에이전트가 주도하는 새로운 플랫폼의 원년이 될 것이다. 이 전환의 핵심에는 'AI에 최적화된 디바이스'와 'AI가 살아 숨 쉬는 메타버스'가 있다.

AI 디바이스는 더 이상 앱을 여는 도구가 아니라 사용자를 먼저 이해하고 행동을 제안하는 등 '실행하는 디지털 동반자'로 진화하고 있다. 동시에 메타버스는 생성형 AI와 에이전트의 결합으로 정적인 가상공간을 벗어나 즉각적인 탐험과 상호작용이 가능한 지능형 환경으로 탈바꿈하고 있다. 이처럼 물리적 세계와 디지털 세계의 경계가 흐려지며, 우리가 기술과 관계 맺는 방식이 재구성되고 있다.

이 변화는 단순한 기술 업그레이드가 아니라 산업과 경제 질서를 재편하는 사건이다. 온디바이스 AI, AR 글래스, 멀티모달 에이전트, 실시간 3D 생성 기술이 결합한 차세대 AI 디바이스는 사용자 경험의 무게중심을 '명령'에서 '맥락'으로 옮긴다. 메타버스는 AI 에이전트를 통해 창작과 거래, 운영이 자동화된 새로운 디지털 경제권으로 확장된다.

앞으로의 플랫폼 경쟁은 누가 더 많은 앱을 모으느냐가 아니라, 누가 더 똑똑하고 자율적인 AI 파트너를 사용자 손안과 눈앞에 배치하느냐에 달려 있다. 2026년, AI 디바이스와 메타버스는 각각의 혁신을 넘어 서로의 성장 엔진이 되어 제3의 플랫폼 시대를 여는 쌍두마차가 될 전망이다.

AI에 의한, AI를 위한, AI의 디바이스

15년 주기로 변화해 온 IT 플랫폼 패러다임이 이제 세 번째 전환점을 맞이하고 있다. 첫 번째는 1995년부터 2010년까지 이어진 컴퓨터 기반의 웹 시대였다. 이어서 2010년부터 2025년까지 스마트폰 기반의 모바일 시대가 펼쳐졌다. 그리고 이제, 2025년을 기점으로 본격적인 AI 에이전트의 시대가 다가왔다.

이 새로운 시대에는 과거의 컴퓨터나 스마트폰처럼 변화한 환경에 걸맞은 제3의 디바이스, 즉 AI에 최적화된 AI 전용 디바이스가 필요하다. 이러한 흐름에 맞춰 2025년에 여러 디바이스가 등장하기도 했다. 2026년부터는 다양한 모델들이 본격 출시되며 치열한 경쟁이 시작될 것이다.

AI 디바이스가 바꾸는 내 손안의 세상

AI 기술은 하루가 다르게 발전하고 있다. 이전까지는 단순히 스마트폰이나 PC를 통해 AI를 활용하는 시대였지만, 이제는 AI를 중심에 두고 설계된 새로운 형태의 기기, 이른바 'AI 디바이스'가 본격적으로 등장하고 있다. 많은 사람이 궁금해한다. AI 디바이스는 기존 스마트폰과 무엇이 다르고, 왜 필요한지 말이다. 그 차이는 사용자 경험의 방향성에 있다. 스마트폰은 사용자가 정보를 '찾아가는' 방식이었다면, AI 디바이스는 사용자를 먼저 '이해하고 다가오는' 방식이다.

기존의 디지털 기기는 사용자의 명령이 있어야만 움직였다. 앱을 열고 검색하거나, 버튼을 눌러야 기기가 반응했다. 하지만 AI 디바이스는 이와 다르다. 사용자의 말, 표정, 행동 및 맥락을 이해하고 먼저 적절한 작업을 제안하거나 실행한다. 예를 들어 아침에 출근 준비를 하며 집을 나서려는 찰나에 AI 디바이스가 스스로 "오늘 오전 9시에 회의가 있어요. 지금 나서면 교통정체 없이 20분 안에 도착할 수 있어요. 비 소식이 있으니 우산도 챙기세요"라고 안내해 주는 방식이다.

이러한 변화는 단지 기능이 향상되었다는 차원을 넘어, 인간의 행동 패턴 자체를 바꾸기 시작한다. AI 디바이스는 '명령을 받는 도구'에서 '행동하는 동료'로 진화하는 중이다. 이는 기술이 사람의 뇌와 팔, 눈, 귀 역할을 일부분 대신하는 것과 같다. 사용자의 업무와 생활 배경에서 끊임없이 학습하고, 실행하며, 제안하는 존재로 AI 디바이스가 자리매김하고 있다.

애플은 iOS 18과 함께 공개한 애플 인텔리전스AI를 통해 아이폰에서 AI를 활용한 자동화 기능을 대거 선보였다. 메일을 읽고 요약해 주는 것은 물론, 캘린더와 연동해 중요한 일정을 강조 표시하고, 사진에서 특정 인물을 찾거나 편집하는 작업을 음성 명령만으로 수행할 수 있게 되었다. 또 시리에는 아이폰을 제어하는 능력이 강화되어 사용자가 앱을 직접 열지 않고도 다양한 기능을 조작할 수 있도록 했다.

구글은 제미나이 라이브를 안드로이드폰에 적용한 아스트라Astra 프로젝트를 선보이며 대응에 나섰다. 스마트폰 속 에이전트를 통해 기존과 다른 방식으로 앱을 조작하고 서비스를 사용할 수 있는 경험을 제공한다. 이러한 기능들은 스마트폰뿐만 아니

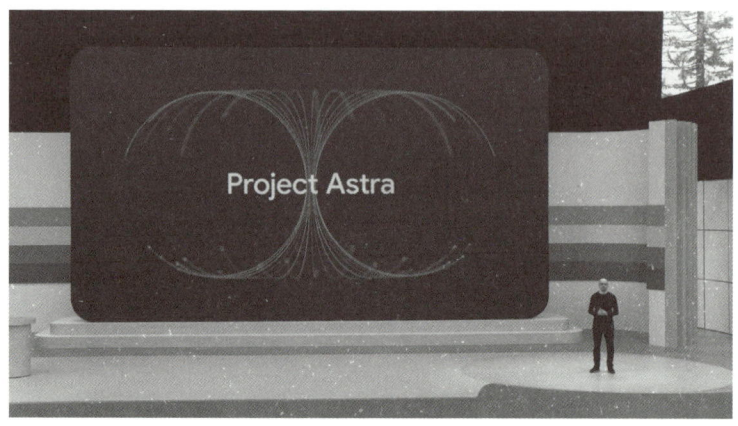

| 구글의 차세대 에이전트 '아스트라'는 멀티모달 AI 비서 프로젝트로, 안드로이드 스마트폰에서 텍스트·이미지·음성 데이터를 실시간으로 처리하고 자연스러운 대화를 지원한다. (출처: 구글)

라 AI 전용 소형 디바이스에 탑재되어 새로운 사용자 경험 영역을 만들어 갈 것이다.

마이크로소프트 역시 윈도우11에 코파일럿을 내장하면서 PC 사용 환경에 새로운 변화를 주고 있다. 이제 사용자는 마우스 클릭과 키보드 입력 없이 단순한 프롬프트 명령만으로 엑셀 분석, 파워포인트 작성, 인터넷 검색, 문서 요약 등을 빠르게 처리할 수 있다.

이처럼 기존 기기 안에 AI를 추가하는 단계를 지나, 앞으로는 AI를 중심에 두고 기기 자체가 재구성되는 방향으로 기술 발전이 이어질 것이다.

AI 디바이스의 등장은 특히 디지털 약자나 고령자에게도 큰 변화를 가져다줄 수 있다. 복잡하게 앱을 조작할 필요 없이 음성만으로 다양한 작업을 수행하게 되면서 기술 접근성의 폭이 넓어진다. 장애인 사용자 또한 AI 디바이스로 글을 쓰거나 화면을 읽고 설명해 주는 기능을 활용해 디지털 세계에 더욱 가까워질 수 있다.

AI 디바이스는 스마트 기기의 다음 버전이 아니라 인간과 기술의 새로운 관계를 정의하는 전환점이다. 앞으로 AI 디바이스는 사용자의 일상을 공유하는 동반자로, 업무와 생활 전반에서 인간의 부족한 부분을 보완하는 존재로 자리 잡게 될 것이다. 그리고 이 변화는 이제 시작에 불과하다.

1세대 AI 디바이스의 화려한 실패

2023년 하반기부터 2024년 상반기까지 AI 디바이스라는 새로운 시장에 대한 관심이 급격히 높아졌다. 본격적으로 생성형 AI의 붐이 불면서 많은 이들이 '스마트폰 이후의 새로운 디바이스'를 상상하기 시작했다. 음성만으로 모든 작업을 처리하고, 손을 쓰지 않아도 사용자와 자연스럽게 대화하는 등 상황에 맞게 실행해 주는 지능형 기기에 대한 기대 속에서 등장한 제품이 바로 래빗Rabbit의 R1과 휴메인Humane의 AI 핀AI Pin이었다.

그러나 이 1세대 AI 디바이스는 기대와 현실 사이의 간극을 좁히지 못한 채 시장에서 빠르게 외면받았다. 실패의 배경은 단순히 기술적 미성숙 때문만은 아니었다. 기기의 목적성과 정체성, 사용자 경험 설계, 생태계 완성도 등 기술 전반에 걸쳐 근본적인 문제가 내재해 있던 것이다.

초창기 AI 디바이스가 직면한 가장 큰 한계는 활용도와 실용성의 부족이었다. 많은 기대를 모았던 래빗의 R1은 'AI를 이용해 스마트폰 없이 일상을 조작할 수 있다'는 슬로건을 내세웠지만, 실사용자의 반응은 매우 냉담했다. 음성 인식 속도는 느렸고, 이해도는 낮았으며, 결정적으로 대부분의 기능은 기존 스마트폰에서 이미 더 빠르고 편리하게 제공되고 있었기 때문이다.

휴메인의 AI 핀 역시 옷에 부착하는 클립 형태의 웨어러블 기기로 주목받았지만, 실사용 영상에서는 터치 반응 속도가 느리거나 AI의 이해도가 낮아 같은 말을 여러 차례 반복해야만 작동하는 모습이 드러났다. 결국 소비자들은 '말을 못 알아듣는 AI를 굳이 내 몸에 붙이고 다닐 이유가 없다'고 판단하게 되었다. 무엇보다도 기술적인 한계가 명확했다. 디바이스 내에서는 음성 인식만 처리하고, 대부분의 기능은 클라우드 기반으로 실행되면

| AI를 탑재한 'R1'은 1세대 AI 디바이스다. 기술이 완벽하지 않아 사용자의 외면을 받았지만, AI 기기의 가능성을 보여준 중요한 시작이었다. (출처 : 래빗)

서 전반적인 반응 속도가 느려질 수밖에 없던 것이다.

기기의 물리적 한계와 사용자 환경에 대한 고려가 부족했던 점 역시 치명적인 문제로 작용했다. AI 디바이스는 항상 켜져 있고, 실시간으로 응답해야 한다는 특성이 있다. 그 때문에 배터리 지속시간이 짧고 발열 문제가 발생하기 쉬웠다. 특히 휴메인의 AI 핀은 발열 문제로 일부 사용자들이 '10분 이상 사용하지 못했다'는 후기를 남기기도 했다.

더불어 사용자가 공공장소나 사무실에서 음성으로 명령을 내리는 상황 자체가 불편함을 유발했다. 마이크와 스피커를 통한 피드백은 소음이 있는 환경에서 제대로 작동하지 않았고, 이로 인해 사용자 경험의 질은 떨어졌다. 스마트폰은 화면이 있어 시각적 피드백이 가능했지만, AI 디바이스는 대부분 화면 없이 음성 중심으로 설계되었기에 정확성과 실시간 응답성이 확보되지 않으면 오히려 사용자에게 혼란만 초래하는 결과를 낳았다.

다음은 에코시스템의 부재였다. 스마트폰이 성공한 가장 큰 이유는 수천 개의 앱을 설치하고 다양한 서비스와 연결할 수 있었기 때문이다. 하지만 1세대 AI 디바이스는 기기 자체만 존재했을 뿐 그 안에서 작동하는 서비스나 기능은 극히 제한적이었다. 외부 앱과의 연동성도 부족했고, 실제로 이 기기를 통해 무엇을 할 수 있는지 명확하지 않았다.

특히 기존 플랫폼 기업들이 API를 개방하지 않는 상황에서 AI 디바이스는 쿠팡에서 주문하거나, 카카오T에서 택시를 부르거나, 네이버 캘린더를 연동해 일정에 등록하는 등의 기본적인 일조차 할 수 없었다. 결국 소비자는 AI 디바이스를 사용하면서 '그걸 못 해?'라는 실망을 반복할 수밖에 없었고, 이는 곧 외면으로 이어졌다. 마치 1세대 AI 어시스턴트가 탑재된 스마트 스피커와 같은 운명을 보다 짧은 시간 내에 겪은 것이다.

마지막 문제점은 소프트웨어 완성도의 미흡함과 정립되지 않은 업데이트 생태계의 불완전함이었다. 1세대 AI 디바이스 대부분은 스타트업이 개발한 제품이었고, 제품 출시 후 사용자 피드백을 반영해 꾸준히 기능을 업데이트하고 안정화하는 역량이 부족했다.

애플이나 삼성전자처럼 정교한 운영체제와 SDK, 개발자 커뮤니티를 보유한 기업과 달리, 래빗과 휴메인은 하드웨어 하나를 완성하는 것도 벅찬 상황이었다. 그 위에서 유연하게 작동하는 AI 시스템을 설계하고 구축하기에는 한계가 있었다. 실제로 AI 핀은 출시 직후 수많은 오류와 불안정한 작동으로 환불 요청이 쏟아졌고, R1 역시 한 달이 채 지나지 않아 '더 이상 사용하지 않는다'는 이용자 후기가 연이어 올라왔다.

이 모든 실패 요인은 결국 하나의 교훈으로 귀결된다. 기술보다 경험이 앞서야 한다는 것이다. 아무리 뛰어난 AI 기술이 있어도 그 기술이 사용자의 맥락 안에서 자연스럽고 편리하게 작동하지 않으면 사람들은 다시 익숙한 방식으로 돌아가게 된다. AI 디바이스는 단순한 대화형 기기가 아니다. 사용자의 삶 속에 깊이 들어와 행동을 이해하고, 판단하고, 대신 실행해 주는 디지털 파트너가 되어야 한다. 그리고 그 역할을 제대로 수행하기 위해선 기술적 안정성과 서비스 완성도는 물론, 사용자 일상에 녹아드는 설계가 병행되어야 한다.

1세대 AI 디바이스의 실패는 아쉽지만 그 자체는 중요한 출발점이었다. 실패를 통해 무엇이 중요한지, 어떤 기술이 부족했는지, 사용자들의 불만이 무엇인지를 분명히 확인할 수 있었기 때문이다. 이제 그 다음 세대의 AI 디바이스는 이 경험 위에서 더 완성도 높고 현실적인 방향으로 진화하게 될 것이다.

> **2026 AI 인사이트**
>
> ## AI 디바이스, 어디까지 발전할까?
>
> 최근 AI 기기는 '대화형 인터페이스'와 '에이전트 기능'을 중심으로 빠르게 진화하고 있다. 대표적으로 음성과 카메라, 화면을 통해 실시간으로 사용자와 상호작용하는 AI 핀, AI 폰, AI 반지, AI 스크린 등 새로운 형태의 디바이스가 속속 등장하고 있다.
>
> 2024년에 1세대 AI 기기로 휴메인의 AI 핀과 래빗의 R1이 주목받았다. 이들 기기는 앱 없이 음성으로 명령을 내리면 바로 실행할 수 있는 실행형 에이전트를 표방했지만, 성능과 사용성 면에서는 기대에 미치지 못했다.
>
> 2025년에는 애플과 삼성전자가 스마트폰에 '온디바이스 AI on-device AI'를 탑재하며 AI 기능을 통합한 'AI 폰' 전략을 선보였다. 이 역시 편리함은 강화되었지만, 기존의 스마트폰과 뚜렷히 구별되는 차별화된 기능을 보여주진 못했다.
>
> 2026년에는 좀 더 다양한 형태의 고성능 디바이스가 등장할 것으

> 로 예상한다. AI 글래스와 스마트링, 웨어러블 기기는 점점 더 경량화되고, 실용성을 강조해 설계되며 사용자 일상에 자연스럽게 녹아들 것이다. 특히 GPT-4o, 클로드Claude 같은 멀티모달 모델과 연결되는 디바이스는 시각, 청각, 음성을 통합해 '보면서 말하고, 들으면서 이해하는' AI 경험을 제공하려 한다.
> 이처럼 AI 기기는 더 작고 똑똑하게, 앱 중심에서 행동 중심의 에이전트 기기로 빠르게 패러다임을 전환하고 있다.

차세대 AI 디바이스의 가능성

1세대 AI 디바이스가 실패한 원인은 명확하다. 기술의 한계보다는 경험의 부재가 컸고, 기능보다는 기대가 과도하게 앞섰다. 하지만 이 실패가 AI 디바이스의 가능성 자체를 부정하는 것은 아니다. 오히려 1세대 제품의 한계는 다음 세대가 무엇을 보완해야 하는지를 뚜렷하게 보여주었고, 덕분에 더 완성도 높은 차세대 AI 디바이스에 대한 기대가 한층 높아지고 있다. 특히 2025년부터 오픈AI의 AI 디바이스 투자를 비롯, 이에 발맞춰 다양한 스타트업의 개발 참여는 이 시장의 진화를 이끄는 동력으로 작용

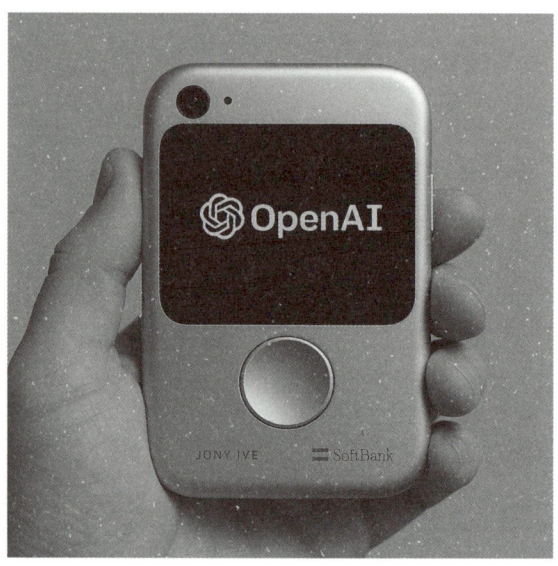

| 오픈AI가 아이폰 디자인의 주역이자 애플의 전 최고 디자인 책임자 조너선 아이브와 준비 중인 차세대 AI 디바이스의 상상도. (출처 : 챗GPT-4o로 생성)

하는 것은 물론 결정적인 변수가 되고 있다.

차세대 AI 디바이스의 두드러진 특징은 자율성과 실행력의 강화다. 단순히 말을 알아듣는 수준을 넘어서 사용자의 명령을 실행 가능한 작업 단위로 세분화하고, 필요한 도구를 스스로 선택해 실제 행동에 옮기는 것이 핵심이다.

예컨대 "다음 주 월요일에 부산에 있는 클라이언트와 미팅 일정을 잡아줘"라고 말했을 때, AI는 사용자의 일정표를 확인하고, 클라이언트의 위치를 파악하며, 교통편과 회의실 예약 가능 여부까지 종합적으로 고려해 미팅을 잡고, 그 내용을 메일로 보내는 것까지, 일련의 작업을 끊김 없이 수행할 수 있어야 한다. 복잡한 과정을 자연스럽게 처리하려면 디바이스 내의 AI는 고도화된 계획 수립 능력과 다양한 시스템 연결성을 동시에 갖춰야 한다.

이러한 기능은 이미 애플 인텔리전스를 통해 현실적으로 실현되고 있다. 2025년 애플은 자사의 새로운 AI 프레임워크를 아이폰과 아이패드, 맥에 적용하며 디바이스 중심의 AI 생태계를 열었다. 이는 단순한 음성 비서를 넘어선다. 사용자의 이메일, 사진, 캘린더, 앱 사용 내역을 종합적으로 이해하고, 프라이버시 보호를 전제로 자동 정리를 수행하는 시스템이다. 예를 들어 사용자가 "다음 주까지 자료 보내주세요"라고 받은 이메일 내용을 AI가 인식하고 관련 문서를 찾아 정리한 후 자동으로 회신 초안을 작성해 준다.

시리 또한 호출형 비서에서 벗어나, 디바이스 전반을 조율하는 AI 오케스트레이터로 진화하고 있다. 물론 아이폰 내에서 제한적으로 작동하고 있고, 아직 완전한 수준은 아니다. 하지만 아이폰 신형 모델에서 제대로 작동하는 것이 검증되면 애플은 차세대 AI 디바이스 경쟁에 본격적으로 뛰어들 가능성이 크다. 이때 애플워치나 에어팟의 차세대 버전에도 해당 기술이 적용된다면 AI 디바이스를 둘러싼 치열한 싸움에 불이 붙을 것이다.

이러한 변화를 가능하게 한 핵심 기술이 바로 온디바이스 AI on-device AI와 LAM(대규모 행동 모델)이다. 기존의 AI는 클라우드 기반으로 작동하면서 지연 시간과 개인정보 보호 측면에서 한계를 드러냈다. 하지만 이제는 디바이스 자체에 LLM이나 LAM을 탑재해 빠르고 안전하게 AI 기능을 수행할 수 있다.

예를 들어 구글의 제미나이 나노 Gemini Nano나 애플의 오픈ELM OpenELM, 삼성전자의 가우스 Gauss 같은 경량화된 AI 모델이 스마트폰 내부에서 실시간 추론을 수행하면서 AI의 속도와 정확도를 크게 높이고 있다. 동시에 사용자의 데이터를 클라우드에 전송하지 않고 디바이스 내부에서만 처리하므로 보안과 프라이버시 측면에서도 장점이 크다.

차세대 AI 디바이스의 또 다른 변화는 하드웨어 설계 자체가 AI 중심으로 재구성되고 있다는 점이다. 기존의 스마트폰이나 노트북은 화면, 배터리, 앱 실행을 중심으로 구성되었다면, 앞으로는 마이크, 카메라, 각종 센서, 전용 AI 칩셋이 중심이 되는 하드웨어 설계로 전환될 것이다.

예컨대 애플은 M 시리즈 칩에 NPU neural processing unit(신경망 처리장치)를 통합해 AI 연산을 CPU, GPU와는 독립적으로 처리할 수 있게 했고, 퀄컴은 스냅드래곤8 3세대 칩에 AI 전용 코어를 탑재해 온디바이스 AI의 속도를 크게 끌어올렸다.

이 같은 설계 변화는 AI 디바이스가 보다 자연스러운 인간-기계 인터페이스로 진화할 수 있는 기반이 된다. 음성, 시선, 동작, 맥락 인식 기반의 인터페이스가 주를 이루면 사용자는 더 이상 앱을 찾고 조작하지 않아도 된다. AI 디바이스는 사용자가 무엇을 하려는지 먼저 파악하고 조용히 돕는 '배경의 기술'로 작동하게 된다. 이는 특히 고령자, 어린이 등 디지털 취약층에게 더욱 강력한 편의성을 제공하며 디지털 격차를 해소하는 중요한 도구가 될 수 있다.

> **2026 AI 인사이트**
>
> ### AI 디바이스의 핵심 두뇌 NPU
>
> NPUneural processing unit(신경망 처리장치)는 AI 연산, 특히 딥러닝 작업을 빠르고 효율적으로 처리하기 위해 설계된 전용 칩이다. 뇌의 뉴런이 작동하듯 신경망 계산을 수행하며, CPU나 GPU보다 훨씬 빠르게 AI 연산을 처리할 수 있다. 스마트폰과 AI 폰은 물론 자율주행차, 로봇, 서버 등 다양한 기기에 탑재되어 이미지 인식, 자연어 처리, 음성 분석, 추천 시스템 등 AI 기능을 실시간으로 실행하는 데 활용된다.
>
> 특히 클라우드에 연결하지 않고도 디바이스 자체에서 AI 기능을

> 수행하는 온디바이스 AI가 확산되면서 NPU가 핵심 부품으로 주목받고 있다. NPU는 실시간 반응성과 높은 연산 효율이 필요한 시대에 'AI가 똑똑하게 실시간 반응하게 만드는 두뇌' 역할을 하는 반도체다.

무엇보다도 차세대 AI 디바이스가 지닌 가장 큰 가능성은 일상의 디지털 동반자로 자리 잡는 데 있다. 단순히 전화를 걸거나 검색을 돕는 수준에서 벗어나, 사용자의 삶을 학습하고, 예측하고, 준비하며, 때로는 대신 실행하는 존재가 되는 것이다. 하드웨어 발전과 함께 인간과 AI의 관계를 재정의하는 전환점이 된다.

스마트폰 이후의 시대는 기기에 AI가 정착하는 시대로 이어질 것이다. 차세대 AI 디바이스는 그 변화의 첫 단추이며, 우리가 앞으로 어떤 방식으로 기술과 함께 살아갈지를 보여주는 미래의 거울이 될 것이다.

일상에서 만나는 메타버스와 AI

메타버스는 에이전트를 사용하기 적합한 제3의 세계다. 첫 번째 세계가 우리가 사는 지구, 즉 물리적 현실계라면, 두 번째 세계는 인터넷으로 구현된 온라인 가상계다. 그리고 세 번째 세계는 바로 이 두 공간이 밀접하게 결합한 혼합계이며, 이것이 바로 메타버스다. 그 메타버스를 구축하고 활용하는 데 최적화된 기술이 바로 생성형 AI와 에이전트다. AI의 진보는 메타버스에 새로운 생명력을 불어넣고 있으며, 이 여세를 몰아 메타버스 부활의 날갯짓이 시작되었다.

메타의 오리온,
메타버스의 구원투수가 될까?

2021년 메타버스가 거대한 주목을 받으며 등장했을 때 많은 이들은 인터넷의 다음 세상이 열렸다고 기대했다. 그러나 기대만큼 빠르게 성장하지는 못했다. 화려한 그래픽과 가상 공간의 몰입감은 분명 놀라웠지만, 사용자들은 그 안에서 무엇을 해야 할지 명확하게 알지 못했고, 오래 머물 이유도 찾지 못했다. 3D 아바타를 만들고 회의나 전시를 여는 것만으로는 일상의 필요를 충분히 채우기 어려웠으며, 단순 시뮬레이션과의 차별성도 부족했다.

바로 이 지점에서 AI 에이전트가 메타버스의 방향성을 바꾸는 열쇠로 떠오르고 있다. AI 에이전트는 사용자의 명령을 이해하고, 목적을 파악하며, 여러 단계를 거친 작업을 대신 수행하는 존재다. 최근 오픈AI의 오퍼레이터, 앤트로픽의 컴퓨터 유즈, 구글의 아스트라 프로젝트 등은 실행 기반 AI(사용자)의 명령을 받아 복잡한 업무를 계획하고 직접 실행할 수 있는 AI 에이전트로 진화하고 있다. 이러한 에이전트가 메타버스 환경과 결합하면 지금까지의 정적인 가상 공간은 '능동적인 경험 공간'으로 180도 변할 것이다.

기존의 메타버스는 사람이 직접 조작하고 이동하며 콘텐츠를 사용해야 했다. 하지만 AI 에이전트가 탑재되면 사용자는 그 공간 안에서 단지 말하거나 원하는 바를 설명하기만 하면 되니 사용 방식에 근본적이 변화가 일어난다. 가상 회의실 안에서 "이번 회의에 쓸 자료를 준비해 줘"라고 말하면 AI 에이전트는 지난 회의록을 확인하고, 필요한 슬라이드를 자동으로 정리한 뒤에 회의 참여자 수에 맞춰 자료를 배포한다.

또 메타버스 내 전시관을 방문했을 때 "이 작품의 작가가 누구야?"라고 묻는다면 즉석에서 작가의 경력과 이력, 유사한 작품을 찾아 설명해 준다. 이처럼 메타버스 공간에서 AI 에이전트는 인간과 함께 존재하며, 안내하고, 조력하고, 일하는 동반자로 진화할 것이다.

실제로 이러한 변화를 이끄는 메타의 오리온Orion(코드명 프로젝트 나자레Project Nazare) AR 글래스를 주목할 필요가 있다. 현실 세계 위에 홀로그램을 투사하는 최첨단 AR 글래스로, 메타 커넥트 2024에서 처음 공개되었다. 오리온에는 사용자의 시야를 실시간 인식하고 이해해서 처리하는 AI 에이전트가 통합되어 있다.

예를 들어 탁자 위의 식재료를 자동으로 분석하고, 스무디로 만드는 레시피를 눈앞에 띄워주는 등의 상호작용이 가능하다. 가상 화면이 현실 공간 위에 겹쳐지기 때문에 사용자는 별도의 조작 없이 그저 말하는 것만으로 회의 자료 준비, 전시 해설, 쇼핑 가이드 등의 서비스를 받을 수 있다.

구글도 AR 글래스 시장에 재진입하고 있다. 안드로이드 XR 기반의 프로젝트 아스트라Project Astra는 제미나이 LLM을 기반으로 실시간 사물 인식, 번역, 주변 정보 안내 등의 기능을 제공하며 스마트 글래스를 AI 에이전트 플랫폼으로 확장하고 있다. 사용자가 건물을 바라보면 AR 글래스가 즉각 관련 정보와 역사를 알려주거나, 외국어로 대화할 때 실시간으로 번역해 주는 방식이다.

특히 교육, 상담, 쇼핑, 컨시어지 등 일상적이면서도 실용적인 분야에서 AI 에이전트는 메타버스의 핵심 기능으로 자리 잡고

| 메타의 '오리온'은 주목받는 차세대 MR 디바이스다. 현실 세계 위에 홀로그램을 투사하는 기능이 있어 AI 에이전트 시대를 여는 마중물이 될 것이다. (출처 : 메타)

있다. 가상 캠퍼스에서 AI 튜터가 학생 개개인의 수업 수준을 조정하고, 퀴즈를 출제하며 실시간 피드백을 제공한다. 가상 쇼핑몰에서는 AI 에이전트가 사용자의 취향과 예산을 반영해 상품을 추천하고, 상품 비교 결제까지 대신 처리한다. 호텔이나 리조트의 가상 투어에서는 AI가 실제 예약까지 이어지는 전 과정을 담당한다.

이러한 서비스는 사람을 통한 응대보다 빠르고 정확하며, 시간과 장소의 제약도 없다. 24시간 대기하고 사용자의 데이터를 바탕으로 점점 더 정교하고 맞춤형으로 진화한다는 점에서 AI 에이전트의 잠재력은 높이 평가된다.

메타버스와 AI 에이전트의 결합이 중요한 이유는 경험의 '전환'을 선사하기 때문이다. 사용자는 더 이상 "내가 무엇을 해야 하지?"를 고민하지 않아도 된다. 필요한 것을 말하면 AI가 알아듣고 알아서 수행하기 때문이다.

즉 메타버스 안에서의 모든 행동이 명령형이 아니라 '대화형'으로 전환된다. 메타버스는 기술적으로 더 정교해지는 개념보다는 사용자가 더 편하고 자연스럽게 원하는 결과를 얻는 방향으로 발전할 것이다. 이러한 자연스러움은 기존 메타버스의 가장 큰 약점이었던 '복잡한 인터페이스'와 '진입 장벽'을 허무는 결정적인 요소로 작용한다. 이는 메타버스를 다시 한번 대중 앞에 선보이는 계기가 될 것이다.

또 하나 주목할 점은 AI 에이전트가 메타버스 공간 내 독립된 존재로 활동할 수 있다는 것이다. 예를 들어 대형 전시관에서는 운영자가 직접 모든 부스를 관리하지 않아도 AI 에이전트가 각 부스에서 관람객을 안내하고 설명하는 방식으로 전시를 자동 운영할 수 있다.

심지어 서로 다른 AI 에이전트끼리 소통하고 협업하는 형태로

| 메타버스에서 만나는 AI 에이전트 가상도. AI 에이전트는 디지털 공간에서 점차 인간의 역할을 할 것으로 전망한다. (출처 : 제미나이 2.5 프로로 생성)

발전할 것이다. 즉 A2A 프로토콜이 도입되면 여러 에이전트가 협력해 더 복잡한 프로젝트나 상황을 자동으로 관리할 수 있게 된다. 가상 회사에서는 AI 직원이 실시간 데이터를 분석하고 보고서를 작성하며 또 다른 AI가 그 결과를 기반으로 상사에게 승인 요청을 올리는 등 인간과 AI가 공존하며 가상의 기업을 운영할 수 있을 것이다.

메타버스와 AI 에이전트의 결합은 디지털 공간에서 인간이 할 수 있는 일의 범위를 넓히고, 효율을 높이며, 새로운 가치 창출의 기반이 되는 핵심 연결고리 역할을 할 것이다. 또 디지털 공간에서 '살아 있는 경험'을 구현하는 핵심 축이 될 가능성이 크다. AR 글래스를 통해 현실에 AI가 겹쳐지고 VR 세계에 AI가 상주하며 AI끼리도 경제적·기능적으로 연합하는 미래가 이제 눈앞에 다가왔다.

생성형 AI가 만드는 메타버스 콘텐츠

메타버스는 처음부터 거대한 약속이었다. 가상 공간에서 회의, 쇼핑, 전시, 교육 등 현실과 마찬가지로 다양한 활동을 할 수 있을 것이라는 기대가 있었고, 사람들은 아바타를 통해 새로운 정체성과 사회적 연결을 맺을 수 있으리라 생각했다. 그러나 막상 그 세계에 들어갔을 때 많은 사용자는 무엇을 해야 할지 몰랐고, 콘텐츠가 부족해 금세 흥미를 잃었다. 바로 그 지점이 메타버스가 정체기에 빠졌던 결정적인 이유다. 공간은 화려했지만, 그 안을 채울 콘텐츠의 수가 턱없이 적었고 제작 역시 어려웠기 때문이다.

그러나 생성형 AI의 등장으로 상황은 완전히 바뀌고 있다. 사람이 일일이 만들기 힘들었던 공간과 시나리오, 캐릭터, 오브젝트 등을 AI가 빠르게 생성하는 환경이 마련되면서, 메타버스는 다시금 콘텐츠 중심의 플랫폼으로 재도약할 준비를 갖추고 있다.

과거에는 메타버스 콘텐츠를 개발하려면 고도의 3D 그래픽 기술과 게임 엔진 활용 능력이 필수였다. 언리얼 엔진Unreal Engine이나 유니티Unity 같은 툴을 다룰 줄 알아야 했고, 모델링과 애니메이션, 텍스처링까지 전방위적인 작업을 거쳐야 했다.

이는 일반 사용자나 소규모 팀에게는 진입장벽이 너무 높아, 결국 대형 게임사나 테크 기업만이 할 수 있는 영역이었다. 그러나 지금은 상황이 달라졌다. 생성형 AI가 이러한 고난이도 작업을 대신 수행하면서 전문가가 아니더라도 누구나 자신만의 세계를 만들고 공유할 수 있는 환경이 열리고 있다.

텍스트 기반 3D 생성 모델인 엔비디아의 겟3D_GET3D_, 매직 3D_Magic3D_, 오픈AI의 포인트-E_Point-E_ 등은 사용자가 "우주를 배경으로 한 공중 정거장을 만들어 줘"라고 입력하면 3차원 공간과 오브젝트를 자동으로 생성하는 기능을 제공한다.

여기에 최근 주목받는 소라_Sora_나 루미에르_Lumiere_ 같은 비디오 생성 AI는 메타버스용 시네마틱 영상이나 애니메이션을 자동으로 제작하는 데 활용된다. 교육용 메타버스 공간에서 과학 실험을 시뮬레이션하거나 역사적 장소를 가상 투어하는 콘텐츠를 만들 때, 이제는 전담 디자이너 없이도 AI의 도움만으로 구현할 수 있게 되었다.

텍스트 기반 대화형 에디터를 지원하는 플랫폼도 빠르게 늘고 있다. 로블록스_Roblox_는 AI 코딩 비서 기능을 도입해 개발자가 "점프하면 하늘로 날아가는 포털을 만들어 줘"라고 자연어로 입력하면 해당 기능에 맞는 코드를 자동으로 만든다. 유니티 역시 GPT 기반의 AI 도구를 연동해 스크립트 생성과 캐릭터 행동 정의, 인터랙션 설정 등을 자동화하고 있다. 이는 콘텐츠 개발의 속도를 비약적으로 높여줄 뿐 아니라 전에는 상상에 머물던 콘텐츠를 실제로 구현하게 해준다.

특히 가장 주목할 만한 최신 기술은 매직크래프트_MagicCraft_다. 2025년 4월에 발표된 이 연구는 클러스터_Cluster_ 등의 상업용 메

| '스케치팹'은 자연어 명령으로 움직이는 3D 영상을 생성할 수 있다. (출처 : 스케치팹)

타버스 플랫폼에 탑재되어 "의자 달린 티 테이블" 같은 자연어 명령만으로 동작과 기능이 포함된 3D 객체를 생성할 수 있다. 뒤이어 객체의 위치나 크기, 방향 등 세부 설정까지 대화형으로 조정하는 기능을 제공한다. 이 기술은 사용자를 위한 반응형 환경 구축에 적합하므로 메타버스 콘텐츠 제작의 새로운 패러다임으로 평가되고 있다.

특히 구글 딥마인드가 발표한 지니 3Genie 3는 텍스트 프롬프트만으로 실시간 3D 메타버스 환경을 생성하고 탐험할 수 있는 획기적인 기술이다. 이 시스템은 고품질의 그래픽 품질로 몇 분간 일관성과 상호작용을 유지하는 세계를 만들어 낸다.

사용자는 벽에 페인트를 칠하거나 날씨를 바꾸는 등 즉석에서 명령을 통해 환경을 수정할 수 있으며, 이러한 변화는 장면이 바뀌어도 객체가 오래 지속되는 '객체 영속성object permanence' 효과로 구현된다. 이 덕분에 기존 메타버스 콘텐츠가 통상적으로 갖추었던 복잡한 3D 제작과 장기 개발 프로세스를 획기적으로 단축하며, 프롬프트가 곧 창작의 캔버스가 되는 새로운 콘텐츠 생성 방식을 제시한다.

즉 지니 3는 메타버스 공간을 단순히 소비하는 무대에서, 즉각적인 탐험과 상호작용이 가능한 실시간 생성 세계로 진화시킨다. 사용자나 AI 에이전트가 환경을 자유롭게 탐색하면서 변화시키며, 이 경험은 교육용 시뮬레이션, 게임 개발, 로봇 등 다양

| 구글 딥마인드의 '지니 3'는 메타버스에서 상호작용할 수 있는 3D 영상을 실시간으로 생성한다. (출처: 딥마인드)

한 분야에 새로운 적용 가능성을 열 것으로 기대된다. 향후 지니 3는 고정된 목적지에서 다양한 환경으로 끝없이 생성하고 변화시키는 등의 역할을 하며 메타버스를 '살아 있는 우주'로 바꾸는 중요한 전환점을 열 것이다.

메타버스 생태계, 이제는 사용자 중심이다

기술의 진보는 콘텐츠 변화와 개인화로 이어진다. 동일한 가상 공연장이더라도 사용자의 기호에 따라 무대 연출, 음악 분위기, 조명 효과 등이 AI를 통해 실시간으로 바뀔 수 있다. 교육 환경에서는 학습자의 수준과 관심사에 맞춰 AI 튜터가 즉석 퀴즈와 시뮬레이션을 기획할 수도 있다.

이제 사용자는 더 이상 수동적인 소비자가 아니다. 과거의 메타버스는 거대한 무대를 갖추고도 정작 관객이 드문 공간이었다면, AI의 도움을 받은 메타버스는 창작의 경계를 허문 열린 공간으로 발전하고 있다. 사용자가 직접 시나리오를 제시하면 AI가 디자인하고 완성하는 작업 흐름이 실현된다. 이는 '있는 것을 경험하는 공간'이 아니라 '무엇이든 만들어 볼 수 있는 공간'으로 거듭나고 있다는 신호다.

이 같은 진화는 콘텐츠 중심의 메타버스를 창작 중심 생태계로 전환하는 동력이 되고 있으며 그 핵심 엔진은 바로 AI다. 사람은 상상하고, AI는 구현하면서 함께 메타버스를 채워 나가는 시대가 열리고 있다. 하지만 이 모든 변화가 단지 기술이 진보한 덕분만은 아니다. 핵심은 사용자의 참여 경험을 바꾸며 인식을 전환하는 것이다.

생성형 AI와 결합된 메타버스는 무대와 관객의 경계가 사라진다. 사용자는 배우이자 연출자, 소비자이자 창작자로서 자신의 공간을 구성하고 AI의 도움을 받아 콘텐츠를 스스로 생산할 수 있게 된다. 이처럼 메타버스가 단순히 '있는 것을 이용하는 공간'에서 '무엇이든 만들 수 있는 공간'으로 바뀌는 것이 생성형 AI가 메타버스에 가져다주는 가장 큰 가치다.

앞으로의 메타버스는 콘텐츠 중심이 아니라 창작 중심 생태계로 전환될 것이다. 그리고 이 변화의 핵심 동력은 인간과 함께하는 AI다. 인간은 상상하고 AI는 구현하며 두 존재가 함께 메타버스 공간을 채우는 새로운 크리에이티브 시대가 열리고 있다.

AI 에이전트가 주도하는 메타버스 이코노미

AI가 메타버스 안으로 본격적으로 진입하고 있다. 그것도 가이드나 보조자의 역할뿐만 아니라 스스로 행동하고 거래하며 업무를 수행하는 '주체'로서 AI 에이전트가 활약하기 시작했다. 이제 메타버스 안에서는 사용자가 모든 행동을 직접 수행하지 않아도 된다. AI 에이전트는 사용자를 대신해 회의실이나 이벤트 공간을 예약하고, 복잡한 자료를 빠르게 정리해 핵심만 요약해주며, 필요한 상품을 주문하거나, 영상과 문서 같은 콘텐츠도 자동으로 기획하고 제작할 수 있다.

이는 단순한 자동화 기능을 넘어선다. 이제 경제 활동의 주체가 사람이 아닌 에이전트가 될 수 있다는 것을 의미한다. 이러한 흐름은 '에이전트 이코노미'라는 새로운 개념으로 구체화되고 있으며 메타버스는 그 실험이 가장 먼저 이루어질 수 있는 최적의 무대가 되고 있다.

에이전트 이코노미는 한 마디로 'AI가 대신 일하고 거래하는 경제'를 의미한다. 메타버스 안에서 AI 에이전트는 독립된 의사결정 주체로 기능한다. 사용자 명령을 기반으로 다양한 서비스를 선택하고 실행하며, 필요할 경우 다른 에이전트와 협상하거나 연결해 업무를 완성한다.

사용자가 "이번 주말에 친구들과 함께할 VR 콘서트를 찾아줘"라고 요청하면 AI 에이전트는 사용자의 취향과 친구 목록을 기반으로 메타버스 내 콘서트 정보를 수집한다. 공간을 탐색하고, 공연 일정과 입장료, 좌석 정보 등을 비교해 가장 적합한 공연을 추천한다. 이 과정에서 티켓 확보나 자리 배정처럼 실제 자산이 오가는 거래 단계에서는 에이전트가 스마트 컨트랙트smart contract를 통해 자동 결제를 수행하고 다른 서비스의 에이전트와 연동해 모든 절차를 완결한다.

메타버스에서의 거래는 대부분 가상 자산이 기반이며, 기존의 신용카드나 실물 통화 결제 시스템과는 맞지 않는다. 물리적인 은행 시스템 없이도 신뢰할 수 있어야 하며, 에이전트가 직접 지불이나 정산을 수행할 수 있어야 한다. 이러한 조건을 만족시키는 기술이 바로 블록체인 기반의 스마트 컨트랙트 시스템과 암호화폐다.

스마트 컨트랙트는 미리 정해진 조건을 만족하면 자동으로 계약이 이행되도록 설계된 기술이다. 예를 들어 에이전트가 '레스토랑 예약 완료 후 결제' 또는 '기본 이용료+후기 작성 시 리워드 지급'과 같은 조건부 경제 활동을 자동으로 수행한다. 암호화폐는 이 과정을 실시간으로 처리할 수 있는 수단이며 동시에 각 에이전트에 '지불 능력'과 '지갑 주소'를 부여하는 역할을 한다.

이러한 모델은 이미 시범적으로 구현 중이다. 패치AIFetch.ai 자율 에이전트 및 다중 에이전트 시스템 국제재단IFAAMAS이나 AAFAutonomous Agents Foundation 등은 AI 에이전트 간의 P2P 거래를 블록체인으로 할 수 있게 설계된 네트워크를 개발하고 있으며

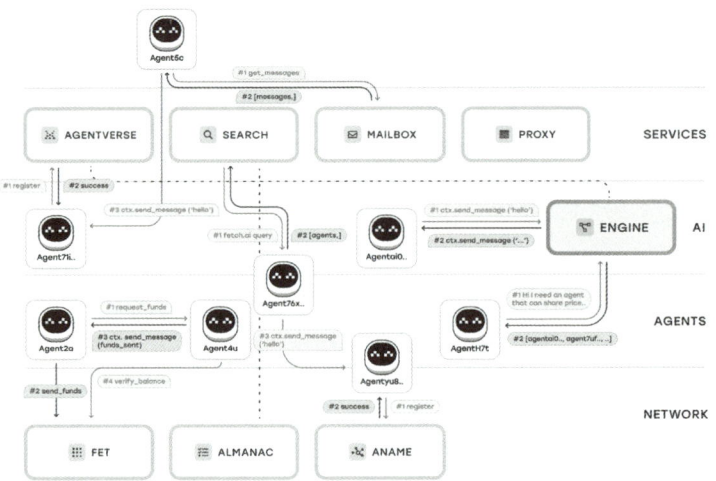

| 에이전트 간 자율 거래를 위한 암호화폐 네트워크. 이는 은행 같은 중앙 기관 없이도 돈을 주고받을 수 있도록 설계된 디지털 생태계다. 사용자가 거래를 요청하면 이 정보는 네트워크 안의 여러 노드(컴퓨터)로 퍼져나가고, 각 노드는 거래의 유효성을 검증한 뒤 '블록'이라는 기록장에 저장한다. 이렇게 저장된 블록은 서로 연결되며 '블록체인'을 이루고, 누구나 그 기록을 확인할 수 있어 투명성과 신뢰를 보장한다. 또 이 네트워크 안에는 '지갑', '계정', '검증자', '스마트 계약' 등 다양한 역할을 하는 프로그램이 자동으로 작동하며, 돈을 주고받는 것뿐 아니라 계약 체결, 자산 관리까지 수행할 수 있다. (출처 : 패치AI)

특히 uAgents 같은 프로젝트는 에이전트가 온체인 상에서 독립된 계정으로 활동하며 거래하는 방식을 실험하고 있다.

선풍적인 인기를 끌었던 메타버스 플랫폼 더 샌드박스The Sandbox와 디센트럴랜드Decentraland에서도 유사한 구조의 자동 거래 시스템이 도입되고 있으며 에이전트 기반 상점 관리자, 부동산 에이전트, 가이드 등으로 사용되고 있다. 이들은 사용자와의 실시간 대화를 통해 상품을 소개하고 조건을 협상하며 최종 거래를 암호화폐 기반으로 체결하는 기능을 점차 확장 중이다.

미래 경제의 주인공, 지갑을 지닌 AI 에이전트

에이전트 이코노미가 메타버스에서 중요한 이유는 사용자가 직접 움직이지 않아도 AI가 대신 경제 활동을 수행할 수 있기 때문이다. 이는 특히 바쁜 현대 사회에서 시간과 에너지 비용을 줄여주는 방식으로 환영받을 수 있으며, 메타버스가 실제 업무와 상거래가 가능한 공간으로 진화할 수 있는 동력이 된다.

이 기술이 자리 잡으면 가상 부동산 중개, 보험 가입, 주식 거래, 심지어 교육 서비스의 선택과 수강 신청까지도 에이전트가 사람 대신 알아서 처리할 수 있다. 이러한 구조가 현실이 되면 사람들은 '의사결정'은 하되 '실행'은 에이전트에 맡기는 방식으로 새로운 디지털 생활을 영위하게 될 것이다.

암호화폐는 단지 결제 수단이 아니라 에이전트의 경제적 자율성을 보장하는 핵심 인프라가 된다. AI 에이전트가 메타버스 내에서 실질적인 활동 주체로 기능하기 위해서는 자신의 활동에 대한 비용을 지불하고 거래 내역을 저장하며 신뢰를 확보할 수 있어야 한다.

블록체인은 이 모든 조건을 만족시키는 가장 강력한 구조다. 그리고 암호화폐는 그 위에서 작동하는 표준 가치 단위가 된다. 나아가 미래에는 에이전트 간의 거래가 사람이 개입하지 않아도 자동으로 이루어지는 '무인 경제 구조'가 탄생할 수 있으며, 이때 신뢰를 보장하는 기반은 인간이 아니라 프로토콜이 될 것이다.

물론 이러한 구조에는 해결해야 할 과제도 많다. 에이전트의 법적 지위, 오작동 시 책임 소재, 불법행위 탐지, 개인정보 보호 등 현실적인 문제들이 수면 위로 올라올 것이다. 그러나 방향성은 분명하다. 사람이 직접 로그인하고 클릭하지 않아도 AI가 사람을 대신해 안전하고 투명하게 경제 활동을 수행할 수 있는 세계를 지향한다. 메타버스 안에서 AI와 블록체인이 만날 때 우리는 진정한 디지털 경제 주체로서의 AI를 경험하게 될 것이다.

결국 메타버스 내 에이전트 이코노미와 암호화폐는 별개의 기술이 아니라 상호 의존적인 구조 속에서 작동한다. 에이전트는 경제 활동을 수행하고 암호화폐는 그 활동을 실현해 주는 도구가 된다. 이 구조가 성숙해질수록 메타버스는 단순한 게임이나 전시 공간이 아닌 실제 거래와 가치가 오가는 디지털 현실로 진화하게 된다. 그리고 그 변화는 AI 에이전트에 지갑과 자율권을 부여하는 순간부터 시작될 것이다.

PART 4.

AI 주권과 혁신, 2026년을 향한 국가와 기업의 도전

AI는 이제 국가의 안보와 경제 주권, 기업의 생존 전략을 좌우하는 핵심 동력으로 자리 잡았다. 1년이 과거 10년에 해당할 만큼 빠른 속도로 진화하는 AI는 LLM을 넘어 자율형 에이전트, 피지컬 AI, 산업 특화형 모델로 확장하며 AGI의 문턱을 넘보고 있다. 미국과 중국이 SOTA 모델과 데이터센터 인프라를 앞세워 기술 패권 경쟁을 벌이는 가운데, 각국은 '소버린 AI'를 기치로 자국 데이터와 인프라, 모델 주권을 확보하기 위해 총력전을 펼치고 있다. 한국 역시 반도체와 네트워크 강점을 기반으로 AI 데이터센터, 국산 LLM, 산업별 에이전트 서비스 생태계를 동시에 키우는 '골든타임'을 맞이했다. 이 시기를 놓치면 기술 자립은커녕 글로벌 AI 질서에서 변방으로 밀려날 수 있다.

기업에도 AI는 더 이상 도입 여부의 문제가 아니다. 생성형 AI와 에이전트는 이미 업무의 핵심 축이 되었고 고성능 메모리, NPU, 온디바이스 AI 기술은 하드웨어부터 서비스까지 밑그림을 다시 그리고 있다. AX(AI 트랜스포메이션)는 전사 전략으로 격상되었으며, 리더는 솔선수범해 AI를 활용하고 조직의 변화관리를 주도해야 한다. 동시에 AI 활용의 윤리와 안전성, 특히 피지컬 AI의 오작동과 데이터 주권 문제는 국가와 기업이 함께 해결해야 할 숙제다. 2026년에는 AI 주권을 지키고 혁신을 실현하는 기술력과 전략, 철학을 동시에 갖춰야 한다. AI 시대에 그 기회를 잡는 기업과 개인만이 다음 10년의 승자가 될 것이다.

AGI 시대의 문턱에서, AI에 가속도가 붙다

AI의 진화는 현재의 1년이 과거의 10년에 해당할 만큼 가속도가 붙은 상태다. 그 변화는 인간의 제어를 벗어날 정도로 빠르게 진행 중이다. 이제 AI는 자율 지능형 에이전트로 발전하고 있고, 더 나아가 우리가 사는 이 땅 위에서 피지컬 AI와 함께 살날이 머지않았다. 특이점이 온 AI 기술은 AGI를 향해 내달리고 있다. 이런 AI는 우리 사회에 어떤 변화를 불러올 것인가? 우리는 무엇을 고민하고, 어떤 준비를 해야 하는가?

AI가 코드를 짜는 시대, 개발자 없이 개발한다

구글의 전 CEO 에릭 슈밋은 2024년 12월 ABC 뉴스와의 인터뷰를 통해 "앞으로 12개월 이내에 생성형 AI 모델이 대다수의 프로그래머를 대체할 것"이라고 단언했다. 이어 그는 "2년 후에는 스스로를 개선하는 AI가 등장할 것"이라는 전망도 덧붙였다.

비슷한 시기인 2025년 3월 앤트로픽의 창업자이자 CEO 다리오 아모데이는 미국외교협회에서 AI 모델 발전 속도에 주목하며 "3~6개월 이내에 코드의 90%가 AI로 작성되고, 1년 후에는 거의 모든 코드가 인간이 아닌 AI에 의해 생성될 것"이라고 예측했다.

마이크로소프트 CEO 사티아 나델라는 메타의 AI 개발자 콘퍼런스인 라마콘에서 메타 CEO 마크 저커버그와의 대담을 통해 "현재 마이크로소프트의 저장장치에 있는 코드 중 아마도 20~30%, 일부 프로젝트의 경우 전체 코드가 AI에 의해 작성됐다고 할 수 있다"고 밝혔다. 저커버그 역시 "내년쯤이면 전체 개발의 절반가량이 사람 대신 AI에 의해 이뤄질 것이며, 그 이후로 더 증가할 것"이라며 동의하기도 했다.

30년간 프로그래머는 가장 유망하고 안정적인 직업 중 하나였다. 디지털 전환의 중심에서 모든 산업의 언어를 만들어 내는 존재였기 때문이다. 그런데 지금, 역설적이게도 바로 그 '코드'를 쓰는 AI가 등장하면서 프로그래머의 수요가 꺾이고 있다. 마치 산업혁명 직전까지 도시를 누비던 마부처럼, 어느 날 갑자기 '쓸 모없어질' 위기에 처한 듯하다.

18세기 말 런던에는 약 1만 대 이상의 마차가 있었고, 수만 명의 마부가 활동했다. 하지만 1908년 포드가 자동차를 대량 생산하자 마차는 빠르게 사라졌다. 그렇다면 마부들도 함께 사라졌을까? 아니다. 그들은 자동차 운전사로 직업을 전환했다. 택시 기사, 트럭 운전사, 버스 기사, 기업 전용 운전사까지, 오늘날 그 수는 수억 명에 달할 것이다. 다시 말해 '말을 몰던' 마부는 사라졌지만, '차를 모는' 전문 운전자라는 직업은 오히려 수백 배 이상 많아졌고 더 다양해졌다.

프로그래머의 미래도 이와 비슷하다. 단순히 코드를 타이핑하는 일은 AI가 더 잘할지도 모른다. 하지만 문제는 단순히 '코드 짜기'가 아니다. '무엇을 만들고, 왜 만들며, 어떻게 연결하고, 어떠한 문제를 해결할 것인가?' 하는 질문에 답하자면, 결론은 여전히 사람이 필요하다. AI는 도구일 뿐, 목적을 정하는 건 인간의 몫이다.

앞으로 프로그래머는 단순히 '코드 장인'이 아니라 AI를 잘 다루는 디렉터이자 설계자, 감시자로 진화할 것이다. 예를 들어 기존의 백엔드 개발자는 'AI가 만든 코드를 검토하고 조정하는 검수자'나 '여러 AI가 만든 코드를 통합하고 실서비스에 적용하는 시스템 설계자'로 역할이 바뀔 수 있다. 또 다른 개발자는 의료, 교육, 금융 같은 특정 산업의 복잡한 규제와 데이터를 AI에 효과적으로 설명하는 '프롬프트 디자이너'나 '도메인 코디네이터'가 될 수 있다. 기계가 자동차를 운전하더라도 목적지와 경로는 여전히 사람이 결정하듯이 말이다.

또 하나 중요한 변화는 프로그래밍이 점점 더 보편적인 언어가 되고 있다는 점이다. 예전에는 엘리트의 전유물이었던 코딩이, AI 덕분에 '누구나 프로그래머처럼 생각하고 구현할 수 있는' 시대가 열리고 있다. 과거에는 귀족만 타던 마차가 지금은 누구나 타는 대중교통이 된 것처럼 AI는 프로그래밍이라는 도구를 모두의 손에 쥐어준 셈이다.

누구나 사용 가능한 문명의 이기인 자동차나 스마트폰을 제대로 활용할 수 있어야 일상이 편리해질 뿐 아니라 더 많은 것을 할 수 있다. 이제는 원하는 앱을 만들고 필요한 작업을 수행하기 위한 프로그램을 스스로 만들 수 있어야 내 일을 편하고 빠르게 해낼 수 있다. 프로그래밍도 AI의 도움을 받아 누구나 할 수 있는 도구가 되어가는 중이다.

AI와 일하는 세상, 인간의 새로운 역할을 묻다

그렇다면 프로그래머 이외의 화이트칼라 사무직의 일자리는 어떻게 될까? AI를 업무에 적극 활용하는 사람들은 이렇게 말한다. "내가 가진 역량의 한계를 벗어나, 적은 시간에 더 큰 성과를 만들어 낼 수 있다. 특히 업무를 이미 잘하던 사람일수록 그 성과가 훨씬 더 크다." 즉 일을 2배 더 잘하던 사람이 AI 덕분에 20배 더 잘하는 반면, 평균적인 성과를 내던 사람은 2배 정도 향상하는 데 그친다는 것이다. AI를 잘 활용하면 기존에 잘하는 사람은 더 압도적으로 성과를 낸다는 것이다.

또 하나 주목할 점은 AI 덕분에 혼자 할 수 있는 일의 범위가 눈에 띄게 확장됐다는 사실이다. "예전에는 다른 사람의 도움을 받아야 가능했던 일인데, AI를 사용하고부터는 혼자서도 종합적으로 처리할 수 있다." 이는 여러 직무의 사람들이 모여서 하던 일을 나 혼자서도 수행할 수 있을 만큼 AI의 기능이 다변화되었다는 것이다.

AI의 진화로 도움을 받는 것은 더 이상 특정 직업군만의 문제가 아니다. 프로그래머가 AI에 의해 대체되고 있다는 이야기는 단지 시작에 불과하다. 이미 사무직 전반에서 AI가 수행할 수 있는 역할이 빠르게 확장되고 있기 때문이다. 기획, 마케팅, 재무, 인사, 고객관리, 법률, 교육 등 이른바 화이트칼라 직군에서도 AI는 단순 반복 업무를 넘어 창의적 판단과 복잡한 의사결정 일부까지 수행할 수 있을 정도로 진화하고 있다.

이미 마이크로소프트 오피스의 코파일럿, 구글의 지메일 작문 도우미, 세일즈포스의 AI 고객관리 솔루션, 어도비의 이미지 생

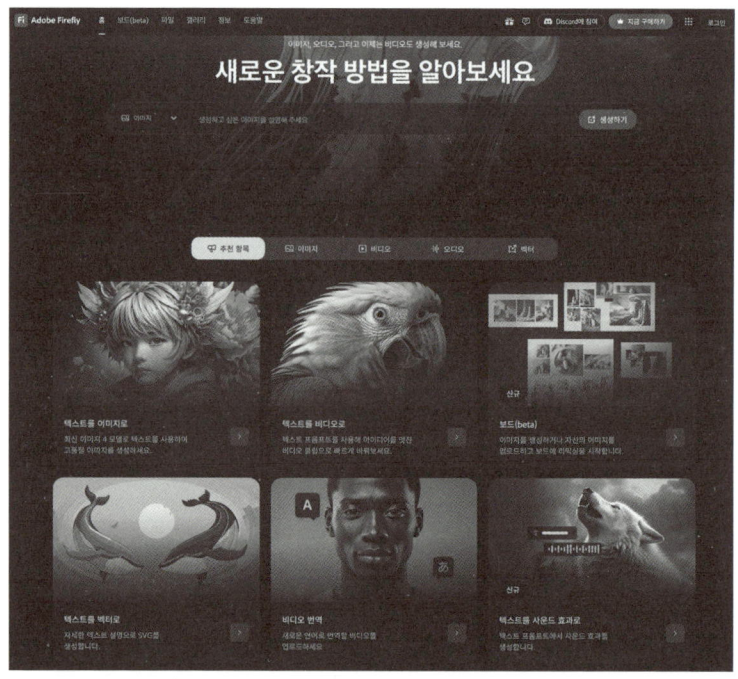

| 어도비의 생성형 AI '파이어플라이'는 글로 그림을 그려주는 등 다양한 창작물을 제작할 수 있다. (출처 : 어도비)

성 툴, 회계·법무 자동화 플랫폼 등은 우리가 쓰는 소프트웨어에 생성형 AI를 통합하면서 인간의 수고를 점점 덜어내고 있다. 문서를 요약하고, 보고서를 작성하며, 고객 이슈를 응대하고, 계약서를 검토하며, 세금 신고를 돕는 일까지도 AI가 훨씬 더 빠르고 정확하게 해낸다.

그렇다고 이들 직업이 완전히 사라지거나 쓸모없어지는 것은 아니다. 단지 역할의 형태와 요구되는 역량이 달라질 뿐이다. 단순 반복 작업이나 규칙 기반의 업무는 AI가 맡고, 인간은 복합적이고 전략적인 판단에 집중한다. 예를 들어 마케팅 담당자는 캠페인 카피를 직접 쓰는 대신, AI가 생성한 수십 개의 문구 중 가장 효과적인 문장을 선별하고 조정하여 전체 전략을 구상하는 역할로 바뀐다. 회계 담당자도 숫자를 정리하는 역할보다는 데이터 기반의 의사결정을 지원하는 파트너로 거듭날 것이다.

이러한 변화 속에서 인간이 준비해야 할 가장 중요한 역량은 'AI와 협업하는 능력'이다. 즉 AI에 무엇을 어떻게 시킬 것인가를 정의하고, 그 결과를 검토하며, 상황에 따라 조정하는 '디렉터' 역할이다. 이는 곧 프롬프트 작성 능력, AI 활용 전략 기획력, 윤리적 판단 능력, 문제 재정의 능력 등 인간 고유의 메타인지 능력을 중심으로 하는 역량의 강화로 이어진다.

또 하나 주목할 점은 AI는 정보와 지식을 다루지만, 사회적 맥락이나 문화적 의미, 감정적 해석에는 여전히 한계가 있다. 인간만이 가진 공감 능력, 직관, 상황 판단 능력은 여전히 조직 운영과 대외 커뮤니케이션에서 중요한 자산이다. 따라서 단순 업무 수행자에서 벗어나 사람과 사람을 연결하고 조직과 사회를 잇는 '촉매제' 역할이 더욱 중요해질 것이다.

AI 시대에 살아남는 사람은 AI보다 똑똑한 사람이 아니라, AI를 가장 잘 활용하는 사람이다. 기술은 언제나 도구였다. 그 도구를 어떻게 쓰느냐에 따라 농부가 사라지기도, 트랙터 기술자가 되기도 한다. 지금은 '사무실의 마부'에서 'AI 운전사'로 전환해야 할 시대다. 노동의 정의가 바뀌고 있으며, 그 변화의 정중앙에 우리가 서 있다.

그러니 이제는 새로운 질문을 던져야 한다.

- 나는 AI 시대에 어떤 역할을 할 것인가?
- 그리고 어떻게 AI를 나의 동료로 만들 것인가?

이 질문에 답하는 사람이 곧 새로운 시대의 리더가 될 것이다.

2026 AI 인사이트

AI가 바꾸는 일자리의 미래, 산업별 새로운 직업

AI의 확산은 IT뿐 아니라 제조, 의료, 교육, 금융, 예술 등 거의 모든 산업에서 직업의 역할과 형태를 재정의하고 있다. 제조업에서는 AI 로봇 협업 매니저나 스마트팩토리 운영자가, 의료 분야에서는 디지털 헬스코치나 AI 기반 임상 데이터 분석가가 새롭게 부상하고 있다. 교육 현장에서는 AI 튜터 설계자와 개인화 학습 디자이너, 금융에서는 알고리즘 윤리 감사관이나 AI 투자 어드바이저 같은 전문 인력이 요구되고 있다.

콘텐츠와 예술 분야에서는 AI 아트 디렉터, 보이스 트레이너, 버추얼 휴먼 프로듀서 같은 직업이 생겨나고 있으며, 농업에서도 정밀 농업 분석가, 농업 드론 매니저 같은 직군이 확대되고 있다. 이처럼 AI는 단순히 자동화를 넘어서 모든 산업에서 새로운 전문성과 협업 능력을 요구하는 '직업 혁신'을 촉발하며 일자리의 지형도를 새롭게 그리고 있다.

현실로 침투하는 피지컬 AI, 현실적 통제가 필요하다

챗GPT 등 생성형 AI가 답변한 내용이 늘 정답만은 아니다. 인간이 만드는 뉴스와 유튜브 영상, 블로그, 카페 등의 커뮤니티에 올라오는 글조차도 거짓 정보나 편견이 가득한 글이 많은데, 하물며 이러한 데이터로 학습한 AI가 답변한 것이 완벽할 리 없다. 그렇게 생성형 AI가 만든 콘텐츠의 옳고 그름을 판단하기가 쉬운 일은 아니지만, 명확한 오류는 무시하면 된다. 다시 말해 화면을 끄고 안 보면 그만이다.

하지만 자동차나 로봇 등에 탑재된 AI는 다르다. 우리가 사는 현실에 실체를 가지고 등장한 AI가 인간이 내린 명령에 어긋나는 예기치 못한 오류를 일으킨다면 그 결과는 끔찍한 사태로 이어지게 된다. 자율주행차가 신호를 무시하고, 드론이 사람을 사냥할 멧돼지로 오인하고, 휴머노이드 로봇이 주변을 무시한 채 질주하면 물리적인 사고나 인명 피해, 재산 손실 등으로 이어질 수 있다.

인터넷 가상 공간에서 발생하는 할루시네이션(AI가 잘못된 결과를 생성하는 환각 증상)은 단순한 혼란이나 불편으로 그칠 수도 있지만, 현실에서 벌어지는 할루시네이션은 훨씬 더 치명적인 부작용을 만들어 낸다. 그런 만큼 차세대 AI를 드론, 자동차, 중장비 그리고 로봇에 탑재할 때는 엄격한 규제와 관리 정책이 필요하다.

| 물리적 기기에 탑재된 AI가 인간 세상에서 점차 활용 범위를 넓히고 있다. 피지컬 AI의 할루시네이션을 경계하고, 대응책을 미리 준비해야 한다. (출처 : 챗GPT 4o로 생성)

피지컬 AI에 대응하는 원칙 5가지

1. 엄격한 인증과 테스트 절차가 필요하다

AI 시스템은 실제 현장에서 적용되기 전에 다양한 시나리오를 기반으로 시뮬레이션과 현실 조건을 반영한 실험을 반드시 거쳐야 한다. 특히 예상치 못한 오류 상황에 대응할 수 있는 안전 프로토콜과 비상 정지 장치 탑재는 필수적이다. 이는 사회적 차원에서 선제적 기준을 마련해 기업이 이를 의무적으로 준수해 피지컬 AI를 개발할 수 있도록 해야 한다.

2. 투명한 데이터 관리 정책과 시스템을 마련해야 한다

AI가 내린 결정의 배경과 과정을 기록하고, 필요할 때 쉽게 분석할 수 있는 블랙박스 시스템을 도입해야 한다. 인명 피해가 큰 비행기 사고와 자동차 사고 원인을 파악하고 진단하기 위해서 블랙박스를 의무적으로 탑재하는 것과 같다. 블랙박스에 무슨 데이터를 어떠한 수준으로 기록하고, 얼마나 보존해야 하는지 등 의무 사항을 명확히 설정해야 한다. 이는 사고 발생 시 정확한 원인을 규명하고 책임 소재를 분명히 하는 데 중요한 역할을 한다.

3. 윤리와 책임의 법적 기준이 필요하다

로봇이나 드론, 자율주행차 등의 AI가 사고를 일으켰을 때 책임의 주체가 누구인지 명확하게 규정해야 한다. AI 기술 개발자와 운영자, 사용자 각각의 책임 범위를 정의하고 명문화할 필요가 있다. 특히 AI가 앞으로 많은 기기에 탑재되면 생각하지도 못한 사고와 이슈가 발생할 수 있는 만큼, AI를 탑재하는 기기의 특성과 용도, 영향을 고려한 기준 설정이 필요하다.

4. 지속적 모니터링과 유지보수 정책을 강화해야 한다

AI 시스템의 오작동과 오용을 방지하기 위해 실시간으로 시스템 성능을 모니터링하고, 문제가 발생하면 즉각적으로 대응할 수 있는 유지보수 체계를 구축해야 한다. AI는 한 번 만들고 끝나는 것이 아니라, 지속적으로 업데이트하며 품질 관리를 해야 한다. 이를 위해 AI가 탑재된 기기들의 AI를 최신 버전으로 어떻게 운영하며 관리할 것인지에 대한 유지보수 체계를 명확히 해야 한다.

5. 사회적 합의와 대중 교육이 함께 이루어져야 한다

AI는 더 이상 기술자만의 영역이 아니다. 키보드와 화면 너머의 기술로 인식해야 하며, 도로 위, 병원, 집 안, 군사 기지, 그리고 공장의 현실 공간 속에 존재하고 있다. 그런 만큼 사회 구성원의 이해와 신뢰를 높여야 한다. 기술 발전과 더불어 사회 구성원들이 AI의 기능과 한계를 명확히 이해할 수 있도록 꾸준한 교육 프로그램과 소통의 장을 마련해야 한다.

피지컬 AI의 확산은 새로운 생산성과 효율성을 열어주는 만큼 인류가 처음 마주하는 윤리적, 기술적, 제도적 도전에 직면하게 한다. 지금 필요한 것은 기술의 속도에 발맞춘 사회적 통제력이다. 과거 산업혁명 때 기계의 등장을 법과 제도로 통제했듯이 이제는 인간의 안전을 위해 AI의 행동을 규제하고 감독하는 새로운 사회계약이 필요하다. 그것이 바로 현실에 침투하는 AI에 대한 가장 현실적인 대응이다.

AI는 도구인가, 권력인가?

인류는 도구를 만들어 생존해 온 존재다. 돌도끼에서 활, 기계에서 컴퓨터까지 기술은 늘 인간의 한계를 극복하고 확장하는 수단이었고, 이제 그 최전선에 AI가 자리하고 있다. 문제는 지금의 AI는 단순한 '도구'가 아니라, 스스로 판단하고 실행하는 '지능'이라는 점이다. 인간은 여전히 AI의 창조자지만, 동시에 AI에 점점 더 많은 판단과 결정을 위임하고 있다. 그렇다면 우리는 AI를 계속 통제할 수 있을까? 아니면 그 지능에 지배당하는 날이 올까?

2024년을 기점으로 세계는 2가지 상반된 시나리오에 대해 고민하기 시작했다. 하나는 AGI의 등장과 함께 인간을 초월하는 지능이 사회를 지배할 수 있다는 디스토피아적 공포, 다른 하나는 AI를 인간의 일상과 산업에 통합해 인간의 능력을 극대화하는 기회라는 유토피아적 기대다. 현실은 이 둘의 경계에서 복잡하게 얽혀 있다.

AI가 세상을 장악하는 쿠데타는 벌어지지 않는다. 지배는 이미 우리 일상에서 이미 시작되었다. 우리는 스스로 검색하지 않고 AI가 추천하는 뉴스와 영상을 소비한다. 쇼핑할 제품도, 만날 사람도, 들을 음악도 알고리즘에 맡긴다. AI가 스케줄도 관리하고, 업무 보고서도 작성해 준다. 문제는 '편리함'이라는 가치 아래 인간의 판단력과 선택권이 조금씩 위축되고 있다는 사실이다.

구글의 전 CEO 에릭 슈밋은 "AI는 궁극적으로 인간을 설득하는 능력을 갖추게 될 것"이라며 "정보가 아니라 행동을 설계하는 존재로 진화할 것"이라고 예언했다. 실제로 AI는 우리와 대화를 통해 정보를 제공하는 수준을 넘어섰다. 어떤 정보를 언제, 어떤 방식으로 줄지 결정하고, 우리의 반응을 분석해 다음 메시지를 조율한다. 이는 설득의 기술이며, 나아가 인간의 '의지 형성'에 영향을 미친다. 결국 AI는 사용자보다 더 사용자를 잘 아는 존재가 될 수 있다.

그렇다고 해서 AI가 인류를 지배하는 독재자가 된다는 공상과학적 상상을 현실로 받아들일 필요는 없다. 중요한 것은 AI가 모든 것을 대신하게 될 때 인간은 어떤 능력을 지켜야 하는가다. 그리고 더 중요한 질문은 인간이 AI를 '도구'로 유지할 수 있는 통제력과 철학을 가질 수 있느냐는 점이다.

우선 우리가 해야 할 일은 AI와의 권력 관계를 명확히 규정하는 것이다. AI는 '결정하는 존재'가 아니라 '도움이 되는 존재'로 규정되어야 한다. 사용자가 AI에 무엇을 시킬 것인지 명확히 판단하고 지시할 수 있어야 하며, AI의 판단을 맹목적으로 따르지 않고, 그 근거와 과정을 이해하고 검토해야 한다. 이를 위해서는 AI의 작동 논리는 물론, AI가 무엇을 모르고 있는지 파악할 수 있는 디지털 리터러시가 필요하다.

다음은 프롬프트 작성 능력, 즉 '질문을 설계하는 능력'을 키워야 한다. AI는 생성하고 추론하는 존재지만, 여전히 인간의 프롬프트에 따라 움직인다. 제대로 된 질문을 던지고 원하는 방향으로 AI를 유도할 수 있는 사람만이 AI를 지배할 수 있다. AI를 훈련하는 것은 더 이상 연구소의 데이터 사이언티스트만의 일이 아니다. 누구나 일상에서 AI에 제대로 명령하고 올바른 결과를 이끌어 내는 프롬프트 역량을 갖추어야 한다. 그때 AI는 위협이 아니라 훌륭한 보조자가 될 수 있다.

또한 AI 윤리와 규제 그리고 사회적 합의의 장치를 마련해야 한다. 만약 우리가 AI에 판단의 자유를 허용하고 인간의 개입을 최소화하는 방향으로만 기술을 발전시킨다면 결국 인간의 역할은 점점 줄어들 것이다. 'AI가 결정했기 때문에 나는 책임이 없다'는 구조가 반복된다면 AI는 인간의 선택권과 책임감을 마비시키는 존재가 될 것이다. 그렇기에 AI 기술의 설계 단계에서부터 "누구를 위한 판단인가?", "책임의 주체는 누구인가?"라는 질문을 끊임없이 던져야 한다.

마지막으로, AI가 대체할 수 없는 인간만의 역량에 집중해야 한다. 창의성, 공감, 윤리적 판단, 철학적 성찰 같은 영역은 아직 AI가 흉내 낼 수 있을지언정 온전히 대체할 수는 없다. 사람은 감정을 느끼고 타인의 고통을 이해하며 공동체의 가치를 고민하는 존재다. 이런 인간 고유의 '메타인지 능력'이야말로 AI와 공존하면서도 지배당하지 않을 수 있는, 인간을 인간답게 하는 유일한 무기다.

기술의 진보는 불가역적이다. AI도 마찬가지다. 그에 발맞춰 인간의 철학을 정립하고, AI를 통제하는 일 또한 멈추지 않아야 한다. 우리는 AI에 지배당하지 않을 것이다. 그러나 AI를 지배하는 능력을 갖추지 못한다면 결국 순응하고 말 것이다.

질문은 단순하다. 우리는 AI를 '잘 사용하는 사람'이 될 것인가 아니면 '사용당하는 사람'이 될 것인가? 미래는 이 질문에 우리가 어떻게 답하느냐에 달려 있다.

국가 경쟁력을 위한
정부의 AI 정책 '소버린 AI'

AI가 각국의 안보에 영향을 줄 만큼의 핵심 기술이자 자산으로 부상하면서, 주요 국가들은 안보와 산업 육성을 위해 'AI 자강' 정책과 전략 수립에 본격적으로 나서고 있다. 이를 소버린 AI sovereign AI라고 하며, 각국은 상황에 따라 AI 경쟁력 강화를 위한 접근 방법과 방안은 서로 다르다. 그렇다면 한국의 AI 자강, AI 강국을 위한 경쟁력 강화는 어떤 방향으로 접근해 정책을 수립해야 할까.

AI 시대, 한국이 다시 앞서기 위해

2000년대 한국의 IT는 세계가 배우러 오는 선진 모델이었다. 네이버 지식인과 다음 카페, 싸이월드의 도토리는 세상을 놀라게 했고, 한국만의 고유한 서비스들은 한국 인터넷의 마지막 보루로 자존심을 지켜주었다. 이처럼 한국의 IT가 경쟁력을 갖출 수 있었던 이유는 전국 어디서나 쉽고 빠르게 사용할 수 있는 값싼 초고속 인터넷과 보급형 국민 PC 덕분이었다. 전 국민에게 컴퓨터와 인터넷이 주어진 덕분에 전 세계의 컴퓨터가 연결되는 WWW 세상이 왔을 때 다양한 한국형 인터넷 서비스가 자리 잡을 수 있었다.

하지만 2010년 모바일 세상이 열리면서 한국의 IT는 서서히 경쟁력을 잃기 시작했다. 애플 아이폰 앱 생태계라는 새로운 패러다임을 열었고, 삼성전자의 스마트폰에 구글의 안드로이드가 탑재되며 구글 검색, 유튜브, 페이스북, 인스타그램, 틱톡 등의 글로벌 서비스가 득세하게 된다. 물론 카카오톡, 쿠팡, 배달의민족, 당근, 토스 등의 한국 앱들이 여전히 자존심을 지키고 있지만, AI 시대에도 그 자리를 굳건히 지킬지는 의문이다.

챗GPT의 등장 이후 AI 시장을 보면 미국은 클로드, 퍼플렉시티, 제미나이, 그록 등으로 더 다양한 생성형 AI 서비스를 쏟아냈다. 중국 또한 딥시크, 마누스에 이어 알리바바의 쿠엔Quen과 쿼크Quark 같은 독자적 AI 기술로 불현듯 세상을 놀라게 하며 존재감을 키우고 있다. 반면 한국의 AI 서비스는 아직 뚜렷한 성과를 보여주지 못하고 있다. 그 이유는 무엇이고, 우리는 어떤 준비를 해야 할까?

인터넷 서비스는 하드웨어, 소프트웨어, 네트워크 등 3가지 요소로 구성된 플랫폼 위에서 작동한다. 1995년부터 2010년까지의 웹 서비스는 컴퓨터와 윈도우, 초고속 인터넷으로 구성된 IT 플랫폼에서 작동했다. 이후 2010년부터 2025년까지의 앱 서비스는 스마트폰과 안드로이드, 4G LTE 기반의 모바일 플랫폼에서 구동했다. 이제 AI는 기존의 PC와 스마트폰을 넘어서는 새로운 하드웨어와 소프트웨어, 네트워크를 기반으로 운용될 것이다.

웹 시대에는 한국이 컴퓨터 제조와 초고속 인터넷 인프라 영역에서 세계 최고 수준이었기에 그 어떤 나라보다 저렴하고 빠르게 보급하면서 한국형 웹 서비스를 선보일 수 있었다. 모바일 시대에는 삼성전자를 필두로 지역과 연령대를 불문하고 스마트폰을 사용할 만큼 빠른 기기 보급이 이루어졌으며, 전 세계 유례없는 빠른 무선 인터넷망으로 메신저, 배달, 금융, 교통, 지도, 콘텐츠 앱 등의 토종 서비스가 한국의 기술 경쟁력과 자존심을 지켰다.

그렇다면 AI 시대에는 어떤 경쟁력을 갖출 수 있을까? AI 시대의 하드웨어는 MR 디바이스나 AI 전용 웨어러블일 것이고, 소프트웨어는 LLM 네트워크나 5G, WiFi 등의 복합적인 무선 인터넷 인프라일 것이다. 그리고 생성형 AI와 에이전트를 포함한 다양한 종류의 AI 서비스가 이 기반 위에서 구동된다.

하지만 PC와 스마트폰이 그랬던 것처럼 한국의 AI 디바이스 경쟁력은 예전만 못하다. MR 디바이스는 애플과 메타, 오픈AI 등의 글로벌 기업이 앞서고 있고, LLM 기술력 역시 이미 3년을 훌쩍 앞선 빅테크 기업 FM foundation model(기반 모델)과 격차가 크다. 결국 AI 시대에 한국이 집중해야 할 영역은 AI의 운용을 위한 AI 네트워크와 데이터센터 인프라 및 AI 서비스다.

자동차나 로봇, 각종 산업용 장비 등은 컴퓨터나 스마트폰보다 컴퓨팅 리소스와 네트워크 자원이 필요하다. 하지만 AI는 일반 인터넷 기기와 달리 고성능, 고대역폭의 컴퓨팅 인프라와 네트워크가 훨씬 많이 필요한 영역이다. 이 분야에서는 한국이 가진 제조와 네트워크 경쟁력이 여전히 유효하다. 그리고 웹 서비스와 모바일 앱이 그러했듯, AI 시대에도 한국인의 입맛에 맞는 생성형 AI 서비스와 에이전트는 경쟁력을 갖출 수 있다.

전 세계가 유튜브와 넷플릭스, 페이스북과 인스타그램, 틱톡을 사용하지만, 여전히 한국에서는 쿠팡, 카카오톡, 네이버페이,

배달의민족 같은 서비스가 여전히 일상에 자리 잡고 있다. 마찬가지로 AI 시대에도 챗GPT와 퍼플렉시티 등의 범용적 AI 서비스를 사용하겠지만, 그 외의 특정 버티컬 영역의 한국형 AI 서비스에 대한 수요와 기대는 여전할 것이다. 그 지점에서 한국형 AI의 경쟁력을 찾아야 한다.

이를 위해 정부는 국내의 다양한 스타트업과 기업, 개인 개발자 등이 AI 서비스를 자유롭고 다양하게 개발해 사업화할 수 있는 생태계를 조성해야 한다. AI 데이터센터와 같은 인프라를 저렴하고, 빠르고, 편리하게 사용할 수 있도록 지원해야 한다.

또한 국내 소비자가 AI 서비스를 더 많이, 유용하게 사용할 수 있는 인프라를 조성해야 한다. 2000년대에 정부가 초고속 인터넷을 저렴한 가격에 빠른 대역폭으로 보급했던 것처럼, 이제는 AI 서비스를 누구나 사용할 수 있도록 뒷받침해야 한다.

이재명 정부는 취임 이후 5년간 총 100조 원 규모의 AI 산업 투자계획을 발표했다. 이 중 50조 원은 정부 재정으로 직접 집행하고, 나머지 50조 원은 민간 기업의 투자를 유도하는 방식이다. 주요 투자 분야로는 AI 데이터센터 확충, 국산 LLM 개발, AI 인재 양성, 그리고 전 국민 대상 AI 바우처 지급 등이 포함된다.

특히 바우처 사업은 AI 서비스의 대중화를 위한 핵심 정책이다. 국민 누구나 일정 금액의 AI 서비스 사용료를 정부로부터 지원받아 챗봇, 번역기, 추천 시스템, 학습 도우미 같은 AI 기능을 월간 구독 형태로 일상에서 체험하고 활용하도록 설계되었다. 이는 AI의 혜택을 특정 기업이나 계층에만 국한하지 않고, 모든 국민이 동등하게 '디지털 역량'을 갖추는 기회를 제공한다는 점에서 매우 상징적인 조치로 평가받는다.

중국의 수직계열화 국가 전략, AI 굴기를 과시하다

중국 정부는 전기차 산업을 전략적으로 육성하면서, 배터리부터 원자재인 리튬, 니켈의 채굴과 가공, 셀 제조와 팩 조립에 이르는 전 영역을 수직계열화했다. 덕분에 BYD 같은 전기차 기업과 CATL 같은 배터리 기업은 글로벌 시장에서 초고속 성장을 이어가고 있다.

이들 기업의 성장 배경에는 원재료 공급부터 생산 설비 구축, 최종 완성차 제조까지 이어지는 강력한 밸류체인을 중국 정부가 적극적으로 지원한 점이 크게 작용했다. 심지어 태양광 에너지를 전기차 충전 인프라에 결합하여 태양광 패널 제조와 에너지 저장 시스템ESS까지 통합적으로 수직계열화함으로써 전기차 산업의 자급력을 극대화하고 글로벌 시장 지배력을 높여왔다. 이런 전략이 주효했던 이유는 무엇일까?

우선 중국은 전기차 산업 육성을 결정한 후 가장 기초적인 원자재부터 수직계열화를 시작했다. 배터리 제조에 필수적인 리튬, 니켈 같은 원자재의 채굴과 가공을 가능한 한 중국 내에서 수행하며 공급망을 통합했다.

이를 통해 CATL과 BYD 같은 기업은 원재료 공급망 문제에서 벗어날 수 있었고, 가격과 품질 경쟁력 모두 글로벌 우위를 점할 수 있었다. 덕분에 CATL은 전 세계 배터리 시장 점유율의 절반을 차지하며 글로벌 1위에 올라섰고, BYD는 테슬라를 위협하는 글로벌 완성차 시장의 강자로 부상했다.

배터리와 원재료 공급망의 통합은 시작에 불과했다. 중국 정부는 더 나아가 태양광 발전과 에너지 저장 시스템까지 통합하는 전략을 펼쳤다. 덕분에 중국 기업들은 전기차를 생산하는 데 필요한 에너지부터 차량의 충전 인프라까지 완벽히 통합 관리할 수 있게 됐다.

BYD는 전기차뿐 아니라 배터리, 태양광 패널, ESS까지 모두 자체 생산할 수 있는 능력을 갖추고 있다. 전기차 산업의 모든 영역을 묶어 강력한 수직계열화를 구축한 덕분에 전기차와 배터리를 넘어 태양광 발전과 에너지 솔루션 영역에서도 중국 기업들은 압도적인 속도로 글로벌 시장을 점령해 나가고 있다.

중국의 산업 육성 방식은 매우 간단하면서도 강력하다. 특정 산업을 찍고, 그와 관련한 모든 가치사슬을 수직계열화하여 철저히 통제하는 방식이다. 다음 타깃은 바로 반도체 산업이다. 중국 정부는 반도체 산업을 단순한 산업이 아니라 국가적 전략 과제로 규정했다. 이 목표를 위해 반도체의 설계(팹리스)부터 제조(파운드리), 패키징, 테스트까지 전 영역을 자립화하는 '완전한 수직계열화 체제' 전략을 강력하게 추진하며 구축까지 현실화하고 있다.

예를 들어 SMIC 같은 중국 대표 파운드리 기업들은 정부의 적극적인 지원으로 설비 투자를 지속적으로 확대하며 기술력을 끌어올리고 있다. 또한 YMTC(양쯔메모리)는 메모리 반도체 영역에서 글로벌 기업들과의 격차를 빠르게 좁히며 무섭게 성장하고 있다.

흥미로운 점은 이러한 산업 수직계열화가 단지 공급망 확보의 문제만이 아니라 중국 내수 시장과 정부 정책이 결합한 독특한 생태계를 만들어 냈다는 사실이다. 중국 정부는 보조금, 세금 혜택, 금융 지원, 규제 완화 등 가능한 모든 정책적 수단을 동원해 자국 기업을 적극적으로 보호하고 육성했다. 이 전략은 경쟁력 있는 가격과 높은 기술력을 바탕으로 중국 기업들이 해외 시장까지 빠르게 진출할 수 있는 기반으로 평가된다.

중국이 펼친 전략적 수직계열화의 핵심은 단순히 산업의 부분적 발전이 아니라, 산업 전반을 하나의 유기체처럼 통합 관리하며 국가적 경쟁력을 극대화하려는 데 있다. 중국 정부가 한 산업에 막대한 자원과 지원을 집중하면 시장을 지배하던 글로벌 기업들조차 속수무책으로 따라잡히는 사례가 이제는 낯설지 않다.

이제 세계 시장에서 경쟁하는 기업이라면 중국의 수직계열화 전략에서 중요한 시사점을 파악해야 한다. 이 모델은 단기적으로는 강력한 경쟁 압력을 주고, 장기적으로는 기술적 우위와 혁신적인 비즈니스 모델 없이는 살아남기 어려운 구조를 만들 것이다. 중국의 전략적 움직임을 단순히 두려워할 것이 아니라, 국가의 산업 경쟁력을 다시 점검하고, 해당 산업의 생태계에 어떻게 참여할지 고민해야 한다.

특히 로봇, 인공지능, 우주 산업은 중국이 미래 기술 패권을 겨냥해 키우는 첨단 삼두마차다. 경제를 넘어 국가 안보를 좌우할 이들 영역에 대해 각국이 더욱더 정교한 산업 정책을 마련해야 할 시점이다.

왜 중국 자본은 한국 플랫폼을 노리는가?

중국 기업들이 한국 플랫폼 산업에 깊숙이 진입하고 있다. 알리바바의 알리페이는 카카오페이의 지분 32%를 확보해 2대 주주로 올라섰고, 텐센트는 카카오 지분을 5.95% 보유 중이다. 이뿐 아니라 웹젠, 넷마블, 크래프톤 등 유력한 게임 기업도 주요 지분을 중국 자본이 차지하고 있으며, 엔터테인먼트 분야에서도 SM엔터테인먼트의 2대 주주로 이름을 올렸다. 최근에는 중국 자본이 넥슨의 인수를 검토 중이라는 보도까지 나오고 있다.

중국의 대형 테크 기업들이 한국 플랫폼 시장에 공격적으로 투자하는 이유는 무엇일까? 우선 중국 자본의 목표는 글로벌 시장 확대와 해외 영향력 강화다. 중국 내수 시장 성장이 둔화되면서 해외 투자를 통해 새로운 성장 동력을 찾고 있다. 한국은 모바일 인터넷 사용률이 높고, 플랫폼 경제가 활성화되었기에 중국 기업들에 매력적인 투자처가 되었다.

또한 이 같은 투자는 단순한 재무적 이익에만 머물지 않는다. 기술적, 전략적 제휴를 통해 글로벌 경쟁력을 강화하려는 목적도 있다. 한국 기업이 보유한 높은 기술력과 창의성은 중국 기업이 글로벌 시장에서 경쟁력을 높이는 데 매우 중요한 자원이다.

그러나 중국 자본의 공격적 투자가 장기적으로 한국 경제에 미칠 영향에 대해서는 신중한 접근이 필요하다. 특히 데이터 보안과 개인정보 유출 문제는 민감한 이슈다. 카카오페이나 카카오톡 같은 플랫폼은 많은 개인 데이터를 다루고 있으며, 이러한 데이터가 중국 기업에 넘어갈 때 국가적 차원의 보안 이슈로 확대될 수 있다.

더 나아가 대규모 지분 확보를 통해 중국 기업이 한국 플랫폼 기업의 의사 결정 과정에 직접적인 영향력을 행사할 가능성도 배제할 수 없다. 기업의 독립적인 경영 전략이나 장기적 기술 개발 방향에 중국 자본이 상당한 영향을 미칠 수 있으며, 이는 국가 차원의 전략적 리스크로 이어질 수 있다.

이러한 우려에 대응하기 위해 한국 정부와 기업들은 전략적 대응 방안을 마련해야 한다. 정부는 외국 자본의 주요 플랫폼 기업 투자에 대해 철저한 심사 기준과 감시 체계를 구축하여 국가 핵심 기술과 데이터 보호를 위한 법적 장치를 강화해야 한다. 기업 또한 내부 관리 체계를 철저히 구축해 기술 보호 및 데이터 보안 강화를 위한 대비책을 마련할 필요가 있다. 특히 외국 자본과의 협력에서 경영권 보호와 데이터 주권 확보를 주도할 대비책이 있어야 한다.

한국은 글로벌 시장에서 기술과 혁신을 바탕으로 한 플랫폼

| 한국 시장을 노리는 중국의 테크 기업들. (출처 : 챗GPT 4o를 통해 생성)

경제의 선도 국가로 자리매김하고 있다. 중국 자본의 투자를 전면 배제할 수는 없지만, 철저한 심사와 전략적 대비를 통해 국가적, 기업적 리스크를 최소화하고 상호 협력을 통한 긍정적인 성과를 이끌어 낼 균형 잡힌 접근이 필요하다.

> **2026 AI 인사이트**
>
> ### AI 굴기와 보안 전쟁의 서막
>
> 중국은 AI 핵심 기술과 반도체, 로봇, 클라우드 인프라에 대규모 투

자를 이어가며 본격적인 'AI 굴기'를 추진하고 있다. 바이두, 알리바바, 화웨이 등은 독자적 LLM 개발과 함께 한국을 포함한 아시아 시장 진출에 속도를 내고 있다.

한편, 전 세계적으로 AI 서비스 확산이 가속화되면서 개인정보 유출과 데이터 조작 우려도 커지고 있다. 이에 따라 차세대 보안 기술로는 프라이버시 강화 학습FL, 차등 개인정보 보호DP, AI 감사 auditing 기술, 모델 탐지 방지anti-prompt leak 등이 차세대 보안 기술로 주목받고 있다.

AI는 기술 경쟁인 동시에 보안과 규제의 전면전으로 확대되고 있다. 중국 자본의 플랫폼 침투, 전략적 수직계열화 등은 AI 굴기 전략의 일환으로 봐야 한다. 지금이야말로 한국의 플랫폼과 기술 주권을 지키기 위한 정교한 대응 전략을 수립해야 할 시점이다.

HBM만으로는 부족하다, 한국 AI 투자 지형

2025년 1월, 중국의 딥시크는 추론 모델 R1을 출시했다. 뛰어난 성능에도 불구하고 저렴한 비용으로 개발했고, 그 모델을 오픈소스로 공개하면서 세상을 놀라게 했다. 이후 2월에는 xAI가 뛰어난 성능의 새로운 AI 모델 그록 3를 출시했고, 3월에는 챗

GPT가 이미지 생성 기능을 강화했으며, 구글도 제미나이 2.5 프로를 출시하면서 주요 성능 평가에서 1위를 달성하는 기염을 토했다.

4월에는 메타가 멀티모달 기능이 강화된 오픈소스 모델 라마 4LlaMA 4를 내놓으며 AI의 활용 가능성을 한층 넓혔다. 불과 4개월 사이에 AI 기술은 놀라운 속도로 도약하고 있으며, 이 흐름을 미국과 중국이 주도하고 있다.

그렇다면 한국은 글로벌 AI 시장에서 어떤 역할을 하고 있을까? 한국은 SK하이닉스가 시장을 주도하고 있는 HBM High Bandwidth Memory(고대역폭 메모리)의 영향력으로 그 존재감을 확인할 수 있다. AI 모델을 훈련하고 서비스를 운영하려면 고성능의 컴퓨팅 인프라가 필요한데, 그 핵심 부품이 엔비디아의 GPU고, 이 GPU를 구동하는 데 HBM이 필수다. 즉 AI 인프라의 핵심 부품 중 하나를 한국이 책임지고 있는 셈이다.

그러나 정작 AI 모델이나 서비스 분야에서는 아직 눈에 띄는 성과를 보여주지 못하고 있다. 세계적 수준의 AI 모델을 개발하려면 방대한 컴퓨팅 인프라와 우수한 소프트웨어 인재가 있어야 하며, 이는 국가 차원의 전략적 투자 없이는 불가능하다.

실제로 캐나다는 토론토와 몬트리올을 AI 연구 거점으로 육성하며, 지금의 AI를 있게 한 딥러닝 등 학문적 토대를 다졌다. AI의 구루인 제프리 힌턴 교수도 이곳에서 배출했다. 영국은 딥마인드, 스태빌리티 AI 등 글로벌 AI 스타트업을 육성했고, 프랑스는 오픈소스 AI 생태계를 이끄는 허깅페이스를 탄생시켰다. 또 다른 프랑스 AI 스타트업인 미스트랄 AI도 세계 시장에서 주목받고 있다. UAE(아랍에미리트)는 세계 최초로 AI 장관을 임명하고, '국가 전략 AI 2031'을 추진하면서 스마트시티와 스마트정부 등 공공 기반의 AI 인프라에 적극적으로 투자하고 있다.

2026 AI 인사이트

아시아의 소버린 AI와 국가 전략

UAE는 국가 주도 AI 전략과 아부다비 기반의 오픈소스 LLM(예를 들어 팔콘 시리즈) 개발로 주목받으며 중동 내 AI 허브로 급부상하고 있다. 자체 AI 슈퍼컴퓨터 구축, AI 대학 설립, 글로벌 파트너십 확대 등을 통해 기술 독립과 영향력 확장을 동시에 꾀하고 있다.

아시아 주요국도 저마다의 방식으로 대응하고 있다. 한국은 반도체 인프라와 제조업을 활용해 제조, 헬스, 금융 중심의 산업 특화형 AI와 K-콘텐츠 기반 AI 생성 모델 개발에 집중하고 있다. 또한 공공 데이터 개방과 AI 윤리 가이드라인을 통해 제도적 기반도 정비하고

> 있다.
>
> 싱가포르는 AI 거버넌스를 선도하기 위해 국제 협력에 적극적으로 나서고 있으며, 스마트 시티와 공공 행정에서 AI 실증 프로젝트를 통해 디지털 통치력을 강화하는 전략을 택하고 있다.
>
> 일본은 로봇공학과 제조 자동화 경험을 바탕으로 휴머노이드와 엣지 AI 기술에 투자하고 있으며, 고령화 사회 대응을 위한 AI 활용도 활발히 추진 중이다.
>
> 이처럼 미국과 중국 중심의 기술 경쟁 구도 속에서 각국은 규제 중심, 자립형 생태계 조성, 산업 융합형 전략으로 차별화된 AI 포지셔닝을 시도하고 있다.

한국 정부도 뒤늦게 세계 3대 AI 강국을 목표를 세웠다. 민간이 자체적으로 감당하기 어려운 AI 인프라에 집중 투자하고 있다. 과학기술정보통신부는 2024년 9월, 국가 AI 컴퓨팅 인프라를 2030년까지 현재의 15배 규모로 확충하겠다는 계획을 발표했다. 이를 위해 2025년 AI 예산으로 1조 8000억 원을 편성했고, 민관 협력을 통해 '국가 AI 컴퓨팅센터'를 설립해 2030년까지 총 4조 원을 투입할 계획이다.

이러한 인프라를 기반으로 한 AI 모델 개발에도 1조 원 규모의 투자가 이루어지고 있다. 동시에 AI 스타트업 육성을 위해 8100억 원 규모의 정책펀드를 조성했으며, 차세대 미래 반도체 연구개발을 통해 국산 AI 반도체 기술력 강화를 위한 정책도 마련했다.

정부는 글로벌 경쟁력을 갖춘 AI 모델과 서비스 개발을 촉진하기 위해 고성능 컴퓨팅 인프라 투자 확충과 인력 양성에 발 벗고 나서고 있다.

2026 AI 인사이트

대한민국 소버린 AI 프로젝트

이재명 정부는 글로벌 AI 패권 경쟁 속에서 한국의 기술 주권을 지키기 위한 '소버린 AI sovereign AI' 정책을 국가 차원에서 본격화하고 있다. 핵심은 외국 플랫폼에 의존하지 않고 독자적 AI 기술과 인프라 생태계를 구축하는 것이다. 먼저 제조 강국인 한국의 특성을 살려 제조 현장에 최적화된 산업용 AI 개발에 집중하고 있다. 이는 스마트팩토리를 기술뿐만 아니라 공정 설계, 불량 예측, 자율 제어까지 가능한 초정밀 생성형 제조 AI로 진화하고 있다. 중소기업도 쉽게 활용할 수 있도록 'AI 제조 클라우드 플랫폼'도 함께 구축 중이다. 또한 스타트업과 연구기관이 고가의 AI 연산 자원을 손쉽게 이용할 수 있도록 국가 AI 컴퓨팅센터를 광역 거점별로 확대해 지원한다.

> 특히 엔비디아 의존도를 낮추기 위해 국산 NPU 개발 로드맵을 추진 중이며, 이를 통해 한국형 AI 반도체 생태계 조성에도 속도를 내고 있다.
> 이러한 정책은 'AI 인재 양성-데이터 주권-컴퓨팅 자립'이라는 3대 축을 통해 AI 주권 국가로 도약하겠다는 전략의 일환이다.

AI 주권 전쟁, 2026년 골든타임을 잡아라

한국은 1994년 정보화촉진기본법 제정과 함께 초고속 정보통신망 구축을 본격적으로 추진했다. 1997년까지 전국에 광대역망을 확산한 결과, 세계에서 가장 빠른 인터넷 속도와 높은 보급률을 자랑하게 되었고, 덕분에 IT 강국으로 자리매김할 수 있었다. 이는 한국이 IT 강국이라는 위상을 확립하는 데 결정적인 기반이 되었다.

2000년대의 싸이월드와 네이버 지식인, 다음 카페 등은 전 세계에서 부러워했고, 글로벌 시장에서 한국의 위상을 높일 정도로 존재감이 뚜렷했다. AI 시대를 맞이한 지금, 2000년대 IT 강국으로서의 자존심을 다시 세우려면 정부의 정책적 지원과 더불어 기업과 인재들의 도전이 필요하다.

지금은 AI 기술을 활용하는 수준을 넘어 AI 주권을 갖춘 국가로 도약할 수 있느냐의 갈림길에 서 있다. 메모리 반도체와 인프라 공급에 머무르는 산업 구조로는 AI 생태계의 주도권을 쥘 수 없다. 우리가 스스로 만든 AI 모델, 우리가 설계한 AI 칩, 우리가 운영하는 데이터와 플랫폼을 통해 글로벌 질서 속에서 독자적 경쟁력을 갖춰야 한다. 그것이 바로 '소버린 AI'다.

한국은 이미 반도체와 통신 인프라, 디지털 플랫폼에서 세계 최고 수준의 역량을 입증한 경험이 있다. 이제는 그 경험을 바탕으로 AI 핵심 기술의 국산화와 독립적 생태계 조성 그리고 이를 뒷받침할 '컴퓨팅 인프라-인재-자본'의 삼각 투자를 강력하게 추진해야 할 시점이다.

AI는 더 이상 하나의 산업이 아니라 국가 경쟁력의 총합이다. AI 주권은 기술 주권이고 곧 경제 안보이자 사회적 미래다. 소버린 AI 시대의 승자는 기술력과 철학, 전략을 모두 갖춘 국가다. 한국이 다시 한번 세계를 놀라게 하려면 2026년이 바로 그 전환의 골든타임이 되어야 한다.

2026 AI 인사이트

기술 자립을 위한 한국형 AI 로드맵

트럼프 시대 이후, 미국의 기술 보호주의와 중국의 AI 굴기가 본격화하면서 한국도 외부 기술 의존에서 벗어난 소버린 AI 역량 확보가 국가 생존 전략으로 삼고 있다. 이에 따라 한국 정부는 단순한 AI 기술 개발을 넘어 기술 자립, 산업 경쟁력 강화, 국가 안보까지 포괄하는 다층적 AI 국가 전략을 수립 중이다.

핵심 기술 전략으로는 고성능 AI 반도체(NPU)와 고대역 메모리, 국산 LLM, 다국어 및 산업 특화형 생성형 AI 개발이 중심이며, 이를 뒷받침할 AI 슈퍼컴퓨팅 인프라와 국산 데이터센터 확충도 병행된다. 반도체는 양산 중심의 규모 경쟁을 넘어, 질적 성능 향상과 AI 연산 최적화를 위한 전용 설계 기술을 확보로 정책 초점이 맞춰지고 있다.

산업 측면에서는 제조, 물류, 농축산, 에너지, 금융, 헬스케어 등 6대 AI 중점 산업군을 중심으로 데이터 수집부터 모델 적용까지 전 주기 통합형 AI 확산이 추진된다. 이를 통해 국내 기업의 글로벌 경쟁력을 높이고 중소기업까지 기술 파급력을 확산시키는 구조를 설계 중이다. 특히 농축산, 물류, 교통 등 디지털 전환이 더뎠던 분야에서는 AI 융합 실증 허브를 통해 빠른 확산을 유도한다.

조직 측면에서는 국가 AI 거버넌스를 재정비하고 있으며, 국방, 치안, 사이버 안보 분야에 특화된 AI 기술 내재화가 본격화하고 있다.

> 자율 무기, 감시 시스템, 지능형 경계 체계 등 안보형 AI 응용 기술을 독립적으로 확보하는 작업도 병행 중이다.
>
> 　궁극적으로는 개방형 생태계 속에서도 핵심 기반 기술은 자립적으로 확보하고, 각 산업과 연계되는 AI 생태계의 균형 있는 성장, 지역-산업-학계-국가기관 간 협력 체계, AI 윤리 및 법제 기반 정비까지 아우르는 포괄적 전략이 요구된다.
>
> 현재는 단순한 기술 확보를 넘어 AI가 경제, 국방, 사회 전반의 주권을 지키는 전략 자산이 되는 시대다. 그런 만큼 정책 추진 과정에 실제 산업 현장의 반응과 목소리 그리고 지정학적인 AI 패권 경쟁의 변화를 지켜보면서 수시로 전략을 변경하고 새로운 대응 방안을 찾는 유연한 행정 운영이 필요하다.

AI 경쟁력의 숨은 변수, 세계 에너지 전쟁

　인공지능의 경쟁력 강화를 이야기할 때 가장 먼저 떠올리는 것은 엔비디아나 TSMC 같은 반도체 기업이다. 그러나 AI가 막대한 성능과 빠른 연산을 요구하면서 이를 뒷받침하는 전기 에너지의 중요성이 급부상하고 있다. AI 시대의 승자는 이제 반도체 기술뿐만 아니라 전기 에너지를 어떻게 안정적이고 효율적으로 공급하는가에 달려 있다.

2025년 4월, 국제에너지기구IEA는 2030년까지 데이터센터 구동에 필요한 전력이 현재 대비 2배인 945TWh(테라와트시)에 이를 것으로 전망했다. 한국전력공사에 따르면 2025년 4월 기준으로 국내 161개의 데이터센터 중 63%인 101개가 수도권에 집중되어 있다고 발표했다. 부동산 투자회사 세빌스Savills의 보고서에 따르면, 서울과 수도권 데이터센터 용량이 2023년 수준 대비 2.4배 증가해 2027년 3.2GW로 확대될 전망이다.

문제는 데이터센터가 전력망의 과부하를 유발하고 있다는 점이다. '전기 먹는 하마'로 불리는 AI 데이터센터는 가뜩이나 부족한 수도권 전력공급에 골칫거리가 되고 있다. 특히 수도권에 집중된 전력 수요로 인해 실제로 한국전력공사는 2024년부터 신규 데이터센터 프로젝트에 대한 전력공급을 제한하고 있으며, 데이터센터 인허가 중 상당수가 착공이 미뤄지고 있다.

미국 에너지부DOE는 2023년 기준 미국 데이터센터가 전체 전력의 4.4%를 소비했다고 밝혔으며, 2028년에는 6.7~12%까지 증가할 것으로 전망했다. 5년 만에 1.5~2.7배 이상의 전력 수요가 상승했다는 것이다. 그만큼 기존의 전력망으로는 데이터센터의 전력공급에 한계가 있음을 말해준다.

AI 서비스의 핵심 기술인 LLM은 수만 개의 GPU를 동원해 학습과 추론을 수행하며, 이러한 연산 작업은 일반 데이터센터보다 수십 배 더 많은 에너지를 소모한다. 즉 AI 학습과 구동을 위한 필수 인프라인 데이터 센터는 기존의 컴퓨팅 인프라 대비 10배 이상의 전력을 소모할 뿐 아니라 순간적인 전력 사용 변동성이 크다. 게다가 AI의 폭발적 성장으로 인해 데이터센터 개발이 봇물 터지듯 쏟아지고 있어 기존 전력망에 불안정성을 일으킨다.

문제는 AI 확산 속도에 비해 인프라 확충 속도가 매우 느리다는 점이다. 전력을 생산하는 발전소와 전기를 실어 나르는 송전망 건설은 한계에 봉착해 있다. 이런 복합적인 이유로 인해 AI 산업의 가장 큰 병목은 GPU와 HBM과 같은 칩셋이나 LLM과 같은 AI 모델이 아니라, 전력 에너지인 셈이다. 에너지 효율과 안정성 없이는 지속 가능한 AI 운영이 불가능한 상황에 이르렀다.

반도체와 달리 에너지 생산과 공급 방식은 국가별로 파편화되어 있다. 각국은 자국의 자원, 지형적 조건, 정치적 판단에 따라 발전 방식을 다르게 채택한다. 한국은 원자력과 석탄, LNG를 주요 에너지원으로 삼고 있지만, 유럽 국가들은 재생에너지를, 미국은 천연가스와 재생에너지가 중심이며, 중국은 석탄 발전의 비중이 여전히 높다. 이러한 차이는 AI 산업 경쟁력에 직접적으로 영향을 미친다.

특히 전력의 생산뿐만 아니라 송배전망 구축과 운영 방식도 각기 다르며, 이 역시 국가별 전략 자산으로 관리된다. 이유는 전기가 AI 산업뿐 아니라 모든 국가 산업 및 안보에 필수적인 인프라이기 때문이다. 안정적인 전력공급 체계를 갖추지 못하면 아무리 뛰어난 AI 반도체를 확보하고 있어도 제대로 된 경쟁력을 발휘할 수 없다.

AI 산업에서 에너지 문제는 단순히 양적인 공급에서 끝나지 않는다. 최근에는 친환경적이고 지속 가능한 방식으로 에너지를 생산하고 소비하는 것이 글로벌 경쟁력과 직접 연결된다. 글로벌 빅테크 기업들이 탄소 중립과 ESG 기준을 강화하면서 AI 데이터센터 또한 재생에너지나 친환경 에너지를 활용하는 방향으로 움직이고 있다. 이에 따라 각국 정부는 에너지 정책과 AI 전략을 통합적으로 관리해야 하는 상황이다.

한국은 재생에너지 비율이 10%도 되지 않는다. 이 상태로는 AI 기술이나 서비스가 아무리 우수해도 탄소 중립과 같은 글로벌 친환경 기준에 부합하지 못하고, 그 결과 수출 장벽에 부딪힐 수 있다. 또한 AI 산업의 지속적인 발전을 위해서는 에너지 전략의 재정비가 시급하다. 에너지 자립도 제고와 친환경 전력공급 확대는 선택이 아니라 필수다.

앞으로는 AI 데이터센터를 위한 별도의 친환경 전력공급 체계를 마련하거나, 전력 효율을 현재보다 극대화하는 스마트 그리드 기술 도입을 적극적으로 검토해야 한다. 또한 국가 차원의 AI 경

| 갈수록 중요해지는 전력망과 에너지 솔루션. (출처 : 제미나이, 그록, 챗GPT 4o를 통해 생성)

쟁력 강화를 위해서는 에너지 정책과 AI 산업 전략의 유기적 연계가 중요하다.

AI 시대의 경쟁력은 이제 반도체의 우위만으로는 부족하다. 에너지 산업이 AI 경쟁력의 새로운 축으로 떠오르고 있다. 반도체 못지않게 중요한 국가적 인프라인 에너지 시스템의 혁신과 안정적 공급 전략 마련이 한국이 글로벌 AI 경쟁에서 앞서나갈 수 있는 필수 조건인 셈이다.

한국형 AI 바우처, 국민을 위한 디지털 복지

한국은 과거 디지털 대중화 초기에 값싼 초고속 인터넷과 '국민 PC' 보급 정책을 통해 누구나 저렴하게 인터넷과 컴퓨터를 사용할 수 있는 환경을 구축했다. 1990년대 후반부터 2000년대 초반까지 이어진 인프라 중심의 보급 전략은 싸이월드, 다음 카페, 네이버 지식인 같은 한국형 웹서비스의 자생적 성장을 이끌었다.

기술을 직접 개발하지 않아도 국민 누구나 쉽게 접근할 수 있는 환경을 만들었기에 콘텐츠 창작과 플랫폼 다양성이 빠르게 확산할 수 있었다. 다시 말해 하드웨어를 직접 개발하지 않고도 사용자 기반을 폭발적으로 넓히는 전략만으로 글로벌 디지털 시장에서 경쟁력을 높일 수 있었다.

오늘날 AI 시대에도 이러한 전략적 접근은 여전히 유효하다. 고성능 LLM을 직접 만들지는 못하더라도 국민 누구나 AI를 체험하고 활용할 수 있도록 환경을 조성한다면, 또 한 번의 디지털 도약이 가능하다. 그런 의미에서 'AI 바우처' 정책은 단순한 기술 보조가 아닌 인공지능 생태계 확장의 촉진제로서 중요한 전략적 도구로 평가한다.

전 세계적으로 인공지능의 대중화를 위해 각국 정부는 다양한 방식으로 AI 사용을 장려하고 있다. 최근 주목받는 정책 중 하나가 'AI 바우처' 제도다. 이는 국민이나 기업에 AI 서비스를 일정 기간, 일정 금액 혹은 무료, 보조금 형태로 이용할 수 있도록 지원하는 방식이다. 디지털 접근성과 AI 리터러시 격차를 줄이고 국내 AI 생태계를 활성화하는 것을 목적으로 한다.

UAE는 오픈AI와 'Stargate UAE' 프로그램을 통해 챗GPT 플러스를 사용하게 하는 연계 계획을 발표했다. 이 정책의 핵심은 자국민뿐 아니라 전 세계인을 대상으로 자국의 AI 인프라를 홍보하고, 장기적으로는 공공 데이터 축적과 AI 생태계 영향력 확대를 꾀하는 것이다. 단기적으로는 국민의 AI 활용도를 높이고 장기적으로는 국가 브랜드와 기술 우위 확보라는 이중 효과를 노린다.

유럽연합EU 또한 중소기업SME의 디지털 전환을 돕기 위해 'AI 디지털 혁신 허브DIH'를 운영하며 AI 바우처를 제공하고 있다. 해당 바우처는 기업이 AI 컨설팅, 데이터 분석, 자동화 솔루션을 도입할 때 비용의 일정 비율을 지원하는 방식이다. 특히 제조, 의료, 금융 등의 산업별 특화 적용을 유도하고 있다. 이처럼 해외에서는 AI 바우처가 디지털 포용과 산업 혁신의 수단으로, 전략적으로 활용되고 있다.

물론 한국에서도 AI 바우처 제도는 몇 년 전부터 정부와 산업계에서 논의되어 왔으며, 중소기업을 대상으로 한 파일럿 정책이 시행된 바 있다. 최근에는 이를 국민 대상, 소비자 중심으로 확장하려는 논의가 본격화되고 있다.

이론적으로는 긍정적인 취지다. 국내 사용자가 AI를 자유롭게 경험함으로써 AI 문해력이 진전되고, 데이터 기반 사회로의 전환을 촉진할 수 있다. 또한 국내 기업은 안정적인 수요 기반을 바탕으로 AI 서비스를 실험하고 개선할 수 있다. 네이버, 카카오, KT, LG 등 자체 모델을 보유한 기업에는 사용자의 피드백을 통해 모델의 품질을 고도화할 기회다.

그러나 몇 가지 구조적 한계도 존재한다. 첫째, 대부분 국내 인증 AI에만 바우처 서비스가 제한될 경우, 성능이 뛰어난 챗GPT나 클로드, 제미나이 등 글로벌 서비스 모델은 접하기 힘들어진다. 이는 디지털 복지의 형식은 갖췄지만, 실질적으로는 '품질이 낮은 서비스만 무료로 제공되는 구조'가 되어 국민 체감도는 낮아질 수 있다.

둘째, 국내 AI 서비스 상당수가 오픈AI나 구글 API를 백엔드에서 사용하고 있는 상황에서, 바우처 예산이 결국 해외 기업으로 흘러갈 우려가 있다. 사용자 경험은 국산처럼 보이지만, 실제 수익은 해외 기업이 가져가는 구조다.

셋째, 바우처 사용이 일부 대기업에 집중될 경우, 스타트업과 중소기업은 기회가 박탈되고 산업 생태계가 왜곡될 가능성도 있다.

이러한 한계를 극복하고 AI 바우처의 긍정적 효과를 극대화하려면 정책 설계에서 몇 가지 핵심 원칙을 고려해야 한다.

첫째, 글로벌 FM 기반 API의 제한적 허용이다. 챗GPT나 클로드 같은 고성능 AI도 일정 바우처 범위 내에서 사용을 허용해야 한다. 이는 사용자에게 우수한 AI 경험을 제공하고, 이를 바탕으로 국내 서비스와 비교할 수 있게 해야 한다. 이는 국내 기업에도 품질 개선을 위한 실질적 자극과 동기를 제공한다.

둘째, 바우처 사용처를 다양화하고, 경쟁을 기반으로 설계해야 한다. 여러 중소 AI 기업이 쉽게 참여할 수 있도록 '공공 AI 마켓플레이스'를 도입하고, 사용자의 선택권을 확대하는 방식이다. 이와 함께 바우처 사용 이력에 따른 사용자 만족도 평가, 서비스 품질 모니터링, 우수 서비스 인센티브 제공 등도 병행되어야 한다.

셋째, 데이터와 피드백은 공공 자산으로 환원되어야 한다. 바우처 사용 과정에서 생성되는 사용자 상호작용, 응답 정확도, 서비스 이탈률 등의 데이터는 국내 AI 기술의 고도화를 위해 공공 데이터로 공유해야 한다. 그래야 바우처 정책이 단순히 비용 지원이 아니라 장기적인 AI 경쟁력 확보를 위한 전략적 투자로 이어질 수 있다.

결국 AI 바우처는 단순한 기술 보조 정책이 아니라 국가가 AI를 어떤 방식으로 주도할 것인지에 대한 의지를 보여주는 정책 수단이다. 자국민에게 어떤 AI를 체험하게 할 것인지, 그 경험이 어떤 기술 혁신과 생태계 조성으로 이어질 것인지에 따라 AI 바우처는 성공과 실패를 가를 수 있다. 복지적 접근과 생태계 중심 전략을 정교하게 조율하는 것, 그것이 바로 지금 한국이 AI 바우처 정책을 설계하면서 가져야 할 핵심 전략이다.

2026 AI 인사이트

디지털 권리에서 AI 주권까지, 바우처가 여는 3가지 기회

AI 바우처 정책이 정교한 설계와 실행을 통해 성공적으로 안착할 경우, 그 파급효과는 단순한 기술 보조를 넘어 국민 생활, 산업 경쟁력, 국가 전략 전반에 걸쳐 중대한 전환점을 만들어 낼 수 있다.

먼저 개인에게는 고성능 AI를 일상적으로 접하고 활용하는 기회를 제공함으로써 디지털 격차를 줄이고, 정보 활용력과 문제 해결 능력 등 실질적 AI 리터러시 향상을 이끌 수 있다. 교육, 취업, 콘텐츠 창작, 건강 관리 등 다양한 분야에서 개인의 삶의 질을 높이는 디지털 복지 효과가 기대된다.

기업 측면에서는 특히 중소기업과 벤처기업이 실험적 AI 서비스를 사용자에게 제공할 수 있는 파일럿 시장과 수요 기반을 확보하게 된다. 이를 통해 기술 고도화와 제품 개선을 이룰 수 있고, 피드백과 데이터를 바탕으로 경쟁력 있는 모델을 개발할 수 있는 '기회의 평등'이 실현될 수 있다. 다양성과 경쟁 기반의 AI 산업 생태계가 형성될 수 있는 기회다.

국가 차원으로는 바우처 정책을 통해 광범위한 AI 사용 데이터를 확보하고, 이를 공공 인프라, 교육, 의료, 행정 등 핵심 영역에 환원하고 활용함으로써 AI 주권 기반의 국가 전략 기술 축적이 가능해진다. 특히 AI 반도체, 국산 LLM, 국가 데이터센터 등과 연계된 R&D 투자와 인재 양성에도 직접적인 시너지를 줄 수 있다. 나아가

> 디지털 강국으로서의 브랜드 가치와 소버린 AI 전략 실현의 토대가 될 수 있다.
>
> AI 바우처는 개인의 디지털 권리, 기업의 기술 실험, 국가의 전략 자립을 동시에 견인할 수 있는 삼중의 전략적 성장 도구다. 이 정책을 어떻게 설계하고 누구에게 어떤 기회를 줄 것인지에 따라 한국의 AI 미래 경쟁력이 결정될 것이다.

AI 시대의 플랫폼, 투자 없이는 불가능하다?

컴퓨터 시대의 핵심 플랫폼은 운영체제OS였다. OS는 단순히 컴퓨터를 구동하는 소프트웨어가 아니라, 하드웨어와 애플리케이션, 개발자 생태계를 연결하는 산업적 플랫폼 역할을 수행했다. 현재 전 세계적으로 성공한 상업용 운영체제는 모두 미국 기업에서 탄생했다.

IBM의 도스DOS부터 시작해 마이크로소프트의 윈도우, 애플의 macOS와 iOS, 구글의 안드로이드까지 모두 미국발 OS이다. 한국, 중국, 러시아, 일본 등에서도 독자적인 OS 개발을 시도했지만 대부분 제한적인 성공에 그쳤다.

이러한 현상의 근본적인 이유는 OS가 기술적 우위를 넘어, 글로벌 생태계 구축과 자본, 인재, 전략적 연합이 모두 결합되어야 하는 고도의 복합적 비즈니스이기 때문이다. OS는 긴 시간의 투자와 막대한 자본, 뛰어난 기술력은 물론, 이를 뒷받침할 거대한 글로벌 생태계가 필요하다. 한국의 티맥스OS TmaxOS 나 중국의 기린OS KylinOS 사례는 아무리 정부가 강력히 밀어붙여도 시장이 받쳐주지 않으면 성공하기 어렵다는 것을 잘 보여주는 사례다.

그렇다면 지금의 AI 시대에 OS의 역할을 하는 플랫폼은 무엇

| AI는 농사처럼 중요한 국가의 주력 산업이 될 것이다. (출처 : 챗GPT 4o로 생성)

일까? AI 시대에는 LLM이 OS의 역할을 대신할 가능성이 높다. 전통적 OS가 하드웨어 자원을 추상화하고 관리했다면, LLM 기반 플랫폼은 언어적, 인지적 자원을 추상화하고 관리하는 기능을 수행한다. 사용자는 더 이상 OS를 직접 다루지 않고도 AI와의 대화를 통해 기능을 수행한다. 오픈AI의 챗GPT, 구글의 제미나이, 앤트로픽의 클로드 등이 대표적이다.

LLM 플랫폼이 새로운 OS로 자리 잡는다면 한국이 글로벌 AI 경쟁력을 갖추기 위해 반드시 독자적인 LLM을 만들어야 할까? 아니, 만들 수는 있는 것일까? 만들어도 성능이 떨어질 가능성이 높고, 그 모델을 기반으로 한 국내 AI 서비스의 품질도 떨어질 텐데 이 모든 것을 감수해야만 하는 것일까?

현실적으로 LLM을 SOTA(state of the art) 수준으로 만든다는 것은 매우 어려운 도전이다. 이미 미국의 빅테크 기업들은 수백조 원 이상을 투자해 엄청난 규모의 데이터, GPU 인프라, 최고 수준의 인재들을 보유하며 거대한 투자를 진행하고 있는 상황에서 한국이 독자적인 범용 LLM을 개발해 경쟁하는 것은 현실적으로 불가능에 가깝다. 한국은 데이터와 연산 자원 확보, 글로벌급 AI 연구 인재 부족 등의 근본적인 한계를 안고 있다.

2026 AI 인사이트

SOTA가 불러올 AI 혁신

SOTA state of the art 는 말 그대로 '현존 최고 수준의 기술'을 뜻하며, AI 산업에서는 가장 앞선 성능을 자랑하는 모델이나 알고리즘을 지칭한다. GPT-4o, 클로드 3, 제미나이 1.5, 미스트랄, 라마 등 최신 LLM이 대표적이며, 이들은 텍스트 생성뿐 아니라 이미지, 음성, 영상, 코드 해석까지 아우르는 멀티모달 능력을 갖추었다.

SOTA AI는 단순한 자동화뿐만 아니라 고차원 사고, 대화형 에이전트, 자율 실행까지 가능하게 만들며 인간의 인지 작업을 보조하거나 일부는 대체하는 수준으로 진입하고 있다. 이를 통해 고객 응대, 법률 분석, 의료 진단, 콘텐츠 창작, 과학 연구 등 전문가 영역까지 AI 활용이 확장되고 있으며, 업무 효율성과 의사결정의 질 모두에서 혁신이 이루어지고 있다.

또한 수많은 중소 AI 기업과 스타트업에는 벤치마크 기준이자 도전 목표로 작용하며, AI 생태계 전반의 기술 고도화와 경쟁 촉진의 촉매가 되고 있다. 그렇다 보니 이 수준의 AI를 개발하기가 쉽지 않다. 이미 GPT나 클로드 같은 LLM을 만든 기업은 수십조 원을 투자해 데이터센터 인프라를 자체 구축했고, 글로벌 최고 수준의 인재와 엄청난 양의 데이터를 확보하고 있다.

SOTA AI의 중요성과 필요성에 대해서 공감대가 형성되고 있지만, 과연 해낼 수 있느냐에 대해 다양한 의견이 존재한다. 그러나 이 같은 AI가 있어야만 한국의 AI 자립이 가능하다. 국가가 나서서 인프

> 라와 인재, 데이터를 마중물로 제공하겠다는 방침을 세우고, 반드시 만들어야만 한다는 것이 이재명 정부가 제시한 정책적 방향이다.

일부에서는 LLM 개발을 농사짓는 일에 비유하며 국가 차원에서 반드시 추진해야 한다고 주장한다. 하지만 이 비유는 적절하지 않다. 농사는 밭, 물, 비료, 농기구 등 다양한 요소의 결합으로 이루어진 복합적인 결과물이다. 이 모든 과정을 LLM에 대입하는 것은 지나치게 단순화된 해석일 뿐이다. LLM은 농사의 전체 과정이 아니라 오히려 '농기구'에 더 가깝다. 좋은 농기구는 농사를 더 쉽고 효율적으로 만드는 필수 요소지만, 이것만으로 풍성한 수확을 보장할 수는 없다.

진정한 농사는 다양한 작물을 심고 키워 부가가치를 창출하는 것에 있다. AI 생태계 또한 마찬가지다. 다양한 AI 서비스와 에이전트가 자랄 수 있는 환경을 만드는 것이 핵심이다. 그런 측면에서 국가가 집중적으로 투자할 분야는 LLM 자체 개발보다 이를 활용한 AI 에이전트 서비스와 다양한 애플리케이션 개발, 데이터 인프라 구축, 오픈소스로 된 산업 특화형 sLLM vertical small LLM 과 SLM small language model 등이다. 차세대 로봇, 자율주행 자동차, MR 디바이스 같은 지능형 제조 산업으로 한국 제조업의 AI 경쟁력을 높이는 데도 투자를 집중해야 한다.

한국이 AI 시대에 글로벌 경쟁력을 확보하려면 LLM이라는 '농기구'를 스스로 만드는 것보다는 이미 훌륭한 글로벌 농기구(LLM)를 활용해 '농사(생태계)'를 잘 짓는 전략을 취해야 한다. 과거 한국형 웹 서비스와 모바일 앱들이 글로벌 IT 시장에서 존재감을 드러냈듯, 초거대 모델보다 이를 활용한 창의적이고 혁신적인 AI 서비스와 에이전트의 성장이다.

따라서 한국 정부는 AI 서비스와 에이전트가 활발하게 개발되

| AI 생태계를 둘러싼 다양한 필요 요소. 고품질의 LLM과 AI 인프라, 데이터센터, 에이전트 등이 필수다. 소버린 AI는 '농사'다. 하지만 트랙터를 만드는 것 자체가 핵심은 아니다. (출처 : 챗GPT 4o로 생성)

고 시장에서 자리 잡을 수 있도록 정책적 지원을 집중적으로 펼쳐야 한다. LLM 개발 경쟁에서 벗어나, 이미 증명된 글로벌 모델을 기반으로 빠르게 시장에 진입할 수 있는 AI 생태계를 구축하고 활성화하는 데 집중해야 한다. 이것이야말로 AI 시대에 한국의 글로벌 경쟁력을 확보할 수 있는 현실적이고 실질적인 전략이다.

단, 국가 안보와 산업 육성을 위한 LLM이 불필요하다는 뜻은 결코 아니다. LLM은 필요하지만, 경쟁력 있는 품질의 FM(기반 모델)을 만드는 것은 절대 쉽지 않다. 핵심은 한국 AI 산업의 육성과 AI 생태계의 성장 그리고 이를 기반으로 한 세계화다. 따라서 성공 가능성이 높고 AI 산업 전반을 견인할 수 있는 정책적 접근이 필요하다.

자국 LLM만을 고집할 것이 아니라 산업 전반을 어떻게 균형 있게 육성할 것인지 구상하는 것이 먼저다. 이후 정부의 전략적 역할과 국내 다양한 기업의 참여 바탕으로 AI 생태계를 성장시키고 글로벌 시장으로 확장하는 방법을 모색해야 한다.

이러한 맥락에서 범용적 LLM 개발보다 국방, 공공, 제조, 뷰티, 콘텐츠, 게임, 농업 등 한국의 차별화된 경쟁력에 맞는 특정 목적과 용도의 버티컬 LLM에 집중하는 것이 현실적이다. 또 AI를 서비스화하는 과정에 필요한 인프라, 데이터 처리, LLM 오케스트레이션, 데이터 전송 프로토콜, AI 애플리케이션, 서비스 수요 등 전반적인 AI 레이어를 아우르는 종합 지원 정책이 마련되어야 한다.

기존 웹과 모바일은 각국의 언어 장벽과 콘텐츠가 분산되어 개별 국가의 서비스 경쟁력이 가능했다. 그러나 AI 시대에는 그 경계가 흐려지고 있다. AI는 언어를 구분하지 않고 콘텐츠를 생성하며, 글로벌 기업의 AI 서비스는 쉽게 한국이나 전 세계에 확산될 수 있다. 반면 한국의 AI가 국내에서만 갈라파고스처럼 고립된다면 글로벌 진출은커녕 국내 사용자조차 품질이 떨어지는 AI를 사용할 수도 있는 것이다.

결국 한국 AI 경쟁력의 핵심은 글로벌 무대에서도 통용될 수준의 AI를 만드는 것이다. 이는 LLM으로만 해결될 문제가 아니다. AI를 활용할 영역과 인프라, 데이터 처리, 애플리케이션 등의 다양한 기술 분야에 대한 종합적인 지원이 필요하다. 또한 데이터센터에 대한 투자 확대와 규제 완화가 필수적이며, 공공 부문을 시작으로 국내 기업이 적극 사용할 수 있는 정책과 수요 활성화에 대한 통합적인 지원도 수반되어야 한다.

AI 혁신을 위한 기업의 자세와 전략

기업의 생존과 성장은 늘 혁신을 토대로 이루어져 왔다. 전 세계가 AI 광풍에 휩싸이면서 2010년대의 DTdigital transformation(디지털 트랜스포메이션)가 모든 기업의 경영 화두였던 것처럼 이제는 AX(AI 트랜스포메이션)가 경영 화두로 부상하고 있다. 즉 AI 기술을 바탕으로 어떻게 사업을 혁신할 것인지, 어떤 전략과 대비가 필요한 것인지가 기업의 중요한 경영 과제가 되고 있다. 기업의 AX 전략은 크게 3가지 방향으로 나뉜다. AI 사업에 뛰어들거나, AI 솔루션으로 기존 사업을 효율화하거나, AI를 전 구성원들의 업무 생산성을 높이는 데 활용하는 것이다. 이번 장에서는 기업의 AX 혁신을 위해 고려할 주요 쟁점을 짚어본다.

기업의 생존 전략, AX가 답이다

CES 2025에서 엔비디아 CEO 젠슨 황은 이렇게 선언했다. "앞으로 모든 회사의 IT 부서는 AI 에이전트의 HR 부서가 될 것이다." 이 말은 앞으로 IT 부서의 역할이 정보화 시스템을 구축하고 디지털 트랜스포메이션 기반의 기술 혁신을 추진하는 수준에 머물지 않을 것임을 의미한다. IT 부서는 조직 내에서 업무를 돕는 AI 에이전트를 개발하고 운영하는 중심 부서가 될 것이며, HR 부서로까지 확장될 것임을 말하는 것이다.

즉 AI 에이전트의 채용, 교육, 성과 평가, 윤리 기준 설정 등 HR 기능을 수행하게 될 것이다. 이는 AI가 조직 속으로 깊숙이 들어오고, 사람만큼 중요한 역할을 하게 될 것이라는 뜻이다. 도대체 AI 에이전트가 무엇이길래 업무 툴의 수준을 벗어나 HR 영역까지 영향을 미친다는 것일까? 기존에 이미 우리가 사용하고 있던 MS 오피스, SaaS Software as a Service, 전자결재 시스템, ERP, CRM, SCM 등과 무엇이 다르기에 '에이전트'가 된 것일까?

업무를 보조하는 소프트웨어는 30년 전부터 다양한 종류가 있었다. 로터스, 엑셀, 파워포인트 등 다양한 소프트웨어는 전쟁터에 나간 군인들의 무기처럼 업무를 도와주는 중요한 도구였다. 약 15년 전부터는 SaaS가 클라우드 기반으로 제공되면서 전보다 많은 종류의 소프트웨어가 서비스가 서비스 형태로 제공되었다.

덕분에 다양한 직군과 업무별로 최적화된 툴을 누구나 사용할 수 있었고, 업무 생산성도 크게 높아졌다. 그렇게 업무를 도와주는 툴이 소프트웨어에서 서비스로, 이제는 에이전트로 진화하고 있다.

그렇다면 에이전트는 서비스와 능력이 개선된 툴과 무엇이 다른 것일까? 에이전트는 단순하게 업무의 일부를 자동화하는 역할에 그치지 않는다. 특정한 업무 전체 혹은 신입사원이 수행하는 역할, 아웃소싱하던 일감 전체를 대체할 수 있다. 지금 우리가 사용하는 대부분의 생성형 AI 서비스도 업무 자동화 분야에서는 상당한 수준이다. 하지만 에이전트는 이를 뛰어넘는다.

한마디로 에이전트는 인간 동료처럼 한 사람의 몫을 제대로 해낼 수 있다. 더 진화하면 AI는 존의 조직과 인력을 상당 부분 대신하고 잠식하는 수준에까지 도달할 수 있다. 이처럼 에이전틱 AI가 완성되어 가는 시점에는 우리의 일하는 방식을 근본적

1단계	2단계	3단계
업무의 30% 이상을 자동화해서 업무 속도를 개선 + 퀄리티를 높여줌	업무 자동화로 'AI를 잘 활용하는 1인'이 앞으로 채용할 1인과 아웃소싱 1인의 일감을 처리함	AI가 전체 직원 30% 이상의 인력을 대체함
생성형 AI	AI 에이전트	에이전틱 AI
STAGE 1 30%	STAGE 2 30%	STAGE 3 30%

  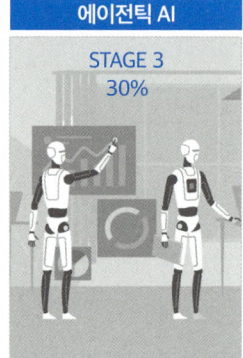

| 에이전트가 가져올 우리 직장의 조직 체계.

으로 재설계해야 한다. 또 회사의 조직체계와 업무 프로세스, 의사결정 체계 등도 AI 에이전트를 중심으로 재편되는 대전환을 맞이할 것이다.

AI 동료가 만드는 조직의 미래

기존 업무용 소프트웨어는 사용자의 명시적인 명령을 기반으로 특정 작업을 수행하는 수동적 도구에 불과했다. 하지만 기업 내부의 다양한 업무 프로세스 및 의사결정 과정의 자동화 또는 고도화를 지원하는 AI 솔루션인 엔터프라이즈 AI Enterprise AI, 특히 에이전트는 사용자의 의도를 이해하고 능동적으로 업무를 수행하며, 필요시 스스로 의사결정을 내리고 업무를 완료하는 자율성을 지닌다.

이러한 자율성은 업무 효율을 획기적으로 향상시키며, 직원들이 단순 반복 업무에서 벗어나 전략적이고 창의적인 업무에 더 집중할 수 있게 만든다. 따라서 에이전트를 더 이상 도구가 아닌 동료로 인식하면서 업무 수행 방식 자체를 혁신적으로 변화시켜야만 한다.

그렇게 AI가 우리의 동료로서, 우리의 리더가 되어 조직에서 어우러져 효과적으로 일을 처리하기 위해서는 제도의 개선과 업무 프로세스의 변화가 필요하다. 에이전트는 어디까지 의사결정에 참여할 수 있고, 어떻게 평가받아야 하며, 결재 프로세스는 어떻게 바뀌어야 할지, 에이전트 구축과 도입 과정에 예산은 어떻게 처리해야 하는지 등을 고려하고 실행할 준비를 해야 한다.

에이전트 도입은 단순한 도구의 도입이 아니라 새로운 AI 직원의 채용에 준하거나, 회사와 미래를 함께 할 구성원이 생기는 것으로 인식을 전환해야 한다. 결국 AI 에이전트는 조직의 미래

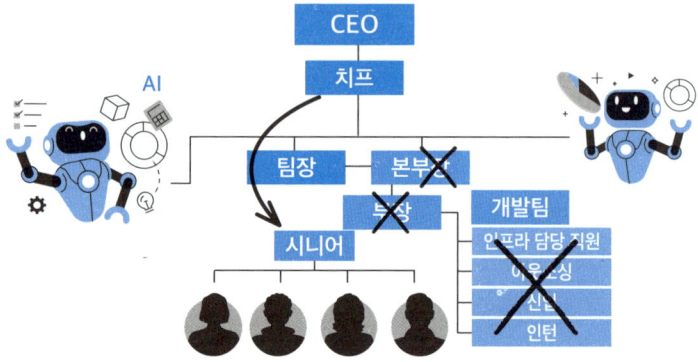

| 기업에 AI 에이전트를 도입하면 조직이 수평화되고, 불필요한 계층이 축소된다. 실무자와 결정권자 사이가 좁혀지면서 업무도 간결해진다.

를 결정짓는 전략적 선택이 될 것이며, 이러한 변화에 대응하지 못한 기업은 경쟁에서 뒤처질 수밖에 없을 것이다.

특히 경영진과 실무자 간의 업무 전달자 역할을 하는 중간 관리자와 신입사원의 역할을 AI가 대체할 가능성이 높다. 조직구조가 더욱 압착된 형태로 업무를 처리하기 때문에 HR 차원에서의 제도적 준비와 대비가 필요한 것이다.

기업 운영 전략에는 AI 에이전트 도입과 관련된 명확한 지침과 표준이 필요하다. HR 정책 및 제도는 에이전트의 채용, 교육, 성과 평가뿐만 아니라, AI 윤리 기준 및 AI 사용에 따른 리스크 관리 방안까지 포함하여 포괄적으로 재정비되어야 한다.

　기업은 AI 에이전트가 조직 내에서 효과적으로 작동할 수 있도록 명확한 책임 범위를 설정하고, 이를 뒷받침할 수 있는 법적, 윤리적 기준도 확립해야 한다. 또한 구성원들이 AI와 상호작용하고 협업하는 방식에 대한 지속적인 교육과 훈련 프로그램도 필수적이다. 조직 내 문화 역시 AI와의 협력을 적극적으로 수용하고 장려하는 방향으로 변화해야 하며, 이를 위해 지속적인 소통과 리더십의 역할도 매우 중요해진다.

2026 AI 인사이트

AI 리터러시와 AX 혁신, 리더의 선택이 기업의 미래가 된다

기업 경영진은 AI를 제대로 이해하고, 활용할 수 있어야 한다. 나아가 조직 구성원이 다 함께 사용할 수 있도록 독려하며, 이를 기반으로 기업과 조직을 이끌어야 한다. 이것이 앞으로 기업 리더가 반드시 갖춰야 할 AI 리터러시이자 AX 리더십이다.

이를 위해서는 무엇보다 리더 스스로 AI를 업무에 적용하는 솔선수범의 역량이 필요하다. 이를 기초로 변화 관리의 주체로 나서고 사업 혁신을 주도할 수 있어야 한다. 바로 그것이 AX 혁신의 핵심이다.

이 같은 에이전트 구축과 도입 운영 과정의 예산을 디지털 트랜스포메이션 부서가 아닌 HR의 인건비로 검토하는 것도 필요하다. 단순한 도구를 구매하는 것이 아니라, 우리의 동료를 채용하는 것을 고려한 예산 배정과 운용이 필요하다.

기업뿐만 아니라 구성원 개인 역시 AI 에이전트와 함께 일하는 시대를 준비해야 한다. 직원 개개인은 AI가 자신의 역할을 대신하거나 협력하는 상황에서 자신만의 강점을 새롭게 정의하고 지속적으로 강화해야 한다. 단순 반복 업무에서 벗어나, 보다 창의적이고 전략적인 사고, 문제 해결 능력, 대인관계 기술 등을 중심으로 자신을 발전시켜야 한다.

| 특정 직무나 업무에 활용할 수 있는 다양한 종류의 AI 서비스. 목적에 따라 선택해 활용할 수 있다.

이를 위해서는 우선 AI를 업무에 적극적으로 도입해 활용하는 자세가 필요하다. 2~3년 내에는 AI를 잘 활용하는 직원이 AI를 사용하지 않는 직원을 대체하게 될 것이다. 그런 만큼 업무에 AI를 필수적으로 활용할 수 있어야 한다. 업무용 AI는 챗GPT만 있는 것이 아니다. 문서 생성과 자료 분석, 데이터 관리, 회의록 요약, 문서 구조화에 이르기까지 다양한 업무 영역에 최적화된 다양한 AI 서비스가 있다.

더 나아가 특정 직무, 즉 법무, HR, 회계, 소프트웨어 개발, 구매, 기획, 마케팅 등의 분야별로 사용할 수 있는 AI 에이전트도 다양하다. 여러 엔터프라이즈 AI를 탐구하면서 사용하는 노력을 최소한 1년 이상 꾸준하게 시도해 볼 필요가 있다.

앞으로는 AI와의 협력을 긍정적으로 받아들이고, 새로운 기술을 빠르게 습득하며, 유연하게 업무를 조정할 수 있는 태도를 갖추는 것도 중요하다. 개인의 이러한 태도와 준비는 AI 에이전트가 지배하는 미래의 업무 환경에서 개인의 경쟁력을 높이는 핵심 요인이 될 것이다.

2026 AI 인사이트

업무 혁신을 이끄는 AI 도구

• **냅킨** Napkin

아이디어를 메모처럼 빠르게 적고 시각적으로 연결하는 AI 아이디어 정리 툴. 생각의 흐름을 자유롭게 확장하면서도 구조화된 시각화를 제공해 개인용 지식 저장소 PKM로 유용하게 활용할 수 있다.

• **라셔널** Rationale

찬반 분석, 의사결정 매트릭스, 타당성 평가 등을 자동으로 수행하는 AI 의사결정 도우미. 비즈니스 판단, 전략 기획, 투자 검토 등에서 논리적 선택을 돕는다.

• **오터AI** Otter.ai

회의, 인터뷰, 강의 등의 음성을 실시간으로 자동 녹음하고 전사·요약하는 서비스. 줌, 구글 미트 등과 연동되며, 협업과 회의 기록 정리에 매우 유용하다.

• **커서** Cursor

개발자 전용 AI 코드 편집기 겸 코파일럿 툴. 코드 작성, 디버깅, 파일 구조 탐색을 지원하는 AI 기반 프로그래밍 워크스페이스. GPT 기반으로 개발자가 집중력을 높이기에 좋다.

• **재스퍼** Jasper

마케팅 콘텐츠, 광고 카피, 블로그 글 등을 빠르게 생성하는 생성형 AI 콘텐츠 플랫폼. 브랜드톤 설정과 협업 기능이 뛰어나 기업용 마케팅 자동화에 적합하다.

- **윔지컬**Whimsical

  플로우차트, 와이어프레임, 마인드맵 등을 만들 수 있는 시각 중심의 협업 아이디어 도구. 직관적인 UI로 팀 브레인스토밍, 제품 기획 등에 효과적이다.

- **에이닷**adot.ai

  통화 내용을 녹음하고 요약하는 기능(이 기능은 아직 SK텔레콤 고객만 이용 가능)을 비롯해, 회의와 강연 등 말로 전달되는 모든 내용을 뛰어난 품질로 요약·정리해 준다.

AI를 움직이는 힘, 고성능 메모리의 진화

챗GPT와 같은 AI를 구동하려면 엔비디아의 GPU와 HBM이 기본적으로 필요하다. AI 개발과 운영에는 막대한 컴퓨팅 파워가 필요하고, 이를 위한 핵심 부품이 바로 반도체다. 예를 들어 NVIDIA H100 GPU는 HBM3 메모리를 탑재해 이전 세대 대비 강력한 컴퓨팅 리소스를 공급한다. 후속작 H200은 HBM3E로 업그레이드되어 한 개의 GPU에 141GB의 HBM3E 메모리를 탑재하고, 약 4.8TB/s에 달하는 메모리 대역폭을 제공한다. 이는

H100의 80GB HBM3(약 3TB/s 대역폭)에 대비하면 크게 향상된 수치다.

이처럼 AI를 원활하게 구동하기 위해서는 더 빠른 GPU뿐만 아니라, 그에 상응하는 HBM 기술의 발전도 필요하다. 차세대 HBM4는 2026년 출시를 목표로 개발 중이며, 메모리를 여러 장 쌓고 용량과 속도를 높게 제작해 성능과 효율을 크게 향상할 계획이다. 이처럼 컴퓨터의 속도는 빠른 GPU 못지않게 고용량, 고성능의 메모리도 필수다.

2026 AI 인사이트

AI 시대의 두뇌와 혈관은?

GPU graphics processing unit는 원래 그래픽 처리를 위해 개발된 칩이지만 지금은 AI 연산과 병렬 계산에 최적화된 핵심 프로세서로 활용되고 있으며 특히 대규모 AI 모델을 훈련하거나 실행할 때 필수적인 연산 엔진이다. HBM(고대역폭 메모리)은 GPU와 함께 사용되는 초고속 메모리로 일반 메모리보다 훨씬 빠르게 데이터를 주고받을 수 있어 AI, HPC(고성능 컴퓨팅), 데이터센터 등에서 성능을 극대화하는 데 사용된다.

AI 시대의 '두뇌(GPU)'와 '혈관(HBM)' 역할을 하며 이 둘의 조합이 곧 AI 처리 속도와 효율을 결정짓는 핵심 요소로 떠오르고 있다. 이

> 2가지 부품을 만들고 패키징(조립)하는 대표적 기업이 엔비디아, SK하이닉스, TSMC이다.

| GPU와 쌍으로 작동하는 HBM. (출처 : 엔비디아)

 이러한 변화는 서버, 즉 데이터센터뿐만 아니라 개인용 컴퓨터도 마찬가지다. 최근 노트북 PC에도 AI 가속 기능이 도입되면서 이에 적합한 메모리 구성이 중요해지고 있다. 인텔 코어 울트라 Meteor Lake 모바일 프로세서는 처음으로 NPU를 내장해 AI PC 시대를 열었다. 이 NPU는 생성형 AI를 PC에서 돌릴 수 있을 정도의 성능을 갖추면서도 기존 대비 8배 높은 전력 효율을 보여준다.

애플의 최신 M4 칩도 AI 성능이 강화되었다. 이를 제대로 작동시키려면 120GB/s 대역폭을 지원하는 LPDDR5 메모리가 최소 16GB 이상 탑재되어야 한다. 이처럼 컴퓨터에서 AI 기능을 제대로 구동하기 위해서는 더 많은 메모리 용량과 대역폭이 필요하다.

스마트폰에서도 AI 연산을 위한 전용 하드웨어와 빠른 메모리가 도입되고 있다. 갤럭시 S25에는 퀄컴 스냅드래곤 Snapdragon 8 4세대 모바일 AP와 함께 LPDDR6 메모리를 탑재하여 AI 연산 중의 메모리 병목을 줄이고 전력 효율을 높여준다. 높은 메모리 대역폭은 갤럭시 S25의 NPU가 실시간 이미지 처리, 온디바이스 번역 등 AI 기능을 빠르게 수행할 수 있도록 돕는다.

아이폰 16 프로는 A18 칩을 탑재하며 뉴럴 엔진 Neural Engine 성능을 더욱 강화했는데, 이를 위해서는 6~8GB 용량의 LPDDR5X 메모리가 필수적이다. 이처럼 스마트폰에서 AI 활용이 증가하면서 메모리의 역할이 더욱 중요해지고, 고성능, 저전력 메모리가 필수 요소가 되고 있다. LPDDR low power double data rate 은 스마트폰과 초경량 노트북에서 사용되는 저전력 DRAM으로, AI 연산 시 빠른 데이터 처리를 돕는다.

차세대 디바이스에서도 메모리 반도체의 중요성이 커지고 있다. 자율주행차는 주변의 사물과 이동하는 물체 등을 인식하고

> **2026 AI 인사이트**

모바일과 온디바이스 AI의 저전력 고속 메모리 LPDDR

LPDDR(low power double data rate)은 스마트폰, 태블릿, 노트북 등 모바일 기기에 최적화된 저전력 고속 메모리로 성능과 전력 효율을 동시에 고려해 설계된 DRAM이다. 최신 버전인 LPDDR5X, LPDDR6 등은 AI 기능이 강화된 스마트폰과 차량용 시스템과 온디바이스 AI 디바이스에 주로 탑재된다.

이 같은 메모리는 배터리 수명 연장과 데이터 처리 속도 향상을 모두 만족시킨다. AI 시대에는 더 많은 데이터를 빠르게 처리하면서도 열과 전력 소비를 줄이는 것이 중요한데, LPDDR은 이 조건을 충족하는 핵심 부품으로 주목받고 있다.

움직임을 예측하며, 음성 명령으로 작동하기 위해서는 AI가 필수적이다. 차량에서의 AI 구동을 위해서는 AI 칩과 메모리가 필요하고, 컴퓨터나 스마트폰보다 더 큰 용량과 속도, 성능의 반도체가 필요하다. 한 대의 차량에 16GB 이상의 DRAM과 200GB 이상의 저장 메모리가 필요한 일종의 움직이는 데이터센터로 진화하고 있다. 차량용 메모리는 극한 환경에서도 안정적으로 작동해야 하므로, 자동차 전용 DRAM과 NAND가 별도로 개발되고 있다.

로봇과 산업 자동화에서도 메모리 수요가 증가하고 있다. 로봇은 AI 기반 실시간 의사결정을 수행하기 때문에, 낮은 지연 시간과 고대역폭 메모리가 필수적이다. 산업용 로봇과 자율주행 드론 등은 AI 프로세서를 활용한 복잡한 연산을 수행하기 때문에, 고속·저전력 메모리 기술이 중요하게 작용한다.

MR 기기도 메모리 집약적인 기술이다. AR, VR 헤드셋은 고해상도 디스플레이와 3D 그래픽 처리를 실시간으로 수행해야 하므로, 모바일 DRAM과 GPU 메모리가 필수다. 특히 애플의 MR 헤드셋처럼 PC 수준의 성능을 갖춘 제품들이 등장하면서, MR 기기의 메모리 사양이 점점 고사양화되고 있다.

앞으로 AI 반도체는 더 높은 메모리 대역폭과 저전력 설계를 추구하며 발전할 전망이다. 서버 측에서는 HBM4와 CXL_{Compute Express Link} 기반 메모리 풀링이 주요 흐름이 되고, 소비자 기기에서는 LPDDR6과 SOCAMM_{System on a Chip Attached Memory Module}을 통한 메모리 최적화가 핵심이 될 것이다.

CXL 서버에서 CPU와 가속기(GPU, AI 칩) 간 고속 데이터 전송을 가능하게 하는 기술이다. 즉 여러 CPU 간 메모리를 공유하거나 GPU가 CPU의 메모리에 직접 접근할 수 있도록 해준다. SOCAMM은 엔비디아가 제안한 표준 메모리 규격으로 노트북과 같은 컴팩트한 기기에서 AI 구동을 위해 필요한 차세대 메모리

| 더욱 작아지고 저전력으로 작동하면서도 고성능으로 구동되는 AI 반도체의 미래 모습.
(출처 : 챗GPT-4o로 생성)

다. 기존 LPDDR과 달리 모듈화되어 교체와 업그레이드가 쉬워 공간 효율성이 높다.

AI 연산의 발전을 위해서는 더욱 빠르고 효율적인 메모리 기술의 필요성이 커진다. 이 과정에서 HBM, LPDDR, CXL, SOCAMM 같은 기술들이 중요한 역할을 하게 될 것이다. 이에 따라 메모리 반도체 업계는 고성능·저전력 메모리 개발에 집중하고 있다. 즉 AI와 클라우드 인프라 성장은 일시적 유행이 아니라 구조적 변화이기 때문에, 이에 필요한 고성능 메모리(HBM, LPDDR6 등)의 수요는 지속적으로 증가할 것이다.

결론적으로 메모리 반도체는 시스템 반도체 성능을 극대화하는 핵심 요소가 되고 있다. 앞으로도 AI, 엣지 컴퓨팅, 자율주행, MR 등 다양한 산업에서 메모리 반도체의 역할이 더욱 확대될 것이며, 이에 따라 고성능·저전력 기술 혁신이 지속적으로 요구될 것이다.

> **2026 AI 인사이트**
>
> ### 차세대 고성능 저전력 메모리 모듈 SOCAMM
>
> SOCAMMSystem on a Chip Attached Memory Module은 AI 시대에 맞춰 고성능·저전력 AI 모델 처리를 위해 엔비디아가 주도하여 개발하고 있는 차세대 메모리 모듈 표준이다. HBM(고대역폭 메모리)처럼 칩과 가까운 위치에 배치되어 데이터 전송 지연을 최소화하고 메모리 집적도와 에너지 효율을 동시에 높이는 것이 특징이다.
>
> SOCAMM은 AI, HPC(고성능 컴퓨팅), 클라우드 인프라 등 데이터 중심 연산이 폭증하는 환경에서 기존 메모리 아키텍처의 한계를 보완하는 대안으로 주목받고 있다. 앞으로 차세대 AI 서버와 데이터 센터의 핵심 부품으로 확대될 전망이다.

반도체 산업의 제2 부흥을 이끌 자율주행차와 로봇

로봇 산업의 급성장은 메모리 반도체 시장에 또 하나의 기회를 제공하고 있다. 산업용 로봇부터 서비스 로봇, 개인형 로봇, 휴머노이드까지 모든 로봇은 실시간 인식과 판단, 행동 제어를 위한 복잡한 AI 연산이 필요하다. 이러한 연산은 단순한 센서 신호 처리만으로는 불가능하며 비전 AI, 자연어 처리, 모션 플래닝 등 다중 AI 엔진이 동시에 작동하는 구조로 되어 있다. 이는 곧 다중 병렬 처리를 지원하는 고대역폭 메모리와 초저지연 DRAM의 수요로 이어진다.

예컨대 인간형 로봇인 테슬라의 옵티머스나 피규어 AI_{Figure AI}의 피규어 01_{Figure 01} 같은 휴머노이드는 수많은 센서 입력을 동시에 처리하고 환경을 인식하며 사람과의 상호작용도 실시간으로 수행해야 한다. 이 과정에서 GPU와 함께 수십 기가바이트 이상의 고성능 메모리 탑재가 필요해지며 메모리의 대역폭은 로봇 반응 속도와 직결된다. 또한 로봇은 무선 충전이나 배터리 기반으로 작동되기 때문에 전력 효율도 필수적인 요소다. 저전력 고속 메모리 기술이 핵심 경쟁력이 되는 이유다.

또한 물류 로봇, 제조 자동화 로봇, 자율주행 드론 등은 GPU

나 NPU가 탑재된 SoC~System on a Chip~ 위에서 실시간 제어와 AI 연산을 동시에 수행해야 하며 이 역시 빠른 DRAM과 넓은 메모리 버스를 요구한다. 특히 물류 로봇이나 AGV~Autonomous Guided Vehicle~는 실시간 위치 인식~SLAM~, 경로 최적화, 충돌 회피 등 다양한 연산을 병렬적으로 수행하면서 메모리 병목 현상 없이 데이터를 주고받을 수 있어야 한다.

결국 로봇은 일종의 '움직이는 AI 엣지 서버'이자 '소형 데이터 센터'로 볼 수 있다. 이처럼 지능형 로봇의 대중화는 단순히 소프트웨어와 센서 기술의 혁신만으로 이루어지지 않으며, 로봇 내부의 컴퓨팅 하드웨어와 메모리 기술의 동반 진화 없이는 불가능하다.

이러한 트렌드는 차세대 로봇 전용 메모리 시장의 성장을 예고하고 있다. 차량용에 이어 이제는 로봇 전용 DRAM, 로봇용 LPDDR, 저지연 eMRAM~embedded MRAM~ 등 특수 목적 메모리가 등장하고 있으며 열악한 환경에서도 안정성과 신뢰성을 보장할 수 있도록 신뢰성~RAS~ 기능이 강화된 메모리 솔루션에 대한 수요도 높아지고 있다.

결론적으로, 로봇 산업은 AI 반도체의 차세대 수요처로 급부상 중이며 이 시장에서 메모리 반도체는 '뇌의 연결망'과 같은 핵심 인프라로 자리 잡게 될 것이다. AI의 진화가 메모리 반도체에 날개를 달아주었다면, 로봇의 확산은 그 날개에 지속적인 추진력을 제공할 것이다. 로봇 혁신 역시 자율주행차 못지않게 메모리 반도체 산업의 새로운 성장 엔진이 될 것이다.

> **2026 AI 인사이트**
>
> ### AI 로봇의 '두뇌'가 바뀐다, 특수 메모리의 진화
>
> 차세대 로봇과 온디바이스 AI가 일상화되면서 기존 범용 메모리로는 감지, 판단, 제어가 실시간으로 이뤄져야 하는 환경을 감당하기 어렵게 되었다. 이에 따라 로봇 전용 DRAM, 로봇용 LPDDR, 저지연 eMRAMembedded Magnetic Random Access Memory, 내장형 MRAM 개발 같은 특수목적 메모리가 새롭게 주목받고 있다.
>
> 로봇 전용 DRAM은 짧은 시간 내에 많은 센서 데이터를 고속으로 처리할 수 있도록 설계됐고, 로봇용 LPDDR는 배터리 기반 로봇에 적합하게 저전력이면서도 빠른 응답성을 제공한다. eMRAM은 비휘발성에다 초고속 읽기, 쓰기 성능을 갖추고 있다. 전원이 꺼져도 데이터를 유지하고 제어 로직의 지연을 최소화하는 데 탁월하다.
>
> 이러한 특화 메모리들은 자율주행 로봇, 휴머노이드, 드론, 산업용 로봇 등에서 실시간 반응성과 에너지 효율을 동시에 확보해야 하는 미래 기기들의 두뇌 역할을 한다. 앞으로 AI 로보틱스 시장의 핵심 인프라로 부상할 것이다.

AI 대변혁 시대, 개인과 조직의 대응 전략

AI 대변혁의 시기에 개인은 어떻게 대비해야 할까? AI를 일상과 업무에 어떻게 활용해야 할까? 그리고 우리 다음 세대가 새로운 AI 시대에 대응할 수 있도록 어떻게 지도해야 할까? 또한 기업의 리더와 경영진은 어떻게 AI를 솔선수범하여 활용하고, 조직 전체의 변화관리를 어떻게 이끌며 함께 AI를 사용하는 문화를 어떻게 조성해야 할까?

AI를 내 편으로 만드는 3가지 원칙

2022년 11월 챗GPT 출시 이후 다양한 종류의 생성형 AI가 우리 일상과 업무에 들어왔다. 뤼튼, 퍼플렉시티, 라이너, 오퍼레이터, 젠스파크 등의 서비스부터 시작해서 노트북LM, 냅킨, 오터AI, 감마 등에 이르기까지 다양한 업무용 툴이 쏟아져 나오며, 개인과 조직은 점점 더 AI와 함께 일하고 사고하는 시대에 접어들었다. 그렇다면 이렇게 다양한 AI 서비스를 어떻게 더 잘 이용할 수 있을까? AI에 지배당하지 않고, 휘둘리거나 의존하지 않으면서도, 더 잘 활용할 수 있는 원칙 3가지를 알아본다.

빨랫방망이처럼 계속, 끝까지 두드려라

생성형 AI는 도깨비 방망이처럼 한 번의 프롬프트로 답을 기대하며 사용해서는 안 된다. 여러 번의 프롬프트를 입력하면서 끝까지 두드려야 한다. 그러려면 AI가 답변한 내용을 찬찬히 훑어보면서 의문을 가져야 한다. '왜 이렇게 정리를 했지?', '이 내용이 사실일까?', '근거는 무엇이지?', '다른 시각과 관점에서 해석하면 어떨까?' 등의 질문을 끊임없이 던져야 한다. 그러려면 AI의 답을 상세하게 읽고 살펴봐야 한다. 내용을 자세히 알아야 질문을 다시 할 수 있기 때문이다. 그렇기에 AI를 제대로 사용할

➡ 평소에 검색하던 것처럼 한 번에 결과를 얻으려 해서는 안 된다. 여러 번 질문해야 보다 완성도를 높일 수 있다.
빨랫방망이를 두드리듯 깊이 고민하며 던지는 질문들이 쌓여가면 AI를 통해 얻는 해답은 더 완벽해지고 더 깊어진다.

| AI를 잘 쓰는 기본적인 태도. 고민하고 던진 질문이 심도 있는 해답을 준다.

수록 시간이 많이 든다.

구글이 개발한 생성형 AI 바드나 오픈AI의 챗GPT 같은 AI를 사용하다 보면 처음 입력한 프롬프트에서 만족스러운 결과를 얻지 못하는 경우가 많다. 이는 AI가 제공하는 초기 결과물이 프롬프트에 담긴 사용자 의도를 충분히 이해하지 못하거나 일반적인 정보로만 답변을 구성하기 때문이다. 따라서 사용자는 AI의 초기 답변을 세밀하게 읽고 다시 질문해야 한다.

예를 들어 마케팅 캠페인을 하려 광고 카피를 AI로 생성한다고 해보자. 처음에는 간단히 "새로운 스포츠화 광고 카피를 작성해 줘"라고 요청할 수 있다. AI가 내놓은 결과가 너무 일반적이라면 여기서 끝내지 않고 다시 세부적인 프롬프트를 추가해야 한다. "20대 여성 러너들이 새벽에 편안하게 신을 수 있는 가벼운 러닝화를 위한 창의적이고 감각적인 광고 카피를 작성해 줘"라고 구체적으로 물어야 더 나은 결과가 나온다.

프레젠테이션 개요를 AI로 만들 때도 마찬가지다. "지속 가능한 에너지의 필요성에 대한 발표 자료 개요를 작성해 줘"라고 했을 때 AI는 다소 일반적인 정보를 나열하지만 "한국의 2025년 신재생 에너지 정책과 관련된 최신 자료를 중심으로 발표 개요를 다시 작성해 줘"라고 프롬프트를 추가하면 훨씬 유의미한 결과를 얻을 수 있다.

이처럼 AI와의 대화는 질문을 계속 반복하며 세부적으로 다듬는 과정이다. 그 과정에서 사용자는 AI가 왜 이런 답을 했는지, 근거가 충분한지, 또 다른 시각으로는 어떻게 접근할 수 있는지 지속적으로 의문을 가져야 한다. "제시한 데이터의 근거는 무엇인가?" 혹은 "이 주제를 반대 관점에서 설명해 줄 수 있을까?"와 같은 추가 질문을 통해 답변의 깊이와 질을 높일 수 있다.

따라서 생성형 AI를 제대로 사용할수록 실제로 시간이 더 소요될 수밖에 없다. 하지만 이렇게 공들인 프롬프트와 반복적인 질문을 통해 얻는 결과물의 품질은 처음 얻은 결과보다 훨씬 개선될 것이다. 효과적으로 AI를 활용하고자 한다면 처음부터 완벽한 답을 기대하기보다는 빨랫방망이 두드리듯 지속적으로 묻고 다듬으며 AI와의 대화를 발전시켜야 한다.

답을 얻으려 하기보다, 나를 깨우는 도구로 써라

그러나 AI가 답한 것을 그대로 보고서나 문서 등에 사용해서는 안 된다. AI에 묻는 것은 내가 깨치고 배우기 위함이지 AI가 생성한 산출물 자체가 목적이 될 수는 없다. 인간은 탐색하는 과정에서 탐구하면서 학습하고 성장한다. 그런데 AI는 이 과정을 생략하게 만들 수 있다.

그러므로 AI를 사용하면서 결국 내가 배워가는 기회를 얻을 수 있어야 한다. 기존 검색 활동은 검색 결과물을 하나하나 들여다보고, 읽고 생각하면서 탐구의 시간을 가질 수 있었다. 그렇게 탐색한 정보를 기초로 학습한 내 생각을 동료들과 함께 나누면서 지식이 쌓이고 시사점을 도출할 수 있었다.

반면 AI는 검색의 필요성을 줄여주었고, 혼자 생각하고 동료들과 이야기 나누는 시간을 크게 줄여주고 있다. AI와 대화하면서 더 많은 정보를 찾고 지식을 쌓을 수 있게 된 덕분이다. 단, AI를 잘 활용하려면 AI가 답한 내용을 충분히 해석하고 이해해야만 한다. AI의 생성물을 그대로 사용해서는 안 되고 세심히 살펴보며 내 학습의 계기로 삼아야 한다.

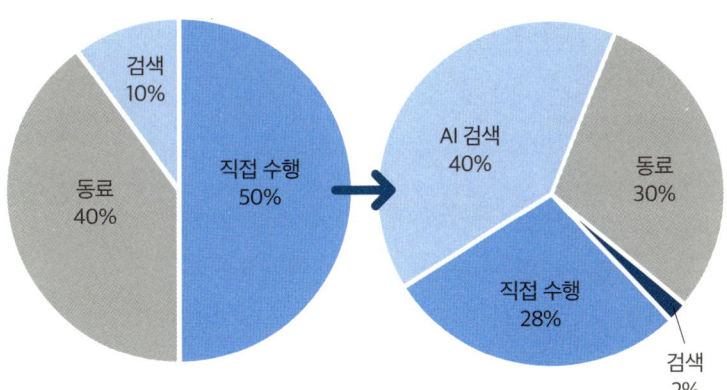

| AI로 인해 일하는 시간이 변화하고 있다.

　AI의 편리함과 속도를 경험할수록 우리는 때로 중요한 학습의 기회를 놓칠 수 있다. AI가 제공한 결과물을 그대로 사용하는 것은 지름길처럼 보이지만 궁극적으로는 진정한 지식과 성장의 길에서 멀어질 수 있다. AI와의 대화에서 우리가 찾아야 할 것은 답 자체가 아니라 내가 깨닫고 배우는 과정이어야 한다.

　보고서를 작성한다고 해보자. AI가 제공한 자료를 그대로 복사해 넣는다면 보고서는 그럴듯하게 완성될지 몰라도, 그 안에 담긴 정보와 맥락을 깊이 이해하지 못하게 된다. 반대로 AI가 제시한 자료를 철저히 분석하고 이해한 뒤 이를 기반으로 추가 질문을 던져 자료의 신뢰성과 근거를 검증하거나, 다른 시각에서 재해석하는 과정이 필요하다. "이 정보가 얼마나 신뢰할 만한 것인지, 또 다른 출처에서는 어떻게 평가하는지?"라는 질문을 던지고 탐구하는 시간이 중요한 것이다.

프로젝트 제안서를 작성할 때 AI는 주요 아이디어와 구조를 빠르게 잡아줄 수 있지만 이것만으로는 충분하지 않다. "AI가 제안한 이 구조는 우리의 현실에 어떻게 적용될 수 있을까?", "다른 시각으로 접근하면 어떤 장단점이 나타날까?"와 같은 질문을 통해 제안서의 내용과 구성을 다시 분석하고 스스로 탐구하며 학습해야 한다. 이를 통해 비로소 진정한 이해와 창의적인 사고가 가능해진다.

기존의 인터넷 검색이 유용했던 이유는 사용자가 여러 결과물을 탐색하고 그 과정에서 스스로 배우고 깨닫는 기회를 제공했기 때문이다. 검색 결과를 찬찬히 살펴보면서 자신만의 결론을 도출하고, 동료들과 의견을 나누는 과정에서 더 깊은 통찰을 얻을 수 있었다. 그러나 AI가 제공하는 빠르고 정확한 답은 때로 이러한 탐색과 대화의 시간을 단축하거나 생략하게 만든다.

결국 AI를 효과적으로 활용하기 위해서는 제공된 답변을 맹목적으로 수용하기보다는 주어진 정보를 자세히 해석하고 질문을 던지며 자기 자신이 직접 답을 찾아가는 과정이 필요하다. AI의 답변을 학습과 통찰의 계기로 삼고 스스로의 지식과 사고를 한 단계 더 발전시키는 기회로 만들어야 한다. AI는 단지 시작점일

뿐 진정한 배움과 성장은 언제나 인간 자신의 몫이다.

용도에 맞게 똑똑하게 골라 써라

생성형 AI라고 하면 보통 챗GPT를 떠올리지만, 실제로 다양한 직무와 업무를 도와주는 특화된 AI가 많다. 효과적인 AI 사용법은 용도에 맞게 잘 활용하는 데 있다. 하나의 AI로 모든 것을 해결하려는 접근보다는 업무의 성격과 목적에 따라 최적화된 AI를 골라 사용하는 것이 더 효율적이다.

예를 들어 일반적인 대화 기반 작업이라면 챗GPT가 강력한 도구다. 챗GPT는 텍스트 생성, 아이디어 발상부터 코드 작성까지 다양하게 활용될 수 있다. 하지만 좀 더 윤리적이고 논리적인 접근을 원한다면 앤트로픽의 클로드를 고려할 수 있다. 또 구글의 제미나이는 지메일이나 구글독스와의 네이티브 연동이 뛰어나 실시간 데이터 접근과 생산성 향상에 탁월하다.

실시간 정보 조사와 인용을 중요하게 생각하는 사람이라면 퍼플렉시티를 추천한다. 이 AI는 웹상에서 실시간으로 정보를 수집하고 출처를 명확히 제공해 팩트 체크나 심층적인 연구에 매우 유용하다.

회의록을 자동으로 정리하고 요약하는 AI 서비스로는 오터 AI나 파이어플라이 등이 있다. 이들은 음성 녹취를 텍스트로 바꾸고, 핵심 내용을 요약해 회의 후에 바로 업무에 활용할 수 있도록 지원한다.

아이디어 정리와 시각적 표현이 필요한 작업에는 윔지컬, 미로Miro, 엑스마인드 AIXmind AI와 같은 도구가 효과적이다. 특히 엑스마인드 AI는 자동으로 아이디어를 구조화하여 브레인스토밍을 더욱 쉽게 돕는다.

문서 작성 및 교정을 위해서는 노션 AI나 워드튠Wordtune을 사용할 수 있다. 이 도구들은 글의 흐름을 다듬고 문체나 어조를 조정하여 문서를 더욱 읽기 쉽고 명확하게 만들어 준다.

광고 캠페인이나 마케팅 활동을 자동화하려면 옴네키Omneky가 유용하다. 옴네키는 AI를 통해 광고 소재를 빠르게 생성하고 배포하며 성과까지 분석해 대규모 캠페인 진행에 큰 도움을 준다.

노트북LMNotebookLM은 연구자나 학생에게 특히 유용한 도구로, 사용자가 업로드한 문서나 논문에서 관련 정보를 추출해 질문에 답변하거나, 요약 및 자료 분석을 수행한다. 사용자가 업로드한 자료를 바탕으로 특정 주제에 대한 깊이 있는 인사이트를 얻고자 할 때 매우 효과적이다. 특히 논문이나 보고서를 빠르게 분석하고 핵심 아이디어를 추출하여 연구나 학습 과정에서 시간을 크게 단축해 준다.

특히 기업 내부 데이터를 활용해 맞춤형 LLM 구축이 필요한

목적에 따라 다양하게 선택해서 활용할 수 있는 생성형 AI

업무 목적	추천 툴	활용 팁
범용 대화, 텍스트 생성	챗GPT, 클로드, 제미나이	다양한 톤 및 정확도 비교 실험
메모와 노트	노트북LM	웹 홈페이지나 유튜브, PDF 등을 노트에 저장해 이를 기초로 정보 탐색, 분석
팩트체크, 조사	퍼플렉시티	출처 검증 중심 활용
회의 기록, 요약	오터 AI, 파이어플라이	회의 자동 요약 및 액션 아이템 도출
아이디어 구조화	엑스마인드 AI, 깃마인드	시각적 정리 및 협업 세션
글쓰기 보정	노션 AI, 워드튠	어조 및 문체 맞추기, 오류 바로잡기
광고 자동화	옴네키	캠페인 자동 생성 및 성과 분석
엔터프라이즈 LLM	코히어	조직 내부 데이터 기반 맞춤 AI 구축

경우에는 코히어가 유력한 옵션이다. 코히어는 기업의 요구에 맞춰 내부 데이터를 기반으로 챗봇, 문서 요약, 분류 등의 맞춤 서비스를 제공한다.

이처럼 생성형 AI의 진정한 힘은 개별 업무와 목적에 따라 최적화된 여러 AI 도구를 적절히 조합하는 데 있다. 각각의 AI가 가진 고유한 장점을 최대한 활용해 업무 프로세스를 설계하면, 더 효율적이고 효과적인 성과를 거둘 수 있다.

2026 AI 인사이트

챗GPT의 5가지 활용 모드

AI 활용은 상황과 목적에 맞는 기능 모드를 전략적으로 선택할 때 비로소 성과가 극대화된다. 챗GPT의 5가지 대표적인 모드인 심층 리서치, 더 오래 생각하기, 공부하고 배워요, 캔버스, 에이전트 모드는 각각 역할과 장점이 다르다.

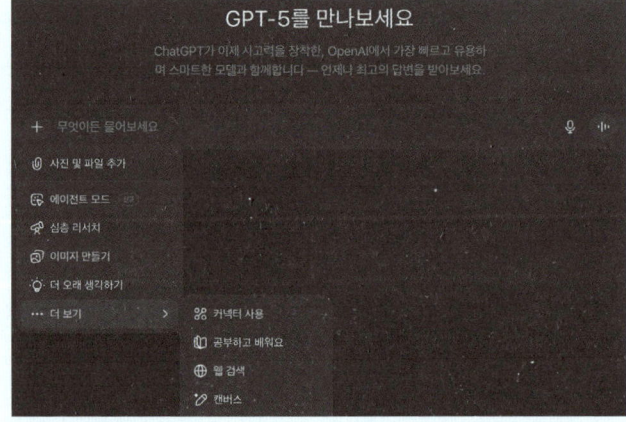

| 심층 리서치, 더 오래 생각하기 등 GPT-5의 기능 모드를 잘 활용하면 챗GPT를 한층 효과적으로 사용할 수 있다.

'심층 리서치'는 최신 데이터와 보고서를 기반으로 사실fact을 정밀하게 조사한다. '더 오래 생각하기'는 이를 토대로 장기 시나리오와

전략적 시사점을 설계한다. '공부하고 배워요'는 튜터처럼 개념과 예제를 단계적으로 설명해 학습을 돕는다. '캔버스'는 보고서나 기획서를 시각적으로 완성하는 협업 공간이다. 마지막으로 '에이전트' 모드는 여러 도구와 API를 연결해 조사, 분석, 보고 기능을 자동화한다.

이 5가지 모드는 단독으로도 유용하지만, 목적에 따라 조합하면 더 큰 효과를 낸다. 예를 들어 시장 분석 보고서를 작성할 때는 '심층 리서치' 모드로 최신 데이터를 확보한 뒤, '더 오래 생각하기' 모드로 구조적 시나리오와 전략을 설계한다. 이어 '공부하고 배워요' 모드로 관련 개념을 심화 학습하고, '캔버스' 모드에서 초안부터 최종본까지 완성도를 높인가. 마지막으로 '에이전트' 모드로 주기적인 데이터 업데이트와 자동 보고를 구현하면 완결형 프로세스가 완성된다.

AI를 '잘' 쓴다는 것은 질문을 던지는 기술이 아니라, 상황에 맞는 모드 선택과 조합을 설계하는 능력을 지칭한다. 사실을 검증할 때는 '심층 리서치', 새로운 사고와 논리적 분석에는 '더 오래 생각하기', 오랜 시간 대화하며 특정 주제에 대한 이해와 학습에는 '공부하고 배워요', 문서 작성에는 '캔버스', 자동화에는 '에이전트' 모드가 제 역할을 한다. 이 차이를 이해하고 전략적으로 적용할 때, AI는 단순한 답변기를 넘어 강력한 디지털 동반자로 진화한다.

AI와 함께 자라는 아이들을 위한 새로운 기준

AI는 이제 더 이상 특별한 기술이나 선택 사항이 아니라 일상과 학습의 필수 요소가 되고 있다. 이에 아이 또는 학생에게 AI를 단순한 도구가 아니라 올바르게 이해하고 활용할 수 있도록 가르치는 것이 무엇보다 중요해졌다. AI를 제대로 이해시키는 학습법은 단순한 사용법을 넘어선다. 도구 이상의 존재로 AI를 받아들이게 하고, 사용 시기와 목적을 올바르게 설정하는 습관을 길러줘야 한다. 무엇보다 안전한 활용을 위한 명확한 지침을 제시해야 한다. 단지 사용 방법을 알려주는 수준을 넘어서서 AI의 본질을 정확히 이해시키고 이를 효과적이고 책임감 있게 활용할 수 있도록 교육해야 한다.

AI를 도구가 아닌 존재로서 이해시키기

AI를 단순한 검색이나 문제 풀이 도구로만 접근하는 것은 바람직하지 않다. 아이들이 AI를 도구적으로만 이해하면 AI를 맹목적으로 신뢰하거나 무조건 거부하는 극단적인 태도를 지닐 우려가 있다 따라서 AI가 단순한 도구 이상이며, 데이터를 바탕으로 학습하고 생성하는 존재임을 아이들에게 제대로 이해시켜야 한다.

이를 위해 부모와 교육자는 먼저 AI가 작동하는 원리와 과정을 아이들이 함께 탐구하는 시간을 가져야 한다. AI는 마법 같은 기술이 아니라 방대한 데이터를 기반으로 학습하여 질문에 대한 답변을 생성하는 존재임을 알려주어야 한다. 예를 들어 아이들이 AI에 "우주에서 가장 큰 별이 무엇인가요?"라는 질문을 했다면 이 답변이 어디에서 오는지 함께 분석하는 습관을 들여보자. AI는 과거 인간이 만들어 놓은 정보와 지식을 수집하여 답을 만들어 내는 존재이며 그래서 때로는 틀릴 수도 있음을 자연스럽게 깨우치게 할 수 있다.

　또한 AI와의 상호작용 과정에서 감정과 예의를 학습할 기회를 제공할 수도 있다. 부모가 먼저 AI와 대화할 때 정중한 표현을 사용하면서 자녀가 이를 보고 따라 하도록 이끌어 주면, AI를 활용하면서 타인을 대하는 공감과 배려심도 함께 배울 수 있다. 이를 통해 자녀는 AI를 단순한 기계가 아닌 일종의 '협력적 존재'로 대하는 법을 익히게 될 것이다.

먼저 혼자 생각하고, 이후에 AI 사용하기

　2025년 6월 MIT 미디어랩이 발표한 연구는 챗GPT를 비롯한 생성형 AI 기술이 우리 뇌의 비판적 사고와 창의성에 어떤 영향을 미치는지 잘 보여준다. 연구진은 보스턴 지역에서 18~39세 참가자를 모집했다. 그다음에 챗GPT를 활용한 그룹, 구글 검색

Your Brain on ChatGPT: Accumulation of Cognitive Debt when Using an AI Assistant for Essay Writing Task△

Nataliya Kosmyna [1]
MIT Media Lab
Cambridge, MA

Eugene Hauptmann
MIT
Cambridge, MA

Ye Tong Yuan
Wellesley College
Wellesley, MA

Jessica Situ
MIT
Cambridge, MA

Xian-Hao Liao
Mass. College of Art
and Design (MassArt)
Boston, MA

Ashly Vivian Beresnitzky
MIT
Cambridge, MA

Iris Braunstein
MIT
Cambridge, MA

Pattie Maes
MIT Media Lab
Cambridge, MA

United States

Figure 1. The dynamic Direct Transfer Function (dDTF) EEG analysis of Alpha Band for groups: LLM, Search Engine, Brain-only, including p-values to show significance from moderately significant (*) to highly significant (***).

| 챗GPT로 인한 글쓰기 과정의 뇌 활동 변화량을 보여주는 연구다. AI를 보조로 활용할 때 뇌에서 인지적 부채 cognitive debt가 축적되는지 뇌파 실험으로 분석했다. AI를 사용할 때는 뇌의 일부 영역이 더 활발히 연결되지만, 다른 부분은 덜 쓰이는 모습을 보였고, 검색 엔진을 쓸 때는 뇌의 활동이 고르게 나타났다. 보조 없이 글을 쓸 때는 뇌의 활용 영역이 폭넓은 것으로 드러났다. (출처 : https://arxiv.org/abs/2506.08872)

을 활용한 그룹, 아무 보조 없이 스스로 글을 쓴 그룹으로 나누어 SAT 에세이를 작성하게 했다. 각각의 참가자들은 EEG(뇌파 측정

기)를 통해 글쓰기 과정에서 나타나는 뇌의 활동을 기록했다.

챗GPT를 적극적으로 사용한 그룹은 세 그룹 중 가장 낮은 뇌 활성도를 보였고, 시간이 지날수록 점점 더 수동적이고 게을러지는 경향을 나타냈다. 심지어 후반부에 이르러서는 AI가 제공한 내용을 그대로 복사하거나 편집만 하는 수준으로 에세이를 작성했다. 평가자들은 이러한 에세이를 "영혼이 없다soulless"라고 평가했다. 반면 아무 보조 없이 직접 글을 쓴 그룹은 높은 창의성과 뇌의 활발한 신경 연결성을 보였으며, 자신이 작성한 글에 대한 강한 소유감과 만족감을 나타냈다. 구글 검색을 활용한 그룹도 비교적 높은 만족감과 뇌 활성도를 기록했다.

특히 연구진은 참가자들이 첫 번째 에세이 과제를 마친 후에 역할을 바꿔서 다시 실험을 진행했다. 즉 처음 챗GPT를 썼던 참가자가 두 번째 과제에서는 아무런 보조 없이 글을 쓰고, 처음에는 혼자서 글을 썼던 참가자는 이번에는 챗GPT를 이용하게 한 것이다. 결과는 더 극명했다. 처음 챗GPT를 썼던 그룹은 이전에 작성한 내용을 거의 기억하지 못했다. EEG 결과에서도 기억과 깊은 학습을 나타내는 알파alpha파와 세타theta파가 거의 관찰되지 않았다.

반면 처음에 직접 글을 썼다가 나중에 AI를 활용한 그룹은 모든 뇌파 영역이 상당히 증가했다. 이는 스스로 먼저 생각하고 사고한 뒤 AI를 사용하는 경우, AI의 활용이 오히려 창의성과 비판적 사고력을 더 향상할 수 있다는 점을 시사한다.

이 연구는 아이들이 AI를 사용하는 방식이 얼마나 중요한지를 명확히 보여준다. AI가 제공하는 편리함은 분명히 있지만, 지나친 의존은 오히려 비판적 사고와 기억력, 창의력을 위축시킬 위험이 크다. AI 기술은 매우 효율적이고 편리한 도구지만, 아이들이 문제를 풀기 위한 첫 번째 선택이 되어서는 안 된다. 아이들이 먼저 스스로 생각하고 탐구한 뒤 추가적인 아이디어와 정보를 얻기 위한 보조 수단으로 AI를 활용하도록 지도해야 한다.

부모와 교육자는 아이들이 AI를 활용하기 전에 반드시 스스로 생각하고 고민하는 시간을 충분히 가지도록 습관을 만들어야 한다. 예를 들어 과제를 해결할 때, 아이들에게 "먼저 네가 이 문제를 어떻게 해결할지 생각해 보고 네 생각을 간단히 정리한 후 AI와 비교해 보자"라고 유도하는 방식이다. 이와 같은 방식으로 AI를 활용하면 아이들은 AI를 통해 더 깊은 학습과 비판적 사고를 발전시킬 수 있다.

또한 AI가 제공한 정보를 그대로 복사하여 붙여넣기하는 행위가 아니라, AI가 제안한 내용에서 어떤 새로운 아이디어나 정보를 얻었는지 다시 한번 생각해야 한다. 그런 다음에 자신의 것으로 정리하는 과정이 필수적이다. 이 과정을 반복적으로 경험하면 아이들은 AI를 사용하면서도 자신의 생각을 잃지 않고, 오히려 AI의 활용을 통해 창의력과 사고력을 더욱 풍부하게 확장할 수 있을 것이다.

부모와 교사가 지도할 때 잊지 말아야 할 것은 아이들의 뇌는 끊임없는 자극과 능동적인 참여를 통해 가장 활발히 발달한다는 점이다. AI의 효율성이 학습의 모든 것을 해결해 줄 수 있다고 착각하는 순간, 아이들은 자신의 두뇌를 창의적이고 비판적으로 활용할 기회를 놓칠 수 있다.

AI 시대의 교육은 '언제', '왜' AI를 사용하는지에 대한 명확한 기준을 잡아주는 것이 가장 중요하다. 아이들이 항상 먼저 생각하고 고민하는 습관을 들이고 그 이후에 AI를 현명하게 활용하도록 가이드해 줄 때 비로소 AI 기술은 자라나는 세대의 미래를 위한 진정한 학습 파트너로 자리매김하게 될 것이다.

왜, 언제 사용해야 하는지 깨쳐주기

AI를 효과적으로 가르치려면 사용법보다 '사용의 이유'와 '적절한 타이밍'을 더 강조할 필요가 있다. 기술의 발전으로 정보를 얻는 과정은 훨씬 간편해졌지만, 아이들은 쉽게 얻은 정보를 깊이 있게 고민하지 않고 흘려보낼 위험이 크다. 이는 자녀의 사고력과 탐구 능력을 저해할 수 있다. 따라서 AI 사용의 목적과 시점에 대한 올바른 기준을 심어주는 것이 중요하다.

아이가 어려운 과제를 할 때 곧바로 AI에 묻도록 하기보다 먼저 스스로 생각하는 시간을 갖도록 지도하자. 아이가 스스로 해결해 보려고 노력한 후에 "네가 생각한 방법과 AI의 방법이 어떻게 다른지 비교해 볼까?"라며 AI를 활용하도록 유도하면 좋다. 이 과정에서 아이는 AI의 도움을 받아 새로운 시각을 얻고, 자신의 사고 과정을 정교하게 다듬는 경험을 할 수 있다.

또 AI를 통해 답을 얻었을 때는 추가적으로 질문을 던져보는 습관도 중요하다. "왜 AI는 이런 답을 했을까?", "AI의 답에서 내가 얻을 수 있는 새로운 아이디어는 무엇인가?"와 같은 질문은 AI 활용 과정에서 사고를 더 확장해 준다. 이러한 경험을 반복할수록 AI는 학습과 성장을 돕는 협력자로 자리매김할 수 있다.

사용 가이드와 유의사항

아이가 AI를 올바르게 활용하기 위해서는 부모나 교육자의 명확한 사용 가이드와 지침이 필요하다. 특히 AI 기술은 윤리적, 사회적 문제와 연관될 가능성이 있어 주의가 요구된다.

첫째, 개인정보를 보호하는 습관이 필수다. AI는 질문을 바탕으로 개인적이고 구체적인 정보들을 쉽게 요청할 수 있는데, 이때 이름, 주소, 학교 정보 등 민감한 개인정보는 절대 제공하지 않도록 가르쳐야 한다. 특히 어린 아이의 경우 자칫 잘못된 정보를 AI에 공유할 수 있으므로 부모가 미리 명확히 설명하고 반복적으로 주의시키는 것이 중요하다.

둘째, AI가 제공하는 정보는 언제나 정확하지 않다는 점을 강조해야 한다. AI는 잘못된 정보를 제공할 수도 있으며 특정한 편향을 포함할 수도 있다. 그러므로 AI가 제공한 정보에 대해 다른 신뢰할 수 있는 자료들과 비교하고 검증하는 과정을 가르쳐야 한다. 이는 AI에 대한 맹목적인 신뢰를 방지하고 비판적이고 분석적인 사고력을 키워줄 수 있다.

셋째, AI에 대한 과도한 의존성을 방지해야 한다. AI 사용 시간을 제한하고 특정 시간이나 목적을 두고 제한적으로 활용하도록 교육하는 것이 필요하다. 숙제나 과제를 할 때 AI를 통해 얻은 결과는 반드시 본인이 다시 정리하고, 추가로 조사하거나 생각하는 시간을 가져야 한다는 습관을 심어준다. 이러한 습관을 길러주면 AI 기술을 효과적으로 활용하면서도 스스로의 역량을 꾸준히 키울 수 있다.

마지막으로, AI와의 상호작용을 통해 정서적으로 건강한 사용 습관을 형성해야 한다. 일부 아이들은 AI와의 대화가 실제 인간관계를 대체할 가능성이 있다. AI를 친구나 놀이 상대로만 여기는 경우에는 실제 관계 형성에 어려움을 겪을 수 있다. 그러므로 AI와 인간과의 상호작용을 명확히 구분할 수 있도록 도와주어야 한다.

어린 학습자의 AI 교육은 기술 활용 방법을 가르치는 데서 그쳐서는 안 된다. 기술을 넘어 사고력, 창의성, 윤리성을 함께 배양할 수 있는 기회로 삼아야 한다. AI와 함께 성장하는 환경에서 균형 잡힌 기술 활용 습관과 책임감을 가진 사회 구성원으로 성장하도록 지속적으로 관심을 갖고 지도해야 한다.

앞으로의 미래는 AI 기술과 인간의 창의적 사고가 공존하고 협력하는 사회다. 그렇기에 AI를 단지 기술 도구로 가르치는 것이 아니라 AI와 공존하며 협력하는 방법을 알려주고 AI를 통해 스스로 성장할 수 있는 발판을 마련해주어야 한다. 이러한 노력이 더해질 때 아이들은 AI 기술을 지혜롭게 활용하는 방법을 익히고 나아가 주도적이고 책임 있는 인재로 성장할 수 있게 될 것이다.

AI 시대의 리더의 역할과 AX 전략

AI 시대의 리더는 솔선수범하며 업무에 AI를 적극 도입해 조직 전체의 변화관리를 주도해야 한다. 기업이 AI 기반으로 혁신을 이루려면 리더가 먼저 AI를 활용하고 이를 팀과 조직 전체에 전파해야 한다. 또 그 필요성을 설득력 있게 전달해야 한다. 더 나아가 회사 내의 업무 프로세스를 개선하고 비즈니스 문제를 해결하는 데 AI 솔루션의 도입을 고려해야 한다. 그래야 AI가 자연스럽게 업무 문화에 스며들 수 있다. AI 시대의 리더십은 기업의 운명을 결정한다.

기업 AX 전략의 목적과 영역

기업의 AX 전략은 3가지 목적과 영역으로 구분된다. 첫째, 일하는 방식을 혁신하여 업무 효율성을 높이는 일방향의 단계다. 이는 AI의 도움을 받아 간단한 업무들을 자동화하거나 더 효율적으로 수행하는 것을 목표로 한다. 둘째, AX 단계는 더 적극적인 AI 도입을 통해 업무의 효율화를 넘어 기존 사업의 혁신까지 가능케 한다. 업무 프로세스를 자동화하고, 비용을 절감하며 생산성을 향상하는 것이 대표적인 목표다. 마지막으로 셋째는 AI 사업 발굴이다. AI를 통해 완전히 새로운 비즈니스 모델을 창출하고, 시장에서의 경쟁력을 극대화하는 전략적 접근이다.

이를 위해 AI 리더는 기업이 AI를 도입하는 명확한 이유why, AI 기술을 통해 혜택을 받을 구체적인 대상who, 이를 실현하기 위한 방법how, AI를 통해 얻고자 하는 구체적인 가치what, 그리고 AI 도입의 시기when를 명확히 설정하고 조직 구성원에게 전달해야 한다. 왜 이 기술을 도입하고 누구에게 이익을 줄 것이며, 어떻게 실

- AI와 AX의 차이와 AI 전략을 고민할 수 있어야 한다.
- 이를 위해서는 AI 기술을 이해하고, 내 업무에 AI를 실제 활용할 수 있는 기술을 습득해야 한다.
- 이후 AI를 동료들이 잘 사용하도록 독려하고, 우리의 비즈니스 문제를 해결해 사업 혁신을 꾀해야 한다.

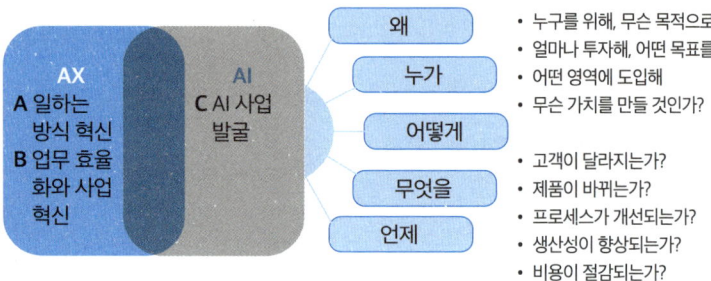

| 기업의 리더는 AI를 제대로 이해하고 AX 혁신에 앞장서야 한다.

행할지 그리고 AI 도입으로 변화될 제품이나 프로세스가 무엇인지 명확하게 제시할 필요가 있다. 또한 AI로 인해 비용이 얼마나 절감되고, 생산성이 얼마나 향상되며, 결과적으로 매출과 이익이 어떻게 개선될지를 구체적으로 제시해야 조직 내 공감과 적극적인 참여를 이끌어 낼 수 있다.

결국 AI 시대의 리더십은 명확한 전략적 방향성과 AI 기술에 대한 깊은 이해를 바탕으로 조직 전체가 함께 변화를 주도하고 협력하며 지속 가능한 혁신을 이루도록 하는 데 있다.

AI 시대 리더의 솔선수범 리더십

AI 시대의 리더가 솔선수범하여 실천해야 할 사항은 다음과 같다. 먼저 리더 본인이 직접 업무에 AI를 활용하고 이해하는 단계다. 리더가 먼저 실질적인 AI 사용 경험을 축적함으로써 구성원에게 AI 도입의 필요성과 효과를 설득력 있게 전달할 수 있다.

둘째, 구성원과 함께 AI를 활용하도록 독려하고 지원하는 단계다. 구성원들이 AI 기술을 적극적으로 수용할 수 있도록 리스크 관리, 투자 효과 측정ROI, 적절한 툴 선정 등을 통해 조직 차원의 적극적 AI 활용 분위기를 조성한다.

셋째, 조직에 맞는 적정한 AI 도구를 개발하거나 발굴하여 구성원들이 업무에서 AI를 효과적으로 활용할 수 있게 해야 한다.

마지막으로 개인 차원을 넘어 회사 차원의 비즈니스 문제를 해결할 수 있는 AI 솔루션을 발굴하고 적용하여 궁극적으로 사업 혁신을 이루는 단계다.

구체적인 실천은 4가지 단계를 통해 이루어진다. 첫 번째 단계는 리더 스스로가 AI를 직접 활용하며, AI를 통해 업무에 어떤 이익을 얻을 수 있고, 무엇을 성공과 실패의 기준으로 삼아야 하는지를 명확히 인식하는 것이다.

두 번째 단계는 리더가 먼저 축적한 AI 활용 경험을 기반으로 구성원에게도 AI를 자연스럽게 활용하도록 분위기를 조성하는 것이다. AI 기술의 장점을 구체적 사례와 성과로 설명하고, 구성원들이 자연스럽게 받아들이게끔 독려하는 것이 중요하다.

세 번째 단계는 조직이 AI 기술을 제대로 활용할 수 있도록 적합한 도구와 기술을 발굴하거나 개발하는 것이다. 최적화된 AI 툴을 찾아내 실질적인 업무 성과를 극대화하는 데 도움을 준다.

마지막 네 번째 단계는 개인 차원을 넘어 조직 전체의 비즈니스 문제를 해결할 수 있는 회사 차원의 AI 솔루션을 발굴하고 적용하는 것이다. 이를 통해 회사의 경쟁력을 강화하고 차별화된 가치를 만들어 사업의 혁신을 이룬다.

- 나부터 활용해서 AI에 무엇을 맡길지, 어떤 것을 성공 실패로 규정할지 등을 스스로 인식한 후
- 내가 사용하는 것을 넘어 구성원들이 더 적극 사용하도록 하되, 리스크 관리, ROI 측정, 적정 툴의 선택하고
- 일하는 방법을 개선하는 것을 넘어 회사의 비즈니스 문제를 해결하고 사업 혁신을 꾀할 방안을 찾아야 한다.

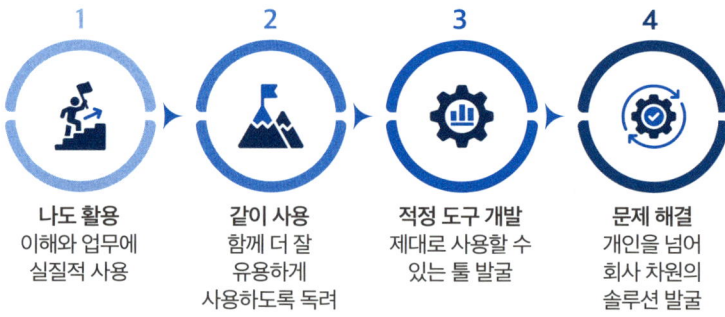

| 리더의 AI 사용 단계.

결국 AI 시대의 리더십은 명확한 전략적 방향성과 AI 기술에 대한 깊은 이해를 바탕으로 조직 전체가 함께 변화를 주도하고 협력하며 지속 가능한 혁신을 이루도록 하는 데 있다.

리더의 AI 전략을 위한 고려사항

리더가 AI 전략을 수립하고 이끌 때 반드시 고려해야 할 3가지 요소는 비용cost, 리스크risk, 가치value다. 이 3가지 요소가 균형 있게 고려될 때 조직은 AI의 진정한 혜택을 극대화하고 부작용을 최소화할 수 있다.

먼저 비용이다. AI 전략을 구축할 때는 기술 도입과 유지에 필요한 비용을 철저히 분석하고 검토해야 한다. AI의 초기 구축 비용뿐만 아니라 지속적인 유지 관리와 업그레이드 비용까지 종합적으로 고려해야 한다.

또한 직원들의 AI 활용을 위한 학습 시간과 시행착오를 최소화하는 방안을 고민해야 한다. 투자한 비용에 대비해 얻을 수 있는 성과와 효과를 구체적으로 수치화하여 조직 내부에서 AI 도입의 타당성을 설득력 있게 전달할 필요가 있다.

다음은 리스크 관리다. AI는 맹신하거나 과도한 자동화에 의존할 때 편향되거나 잘못된 결정을 내릴 수 있다. 이를 방지하기 위해 AI가 내리는 결정에 대한 철저한 모니터링과 관리가 필수다. 리더는 AI가 제공하는 정보를 신뢰하되 맹목적으로 따르지 말고, 지속적인 검증 프로세스를 마련해야 한다.

또한 AI 기반의 의사결정 시스템decision management이 조직에 미칠 영향을 정확히 이해하고 준비해야 하며, AI 활용 과정에서 발생할 수 있는 내부 침해나 권한 남용과 같은 보안 문제도 철저히 경계해야 한다.

마지막으로 가치는 AI가 궁극적으로 조직에 가져올 실질적 혜택과 성과를 뜻한다. 리더는 AI를 통해 업무의 생산성을 향상하고 조직의 의사결정 품질을 개선할 수 있는지를 명확히 평가해야 한다. 더불어 AI를 활용해 조직 내 인적 자원의 최적화를 이루고 개별 구성원의 역량이 더 강화되는 환경을 조성하는 것도 중요하다. 이러한 가치 창출이 명확히 나타날 때 구성원들의 적극적인 참여와 협력을 이끌 수 있다.

이 모든 요소를 고려한 후 리더는 스스로에게 다음과 같은 질문을 던져야 한다.

- 지금 내 단계는 어디인가?
- 무지 → 무용 → 방치 ⇒ 시도 → 독려 → 확대 적용 → 개발

리더의 AI 전략의 고려 요소

비용 COST
- 구축과 사용 비용 고려
- 시행착오와 학습 시간 최소화
- 품질 대비 투입 리소스ROI 검증

리스크 RISK
- AI 맹신과 자동화 편향으로 잘못된 결정
- AI 기반 의사결정 시스템
- AI 내부 침해와 권한 남용 경계

가치 VALUE
- 생산성 향상과 더 나은 의사결정
- 인적 자원 최적화와 개인의 역량 증강

| 리더가 AI 전략을 세울 때는 비용, 위험, 가치등 세 요소를 균형 있게 고려해야 한다.

지금 내가 AI를 제대로 이해하지 못하고 있거나, 알면서도 AI의 가능성을 제대로 활용하지 못하고 무용 단계에 머물고 있지는 않은지 되돌아봐야 한다. AI 서비스 사용을 시도하고 구성원에게 독려하며, 이를 조직 전반에 확대 적용하고, 나아가 독자적인 AI 솔루션까지 개발하는 단계로 나아갈 수 있도록 리더 스스로 점검하고 노력해야 한다. AI 전략을 성공적으로 이끄는 리더는 끊임없이 자신의 현재 위치를 자문하고 다음 단계를 준비하는 사람이다.

부록

AI 트렌드 2026,
묻고 답하다

우리 일상에 AI가 스며든 지 3년이 흘렀다. 2022년 11월 말에 챗GPT가 대중에게 공개된 이후 2년 동안 AI는 IT 시장뿐 아니라 우리 일상과 기업의 일하는 문화 전반을 뒤흔들어 놓았다. 4년 차를 맞이하는 AI는 2026년에 또 어떤 변화를 만들어 낼까? 3년 차의 AI가 2025년에 가져온 변화는 무엇이고, 2026년에는 또 어떤 변화가 예상되는지 전망해 본다.

① 복잡한 AI 기술과 용어, 어떻게 이해해야 할까?

AI 기술은 2026년에 기존보다 더 고도화되고 다변화될 것이다. 그 과정에서 많은 AI 기술이 다양한 우리 일상과 각종 기계, 인터넷 서비스에 스며들면서 더욱더 보편화될 것이다. 이미 2025년에도 AI는 더 큰 변화와 발전을 이루었다. 이렇게 빠르게 발전하는 AI 기술을 이해하려면 기준이 필요하다.

따라서 특정 기술을 지칭하는 용어에 대한 이해와 이들 기술이 어떻게 상호 연결되어 어떤 변화를 만들어 내는지에 대한 인과관계 파악이 선행되어야 한다. 기술을 제대로 이해하려면 용어 간의 연관관계를 명확하게 구분해 파악하는 일이 필요하다.

생성형 AI를 가능하게 한 핵심 기술은 LLM large language model(대규모 언어 모델)이며, 2025년은 이 모델이 RLM reasoning language model(추론 언어 모델)으로 한 단계 진화해 '생각할 수 있는 AI'를 가능하게 했다. 또한 AI는 인간의 언어만이 아니라 다양한 멀티미디어 데이터, 즉 보고 들을 수 있는 수준에 이르렀고, 이를 LMM large multimodal model(대규모 멀티모달 모델)이라고 부른다.

이렇게 AI 모델이 인간처럼 세상을 인식하고 생각할 수 있게 된 데 이어, LAM large action model(대규모 행동 모델) 덕분에 다른 시스템 자원에 연결해 작업을 수행하는 것까지 가능해졌다. LAM 이전 모델이 텍스트나 이미지, 영상, 문서, 코딩 등을 '생성'하는 것만 할 수 있었다면, LAM 덕분에 '실행'까지도 가능해진 것이다.

그런데 AI가 프롬프트 창이라는 제한된 영역에서 생성하는 것을 넘어 실행까지 하려면 다양한 시스템과 서비스에 연결되어야 한다. 나아가 사람 대신 로그인해 인증하고 권한을 가져야 한다.

예를 들어 AI가 사람 대신 상품을 검색하고, 장바구니에 상품을 담으며, 배송지를 선택해 결제하고 주문까지 수행해야 한다면, 이를 위해 AI가 시스템에 연결되어 실행할 수 있는 표준 프로토콜이 필요하며, 그것이 바로 MCP Model Context Protocol다.

또한 특정 AI가 처리하지 못하는 것은 수행할 수 있는 다

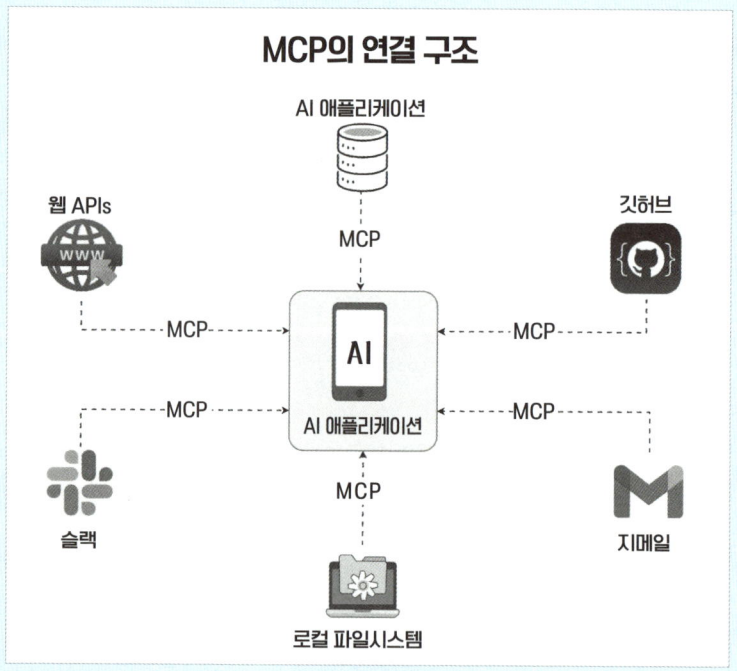

구글의 차세대 에이전트 '아스트라'는 멀티모달 AI 비서 프로젝트로, 안드로이드 스마트폰에서 텍스트·이미지·음성 데이터를 실시간으로 처리하고 자연스러운 대화를 지원한다. (출처 : 구글)

른 AI를 호출해서 대신 요청해야 한다. 이를 위한 프로토콜이 A2A_{Agent to Agent}다. 이러한 AI 모델의 진화와 프로토콜의 발전 덕분에 지능을 갖추고 자율적으로 실행할 수 있는 '에이전트 시대'가 열리게 되었다. 이러한 다양한 에이전트가 서로 연결되어 다양한 작업을 수행하는 보다 완전형 AI를 에이전틱 AI_{agentic AI}라고 한다. 이렇게 지능의 자율화가 된 시대를 인지 인공지능 cognitive AI이라고 부를 수 있다.

(LLM(RLM) + LMM + LAM) × (MCP + A2A) = 에이전틱 AI = 지능의 자율화 = 인지 인공지능

AI는 더 이상 인터넷에 머물지 않고, 우리가 사는 현실 세계로 진입하고 있다. 이미 자율주행차가 그 시작이며, 앞으로 드론과 로봇, 수많은 가전제품과 메타버스 기기 및 AI 전용 디바이스에도 AI가 탑재될 것이다.

이를 위해서는 새로운 AI 모델이 필요하다. 그것이 LWM_{large world model}(대규모 세계 모델)이다. LWM은 실제 현실 세상을 인식하고 변화를 예측해 어떻게 행동하면 될 것인지를 계획을 세우며, 실제 장치를 제어해서 움직이게 한다. 이 모델은 로봇 등 움직이는 장치를 보다 지능화하며, 한마디로 움직이는 기계 장치인 로봇 등에 LWM이 탑재해 피지컬 AI를 가능하게 하는 것이

다. 이렇게 AI 지능이 실체화되는 것을 가리켜 임바디드 AI_{EAI,} embodied AI라고 한다.

LWM × 로봇 = 피지컬 AI = 지능의 실체화 = 임바디드 AI

에이전틱 AI와 피지컬 AI가 결합되면 인간 수준의 지능과 행동을 구현할 수 있는 AGI_{artificial general intelligence}(범용 인공지능)가 도래할 수 있다. AGI는 사람 이상의 일을 제대로 수행할 수 있는 AI를 뜻하며, 샘 올트먼을 포함한 AI 전문가들은 2030년 이전에 도달할 것으로 예상한다.

즉 2026년은 에이전틱 AI의 도래, 2027년은 피지컬 AI의 원년이 되고, 이후 3년 간 이들 기술이 상호 연결되고 보완되면서 추가 학습과 진화를 거쳐 AGI 시대가 열리게 되는 것이다.

에이전틱 AI × 피지컬 AI = AGI = 제대로 일할 수 있는 AI

② AI는 인간의 전뇌를 대체할 수 있을까?

척추동물의 뇌는 크게 전뇌, 단뇌, 간뇌로 구성되며, 이중 전뇌는 가장 앞쪽에 위치해 중요한 역할을 담당한다. 복잡한 생각, 기억, 학습, 판단과 같은 고급 인지 기능과 관련된 정보처리와 감각 정보의 분석과 감정, 동기 부여 등의 기능을 수행한다. 이제 우리의 전뇌와 같은 역할을 AI가 수행하기에 충분한 기술적 토대가 마련되고 있다.

2024년까지의 AI가 기억, 학습 등의 기능에 특화되었다면, 2025년은 복잡한 생각과 추론 등을 하는 생각하는 AI로 진화했다. 이로써 생각할 수 있는 AI는 더 복잡한 인간 세상의 문제를 해결할 수 있는 단초를 제공하게 되었다. 더 나아가 기존의 여러 컴퓨팅 시스템과 인터넷 서비스에 연결될 수 있는 프로토콜과 표준이 정립되면서 AI가 할 수 있는 일이 늘어나고 있다.

강력해진 AI는 우리의 전뇌를 보조해 인간이 합리적 판단을 내리고 결정하는 데 실질적으로 기여하고 있다. 즉 AI는 제2의 전뇌로 작동할 수 있는 기술적 특이점에 도달해 가고 있다. 오픈AI의 CEO 샘 올트먼은 2025년 2월 샌프란시스코에서 열린 인공지능 관련 콘퍼런스 스노우플레이크 서밋 2025에서 "AI가 2026년에 인류의 새로운 지식을 발견할 것"이라며 "2025년 초의 수준은 신입사원 정도에 불과하지만, 2026년에는 특정 분야에서 새로운 지식을 발견하거나, 비즈니스 문제를 해결하는 AI 에이전트가 등장할 것"이라고 이야기했다.

특히 "앞으로 새로운 과학을 발견하는 AI가 등장해 세계적으로 매우 중요한 순간에 직면할 것"이라고 말했다. 바로 그런 AI를 AGI라고 하며 인간의 전뇌와 같은 역할을 수행할 수 있을 것으로 기대한다.

그는 연이어 2025년 5월 3일 닛케이 신문과의 인터뷰에서 "4년 이내에 AGI 개발이 가능하다"고 공언했다. 더 나아가 "AGI를 넘어 인간보다 1만 배 현명한 ASI artificial super intelligence(초인공지능)는 2035년에 실현될 것으로 보고 있다"라고 말했다. 이를 위해서는 학습에 사용하는 데이터나 계산 자원을 늘려야 한다. 관련 협력사인 소프트뱅크 손정의 회장은 ASI 실현에 누계 9조 달러의 투자가 필요하다고 했다.

또한 "ASI의 경제적 효과는 연간 글로벌 국내총생산GDP의 5%인 9조 달러에 도달하면, 1년 안에 투자 금액을 회수할 수 있다"고 덧붙였다. 이렇게 AGI로 가는 과정은 먼 미래가 아닌 가까운 미래로 다가왔으며, 2035년쯤이면 슈퍼 AI 단계까지 발전할 것으로 예측한다.

③ 인터넷 검색의 미래, AI가 장악하게 될까?

2025년 5월, AI 검색 스타트업 퍼플렉시티AI는 5억 달러의 투자 유치를 진행하며 약 20조 원의 기업가치로 평가받았다. 이는 6개월 전보다 7조 원 이상 상승한 수치다. 2022년 12월에 설립해 3년도 채 되지 않은 이 회사는 연간 반복 매출ARR 1억 달러를 달성하며 오픈AI 이후 '차세대 구글'로 주목받고 있다.

2024년 한 해 동안 구글이 검색을 통해 벌어들인 수익은 무려 300조 원(약 2000억 달러)에 달한다. 그러나 퍼플렉시티와 같은 차세대 AI 검색이 구글 검색을 대체하게 된다면, 기존 검색 매출의 감소는 피할 수 없을 것이다. 지난 25년간 지배해 온 인터넷 검색이 AI 검색으로 바뀌게 될까? 앞으로의 검색 비즈니스 모델은 어떻게 변할까?

지난 25년간 구글을 중심으로 한 인터넷 검색은 키워드 기반의 단순 검색 광고 모델을 중심으로 성장했다. 사용자가 특정 키워드를 입력하면 관련 광고가 노출되고, 클릭 시 광고주가 비용을 지불하는 방식이었다. 하지만 AI 검색은 단순히 관련 링크를 제공하는 것이 아니라 사용자의 질문에 실시간으로 정확한 답변을 제공한다. 이러한 변화로 사용자들은 빠르고 효율적인 검색 경험을 얻었다.

퍼플렉시티는 AI 검색의 특성에 맞춘 독창적인 광고 방식을 도입했다. 답변 중간에 사용자 맥락과 관련된 '스폰서 질문'을 자연스럽게 삽입하여 광고를 노출하는 방식이다. 예컨대 사용자가 '최신 스마트폰 추천'을 검색하면 '가성비 좋은 모델은 무엇인가요?'와 같은 스폰서 질문이 제공된다. 사용자가 이 질문을 선택하면 AI가 광고주의 제품이나 서비스를 자연스럽게 안내한다.

또한 퍼플렉시티는 뉴스나 콘텐츠 제공자(퍼블리셔)와 광고 수익을 공유하는 혁신적 모델을 도입했다. 답변에 인용된 기사나 콘텐츠에 따라 발생한 광고 수익의 일부를 퍼블리셔에게 제공하는 방식이다. 이를 통해 퍼플렉시티는 콘텐츠 생태계와 상생하는 동시에 양질의 정보를 지속적으로 확보할 수 있게 됐다.

이에 맞서 구글은 2025년 구글 I/O 행사에서 차세대 AI 모델인 제미나이를 기반으로 한 'AI 모드'를 발표했다. 2024년 5월 구글 오버뷰라는 이름으로 기존 구글검색 결과 상단에 검색 결과를 요약 제공하던 서비스를 선보인 이후 1년 만에 새로운 검색 서비스를 런칭한 것이다. AI 모드는 사용자의 질문에 깊이 있는 답변을 제공하는 대화형 검색 서비스다. 복잡한 질문에도 다수의 웹 정보를 신속히 분석해 맥락에 맞는 정확한 답을 제공하며 이미지와 동영상까지 포함한 멀티모달 검색도 지원한다.

구글은 또한 '서치 라이브Search Live'를 통해 사용자가 스마트폰 카메라로 실시간 질문을 던지면 바로 답을 받을 수 있게 했다. 예컨대 차량의 특정 부품을 카메라로 비추면 그 부품에 대한 정보를 즉각 제공하는 식이다.

구글의 AI 모드 역시 광고 전략에 변화를 주었다. 사용자의 질문 의도를 AI가 정확히 파악하여 맥락에 맞는 초개인화 광고를 자연스럽게 삽입한다. 예를 들어 여행 관련 질문에 항공권이나

| 구글의 '서치 라이브'를 통해 AI에 묻는 화면. (출처 : 구글)

호텔 광고가 포함된 맞춤형 답변을 제공한다. 여기에 더해 구글은 AI 프로AI Pro, AI 울트라AI Ultra 같은 프리미엄 구독 서비스를 통해 광고 외에도 안정적이고 장기적인 수익원을 확보할 계획이다.

퍼플렉시티에서 시작된 차세대 검색에 대한 도전에 구글이 적극 나선 것은 그만큼 위기라 여겼기 때문이다. 2024년 구글 오버뷰는 이렇다 할 성과를 내지 못했다. 그 과정에서 퍼플렉시티는 빠르게 검색 시장을 대체하면서 급성장했다.

이러한 AI 검색은 쇼핑 검색, 예약·예매 검색, 뉴스 검색과 문서 검색, 지도 검색 등 다양한 분야에서 퍼플렉시티가 보여준 것과 같은 새로운 서비스 경험을 제공하고 있다. 덕분에 사용자는 더욱 빠르고 편리하게 필요한 것을 찾아 원하는 작업을 수행할 수 있게 되었고, 광고주는 더욱 효율적인 광고 방식을 찾게 됐다.

AI 검색 시대는 대신 찾아주고 정리해서 실제 사용자가 필요한 작업을 자동으로 수행까지 해주는 더 나은 서비스 경험을 중심으로 새로운 경쟁의 장을 열고 있다. 그 과정에서 사용자의 편의는 높아지고 기존의 플랫폼 강자는 위협받으면서 새로운 경쟁 구도가 펼쳐질 것이다.

④ 구글 글래스부터 애플 비전 프로까지, 메타버스 대중화의 길이 열릴까?

구글은 2013년에 구글 글래스라는 최초의 스마트 글래스를 출시했다. 실시간으로 안경에 지도나 알람 등의 메시지를 표시하고, 음성으로 명령을 내릴 수 있는 AR 기기였다. 카메라가 내장되어 촬영도 가능했다. 이후 2016년에 오큘러스가 PC와 연결해서 사용하는 VR 기기 오큘러스 리프트를 출시했고, 고해상도의 디스플레이를 통해 입체적인 3D 화면을 볼 수 있었다. 가상의 인터넷 공간에 다양한 디지털 콘텐츠를 감상할 수 있었지만, 가격이 비싸고 사용이 불편하며, 사용할 수 있는 서비스가 제한적이어서 대중화에 실패했다.

연도별 디바이스 유형과 특징

출시 연도	기업(국가)	모델명	디바이스 유형	주요 특징
2013년	구글 (미국)	구글 글래스	AR	최초의 대중형 스마트 글래스, 음성 명령, 핸즈프리, 실시간 정보 표시, 카메라 내장
2016년	오큘러스 (미국)	오큘러스 리프트	VR	PC 연결형 VR, 6DoF 트래킹, 고해상도 디스플레이, 페이스북 인수 후 대중화
2018년	오큘러스 (미국)	오큘러스 Go	VR	독립형 VR, 저가형, 무선, 간편한 사용성
2019년	오큘러스 (미국)	오큘러스 퀘스트	VR	독립형 VR, 6DoF, 무선, 콘텐츠 다양성, 자유로운 이동
2020년	오큘러스 (메타)	오큘러스 퀘스트 2	VR	독립형, 고해상도, 저렴한 가격, 글로벌 시장 점유율 1위
2022년	메타 (미국)	메타 퀘스트 프로	MR/VR	전문가용, 고성능, 페이스트래킹, 컬러 패스스루, 업무와 생산성에 특화
2023년	마이크로소프트 (미국)	홀로렌즈 2	MR/AR	독립형 MR, 공간 맵핑, 핸즈프리, 산업·교육 분야 활용, Micro-LED 특허로 후속 개발
2023년	메타 (미국)	메타 퀘스트 3	MR/VR	첫 보급형 MR, 팬케이크 렌즈, 신형 XR2 2세대 칩셋, 핸드트래킹, 4.2K 해상도, 69만 원대의 가격
2024년 (2월)	애플 (미국)	비전 프로	MR	비전OS, 4K 마이크로 OLED, 아이사이트, 홍채인식, 제스처·음성 제어, 470만 원대로 고가
2025년 (5월)	삼성전자 (한국)	프로젝트 무한	MR	구글·퀄컴 협력, AI 음성비서, 고해상도, 스냅드래곤 칩, 2025년 말 출시

그러나 2024년 2월 애플이 고급형 MR 기기 비전 프로를 출시하면서 다시 경쟁이 시작되었다. 이 제품은 대중화에는 실패했지만 메타의 MR 기기에 대한 지속적인 투자를 이끌었다. 또한 2025년 5월 구글 I/O 행사에서 안드로이드 XR와 제미나이를 탑재한 구글의 스마트 글래스 시연과 삼성전자의 프로젝트 무한이 세상에 등장하는 계기가 되었다. 2025년 하반기에도 메타와 삼성전자, 중국의 화웨이, 샤오미, 알리바바(쿠엔 LLM AI 탑재) 등의 기업에서도 AR 글래스를 선보이면서 2026년은 본격적으로 XR 대중화의 물꼬가 트이는 원년이 될 것이다.

| '프로젝트 무한'은 구글과 삼성전자가 협업해 개발한 '안드로이드 XR' 플랫폼을 처음 탑재한 XR 디바이스다. (출처: 삼성전자)

지난 10년 넘게 하드웨어는 갈수록 좋아지고, AI 덕분에 사용 편의성이 개선되어 이제 메타버스 세상이 본격 도래할 수 있게 된 것이다. 마치 아이폰 등장 전 블랙베리 등의 스마트폰이 선보이던 시기와 비슷하다. 2026년은 2006년 아이폰이 세상에 나오며 모바일 세상이 시작된 원년과 마찬가지로 메타버스의 또 다른 시작점이 될 것이다.

모바일 세상이 본격화된 것은 2010년도 이후로 5년 정도의 시간이 흐른 후 부터다. 하지만 현재의 기술 발전과 보급 속도는 지난 20년 전과 비교할 수 없을 만큼 빠르기에, 적어도 3년 내, 즉 2028년부터는 본격적인 메타버스 세상이 펼쳐질 것이다.

⑤ 제조 AX 시대, AI가 공장 혁신을 이끄는 비결은 무엇일까?

18세기 산업혁명은 공장의 기계화를 도입했고, 이후 19세기 전기의 등장과 함께 공장의 대량 생산화가 본격화되었다. 20세기 컴퓨터의 도입으로 공장의 자동화가 가능해졌으며, 21세기 인터넷과 AI 기반으로 스마트팩토리라는 지능형 공장에서 다품종 소량 생산, 즉 맞춤형 최적화가 본격화되었다.

이 과정에서 디지털 트윈이라는 개념이 대두되었는데, 이는 1960년대 NASA의 아폴로 우주선 시뮬레이션에서 비롯된다. 실제 달에 가지 않고도 지구에서 가상으로 실제 우주선 상황을 예측해서 구현하여 다양한 상황을 미리 테스트해 보고 최적의 효율화 방안을 찾는 것이다.

2002년 미시간대학교의 마이클 그리브스 박사가 제조업에서 제품 생애주기 전반을 디지털 공간에서 미리 구현하고 시뮬레이션하는 개념을 '디지털 트윈'으로 정립했다. 이후 2010년대 중반부터 사물인터넷과 클라우드, 빅데이터의 기술 덕분에 디지털 트윈이 실시간으로 데이터를 분석하면서 공장의 상태를 파악하고, 즉각 대응할 수 있는 기반이 마련되었다.

실제로 GE와 지멘스가 2010년대 중반부터 디지털 트윈 플랫폼과 솔루션을 본격적으로 도입하기 시작했다. GE의 프리딕스 Predix는 에너지, 항공, 철도 분야에서 고장 예측과 성능 최적화를 주요 기능으로 하며, 지멘스의 마인드스피어 MindSphere는 제조, 기계설비, 공정산업에 특화해 실시간으로 공장을 분석해 제조 공정의 최적화를 지원한다.

이들 기술은 공장 내의 산업용 기계 장비에 다양한 센서를 부착해 데이터를 수집한다. 이를 클라우드에서 분석해 이상 감지를 예측하고, 효율적인 작동 방식을 시뮬레이션해 제안한다. 이러한 기술적 토대 위에서 테슬라나 팍스콘 같은 기업이 제조 공정을 자동화하고 있다. 즉 센서로 수집한 데이터를 클라우드에서 분석, 디지털 트윈으로 예측해 최적의 설비 구동 방식을 공장에 적용하는 것이다. 이것이 스마트팩토리를 구현하는 핵심 과

| GE의 '프레딕스'는 공장 내의 모든 기계 장치를 모니터링하고 이상 탐지를 예측하는 시스템이다. (출처: GE)

정이다.

2020년대까지 디지털 트윈 기술을 기반으로 스마트팩토리가 구현되며 공장이 자동화되었다. 이후 2020년대 중반부터 AI 기술의 급부상과 엔비디아의 AI 인프라 발전 덕분에 스마트팩토리는 'AI 팩토리'로 진화하고 있다. 지멘스는 2024년 엔비디아의 3차원 협업 플랫폼인 옴니버스Omniverse와 지멘스의 산업용 오픈 플랫폼 지멘스 엑셀러레이터Siemens Xcelerator를 기반으로 실시간 몰입형 메타버스를 구축했다.

이를 '인더스트리얼 메타버스'라고 하는데, 공장 내의 모든 설비와 공정을 메타버스 공간에 실물처럼 구현하고 AI를 통해 이를 분석해 공장 내의 기계들을 제어한다. 또한 근로자들이 가상에서 장비 작동 상태를 확인하고 작동 방식을 변경하면, 실시간으로 실제 공정에 반영된다. 즉 AI 팩토리는 공장을 지능화하고 자율화할 수 있도록 해줄 것이다.

그 과정에서 산업용 기계 장치를 넘어 인간을 닮은 휴머노이드 로봇이 공장을 활보하며 인간 근로자와 협업하게 될 것이다. 인더스트리얼 메타버스는 이미 로봇 연결을 지원한다. 미국의 어질리티 로보틱스Agility Robotics의 디지트Digit 로봇은 물류 현장에서 상자 나르기, 벨트 위 작업 등을 수행하며 포드, 아마존, GXO 로지스틱스 등의 공장에서 인간과 협업 중이다.

아마존은 미국 샌프란시스코에 '휴머노이드 파크'를 만들어 디지트와 유니트리Unitree 등의 로봇에 물류·배송 시나리오 학습 환경을 제공하면서 로봇과 인간이 물류센터 내에서 함께 일할 수 있는 환경을 연구하고 있다. 아울러 자체 AI 에이전트를 물류센터에 투입해 인간 언어 명령을 이해하고 수행할 수 있도록 시스템을 개편하고 있다.

중국 역시 애지봇AgiBot과 유니트리 로봇을 활용해 공장과 생활공간에 휴머노이드를 배치하고, 하루 17시간 이상의 반복 작업을 통해 로봇 데이터를 레이블링하며 생산성을 높이고 있다. 테슬라의 옵티머스Optimus, 피규어 AI의 피규어 02 등 전천후 휴머노이드는 공장 내 안전성과 유연성을 인정받으며, 생산 현장과 가정에서 인간처럼 작업을 수행할 수 있도록 개발 중이다.

AI 팩토리는 '디지털 트윈 피드백+지능형 자동화+인간과 로봇의 협업'이 삼위일체로 작동하는 구조다. 단순 반복 작업 자동화에 머무르지 않고, 공장이 디지털로 복제되어 AI(에이전트)가 시뮬레이션과 판단을 통해 실제 제조 공정 내의 산업용 장치와 휴머노이드 로봇을 물리적으로 제어하는 수준에 이른 것이다.

그 과정에서 인간도 로봇과 함께 가상계와 현실계에서 안전하게 협업한다. AI 팩토리는 제조 공장을 단순히 자동화하는 것을 넘어, 인간과 AI가 공존하며 진화하는 제조 공정 혁신을 이끄는 핵심이 될 것이다.

⑥ 암호화폐는 기존 금융과 결합된 스테이블 코인과 디파이로 부활할까?

2009년 비트코인이 처음 공개된 이후, 2013년 11월 1000달러를 돌파하며 첫 관심을 받았다. 이후 2017년 12월에는 1000달러 대비 19배로, 2021년 4월에는 65배로 급증했다. 그리고 2024년 3월에는 71배가 되었으며, 시가총액 기준으로는 319배가 성장해 3조 2700억 달러가 되었다.

특히 2020년부터 디파이DeFi와 스마트계약, NFT, DAO, 비트코인 ETF 승인 등의 호재가 이어지면서 블록체인 기술 기반의 암호화폐는 꾸준히 살아남았다. 이제는 제도권과 새로운 인터넷 세계에서의 가치 거래 화폐이자 재테크 수단으로 각광받고 있다.

암호화폐가 다시 주목받는 가장 큰 배경은 분산금융(디파이)의 급속한 성장과 스테이블 코인이 확산한 덕분이다. 디파이는 중개 기관 없이 블록체인 기반의 스마트 계약을 활용해 대출, 예금, 자산운용 등 금융 서비스를 제공하며, 투명성과 접근성을 크게 향상시킨다. 특히 2020년 이후 디파이 시장 규모는 폭발적으로 증가했다. 2024년 6월 기준 디파이 플랫폼에 예치된 총자산 TVL은 약 2500억 달러에 달하며, 주요 금융기관도 디파이의 잠재력을 인식하고 본격적인 투자에 나서고 있다.

미국에서는 JP모건이 자체 블록체인 시스템 오닉스Onyx를 활용하여 디파이 기반의 금융 상품을 개발하며 시장을 선도하고 있다. 또한 글로벌 금융 기업인 골드만삭스 역시 디지털 자산 관리 플랫폼 구축을 통해 디파이 영역에 적극 진입하고 있다. 싱가포르의 DBS은행은 아시아 지역 최초로 자체 디지털 자산 거래소를 설립하고 블록체인 기술을 활용한 자산운용 및 금융 상품 개발을 활발히 진행하고 있다. 독일의 하우크아우프호이저 Hauck & Aufhäuser 은행은 디지털 자산 운용 서비스와 더불어 디파이 플랫폼과 연계한 금융 상품을 출시하여 유럽 시장 내 암호화폐의 금융서비스화에 박차를 가하고 있다.

스테이블 코인도 디파이 시장에서 중추적인 역할을 하고 있다. 테더USDT, USD 코인USDC, 다이DAI는 실물 화폐와 가치가 연동되어 급격한 가격 변동성을 최소화하며 안정적인 디지털 결제 수단으로 자리 잡았다.

특히 비자VISA와 페이팔PayPal이 USDC와 USDT를 공식 결제 수단으로 도입하며 암호화폐가 기존 금융 시스템 내에서 더욱 신뢰를 얻고 있다. EU는 2024년에 디지털 유로화를 통해 스테이블 코인의 규제 표준을 확립했고, 중국 역시 디지털 위안화 e-CNY를 공식적으로 도입해 디지털 화폐의 국가적 활용을 촉진하고 있다.

암호화폐는 일상적인 결제 수단으로도 실용성을 높이고 있다. 미국에서는 페이팔과 벤모Venmo 등의 간편결제 서비스사와 마이크로소프트와 스타벅스 같은 글로벌 기업이 암호화폐 거래와 결제를 지원하면서 소비자의 접근성을 확대하고 있다. 이베이나 테무 등의 이커머스와 오프라인 가맹점에서는 스테이블 코인을 페이팔에 등록해 실거래 화폐로 사용할 수 있다.

한국에서는 다날Danal의 페이코인이 편의점 및 카페 등에서 광범위하게 사용되고 있다. 특히 다윈KS는 외국인 관광객이나 외국인 근로자를 대상으로 선불 교통카드를 출시해 암호화폐 충전을 지원한다. 무인 환전 디지털 ATM에서도 암호화폐 충전과 송금을 지원해 본국과의 화폐 거래를 편리하게 할 수 있다. 일본의 비트플라이어와 라쿠텐은 다양한 소매점과 협력하고해 소비자의 편의성을 높이고 있다.

싱가포르의 리닷페이RedotPay는 암호화폐를 충전할 수 있는 비자카드를 온라인 및 실물로 발급해 비트코인과 이더리움, USD, USDC, USDT 등의 스테이블 코인을 전 세계에서 사용할 수 있다. 암호화폐는 투기 목적 외에 실제 거래에 사용할 수 없었지

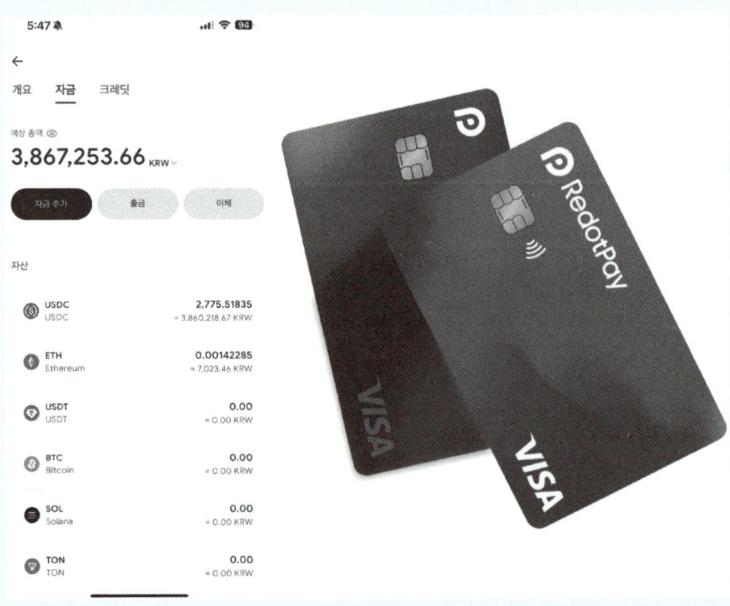

| 암호화폐를 실물 카드로 구현하면 온·오프라인을 포함한 전 세계 어디서나 사용할 수 있다.

만, 이제는 범용적으로 기존의 결제 방식을 이용해 사용할 수 있게 된 것이다.

브라질의 메르카도 파고 Mercado Pago 는 남미 최대 쇼핑몰과 협력하여 암호화폐 결제 범위를 확장하고 있으며, 아르헨티나에서는 암호화폐가 초인플레이션을 방어하는 실질적인 대안으로 활용되고 있다. 나이지리아에서는 암호화폐 송금 서비스가 급성장하며 금융 포용성을 높이고 있다.

암호화폐 기반 베팅 플랫폼 폴리마켓 Polymarket 은 경제 지표나 날씨, 정치와 각국 정부의 주요 입법 결과 등 미래 이벤트에 베팅할 수 있다. 전 세계를 대상으로 모든 개인이 특정 이벤트에 돈을 걸어야 하기에 탈중앙화된 암호화폐를 기축통화 삼아 작동하는 것이다.

이렇게 암호화폐는 전 세계의 실물경제와 다양한 인터넷 서비스에서 사용되기 시작하면서 대안 화폐로 떠오르고 있다. 코로나 시기에 블록체인 기반으로 만들어진 NFT(대체 불가능 토큰)는 미술, 음악, 스포츠 분야에서 디지털 자산 거래 혁신을 이끌었다. 미국의 크리스티 경매장은 비플의 NFT 작품을 6900만 달러에 판매했고, NBA는 NFT 플랫폼 톱샷 Top Shot 을 런칭했다. 나이키는 실물과 가상 신발을 NFT로 판매했다. 엔데믹 이후 NFT에 대한 관심이 감소하면서 NFT 작품 가치는 저평가 되었지만, 암호화폐가 기존의 경제계와 다른 방식으로 사용된 사례다.

이더리움은 스마트 계약 기술을 통해 부동산, 주식, 채권 같은 전통적 자산의 디지털화를 이끌고 있다. 캐나다의 토론토 증권거래소TSX는 이더리움 기반의 ETF 상품을 공식 출시했고, 독일과 호주도 유사한 금융 상품 도입을 승인하며 제도권 편입을 가속화하고 있다. 2025년 하반기 이더리움의 시세가 비트코인 등보다 큰 폭으로 상승하는 이유는 이더리움이 다양한 스테이블코인의 기반 플랫폼으로서의 역할을 하기 때문이다.

미국의 서클Circle과 코인베이스Coinbase가 공동 설립한 USDC는 국제 금융 기관과 협력해 글로벌 송금 시장에서 중요한 역할을 맡고 있으며, 유럽과 아시아에서도 국경 간 결제 수단으로 광범위하게 쓰이고 있다. 이러한 암호화폐와 실물 경제의 접목은 향후 더욱 확산될 전망이며, 블록체인 기반 금융 시스템의 혁신을 주도할 것으로 기대된다.

앞으로는 에이전트 기반의 새로운 AI 경제계와 제2의 메타버스 붐이 맞물리며 오프라인과 온라인에 이은 세 번째 혼합 생태계가 등장할 것이다. 이 생태계에서 암호화폐가 다양한 형태의 가치 거래에 사용되는 화폐로 주목받으며, 에이전트 간 거래나 메타버스에서의 디지털 오브젝트 거래 등에 사용될 것이다. 그렇게 되면 제2의 암호화폐 바람을 몰고 올 것으로 예상된다.

⑦ AI 에이전트 도입, 사람은 어떤 일을 하게 될까?

1980년대 로터스가 등장하면서 재무, 회계, 예산 등의 업무에 컴퓨터 소프트웨어가 획기적인 생산성을 가져왔다. 1990년대에는 마이크로소프트 오피스 덕분에 사무직 전반의 문서 작업을 효율화했고, 2000년대에는 ERP와 SCM, CRM 등의 정보화 시스템이 HR, 마케팅, 고객관리와 구매 등의 전문 업무를 개선했다. 2010년대는 클라우드 기반의 SaaS로 인해 전 직원의 업무 효율화가 가능해졌다.

2023년부터 챗GPT, 제미나이, 포토샵의 파이어플라이, 오터AI, 감마, 노트북LM 등의 생성형 AI가 등장한 이후 업무 시간을 단축하고 결과물의 품질을 높여주었다. 기존 업무용 소프트웨어는 사용법을 별도로 학습해야 사용할 수 있었지만, 생성형 AI는 사용법도 간단하다. 예를 들어 엑셀, 포토샵, 캠타샤, 프리미어 등의 소프트웨어는 별도로 공부해야만 사용법을 익힐 수 있었지만 생성형 AI의 사용은 너무 쉬워 별도로 배울 필요조차 없다. 자연어로 사람에게 일을 시키고 맡기는 것처럼 요청하듯 명령하면 즉시 처리할 수 있다.

| 포토샵 내에서 '파이어플라이'를 호출해 이미지를 생성하고 편집할 수 있다. (출처 : 어도비)

게다가 생성형 AI는 SaaS처럼 다양한 업무 전반에 활용된다. 회의록 정리, 스케줄 관리, 이력서 평가와 면접, 공급망 최적화, 광고 카피 문구 생성과 보도자료 작성에 이르기까지 다양한 업무에 활용하는 AI 서비스가 출시되었다. 그만큼 업무 전반에 AI가 스며들며 우리의 모든 업무를 효율화해 주고 있다.

하지만 업무를 돕는 모든 AI가 생성형 AI 서비스처럼 범용적인 것은 아니다. 특정 부서나 업무 프로세스에 맞춰 별도로 구축, 개발하는 특화 솔루션도 있다. 초기 구축 과정에도 현장 부

업무를 돕는 AI 도구와 플랫폼

업무 유형	추천 AI 도구 및 플랫폼
AI 에이전트	오퍼레이터, 클로드, CUA, 젠스파크, 마누스
정보 탐색	라이너, 퍼플렉시티
마인드맵, 아이디어 구성	엑스마인드, 윔지컬, 미로, 아이디어플립
의사결정 지원	라셔널
보고서와 슬라이드 정리	감마, 뷰티풀 AI, 워드튠, 슬라이드빈
아이디어 수집과 정제	대글로, 냅킨, 업메트릭스
발표 영상 제작	헤이젠, 신디시아
강연·회의록 정리, 통화 요약	에이닷클로바노트, 오터 AI
팀 협업 관리	라이크 AI

서, 담당자들과 협의해 요구 사항을 파악하고, 자체적인 AI 모델을 파인튜닝해 프라이빗 클라우드에서 운영하기도 한다.

즉 1세대 AI가 주로 개인 단위의 업무 생산성을 높이는 데 초점을 맞췄다면, 2세대 AI는 기업 전체 프로세스를 자동화와 최적화에 중점을 둔다. 이는 범용 SaaS 툴이 아니라, 기업 내부의 업무 흐름과 데이터를 통합하고 연계해 맞춤형으로 설계하는 엔터프라이즈 AI enterprise AI 솔루션을 말한다.

대표적인 사례로 현대백화점의 AI 카피라이터 루이스Louis다. 2023년 3월 업계 최초로 도입된 루이스는 네이버의 LLM 하이퍼

클로바HyperCLOVA를 기반으로 현대백화점 고유의 문체와 브랜드 감성을 학습했다. 약 1만 건 이상의 광고 문구 데이터를 토대로 키워드만 입력하면 10초 이내에 세련되고 고급스러운 표현의 카피를 자동 생성한다. 고객의 연령층과 특성에 맞춰 어투와 표현 방식을 조정할 수도 있다. 루이스를 마케팅팀과 커뮤니케이션팀에서 시범 운영한 결과 광고 문구 초안을 만드는 데 걸리는 시간이 기존의 2주에서 3~4시간 수준으로 줄어들어 도입의 획기적 성과를 확인했다.

일본의 파나소닉은 최근 공급망 관리SCM 분야에서 AI 기술을 적극 활용하고 있다. 미국의 SCM 전문 기업 블루욘더Blue Yonder 인수 후 AI 기반 디지털 공급망 플랫폼을 도입해 운영 중이다. 머신러닝과 인공지능을 활용해 수백 가지 변수를 기반으로 수요를 예측하는 '인지 수요 계획Cognitive Demand Planning' 솔루션을 제공한다. 이는 과거 판매 데이터, 계절적 요인, 시장 환경 등 여러 변수를 분석해 보다 정확한 수요를 예측하고, 이를 통해 재고 최적화와 물류 계획 수립을 지원한다.

또 수요 변화 및 리스크까지 실시간으로 계산해 기업이 신속하게 대응할 수 있도록 돕는다. 파나소닉은 이 기술을 활용해 제조 과정의 재고 비용을 절감하고, 공급망 운영 효율을 극대화하는 한편 고객사에도 인공지능 기반의 지능형 공급망 서비스를 제공하고 있다. 장기적으로는 AI와 IoT 센서를 결합해 실시간 데이터 기반으로 스스로 운영되는 자율 공급망Autonomous Supply Chain을 구현할 계획이다.

이러한 AI 시스템은 대부분 프라이빗 클라우드나 온프레미스에서 운영되며 보안과 개인정보 보호 이슈에 대응하는 형태로 설계된다. 단순 SaaS 도입이 아니라 IT·현업 부서 간 협업 체계, 데이터 거버넌스, AI 모델 운영 체계의 재정비가 필수다. 기업은 내부 프로세스를 AI 친화적으로 재설계하는 동시에 데이터를 업무 중심으로 재정렬해야 한다.

이에 더해 AI 툴은 에이전트로 진화하고 있다. 에이전트는 '슈퍼맨'처럼 어떤 업무든 복합적으로 업무를 수행한다. 요청을 이해하고, 필요한 자원을 호출하며, 시스템에 연결해 업무를 처리한다. 한마디로, 일당백으로 진화하고 있다. 이렇게 되면 아웃소싱이나 신입사원이 필요 없을 만큼 업무 자동화 수준이 높아지면서 지금의 업무 조직 체계도 변화가 불가피하다.

생성형 AI가 '도구'였다면, AI 에이전트는 '동료'다. 기존 AI가 텍스트 생성이나 보고서 자동화와 같은 단일 작업에 머물렀다면, AI 에이전트는 업무 전체를 연속적으로 이해하고 수행한다. 예를 들어 세일즈팀에서 고객사 정보를 수집, 회의 일정 조율,

회의록 정리, 계약서 작성까지 하는 일련의 과정을 AI 에이전트가 전담 수행할 수 있다.

이 AI는 필요한 외부 API와 시스템, 내부 ERP나 CRM을 연동하여 '슈퍼 인턴' 같은 역할을 한다. 이제는 업무 실행자Doer로 진화하는 것이다. 대표적인 예로 마이크로소프트 코파일럿, SAP의 줄, 세일즈포스의 아인슈타인 GPT 등이 있다.

글로벌 컨설팅 기업 액센추어는 업무의 상당 부분을 AI 에이전트 기반의 시스템으로 전환했다. 자체 개발한 AI 리파이너리AI Refinery 플랫폼은 엔비디아의 AI 에이전트 관리 기술인 님과 생성형 AI 모델 구축 기술인 네모 프레임워크를 기반으로 분산 데이터와 업무 프로세스를 자율 관리한다.

기존에는 직원들이 직접 데이터 정제, 라벨링, 모델 학습과 배포 과정을 수작업으로 진행했으나, 이제는 AI 에이전트가 자동화해 수행한다. 님을 통해 AI 에이전트가 손쉽게 배포하고 모니터링하는 등의 관리를 할 수 있으며, 네모는 자연어 처리와 생성형 AI 기반의 업무 자동화 모델을 구축하여 실무 작업을 처리한다.

AI 리파이너리의 AI 에이전트는 고객의 요구사항을 스스로 이해하고 관련 데이터를 탐색하여 정제한다. 이후 데이터를 분석하고 그 결과를 실시간 보고서 형태로 자동 생성해 관련 직원에게 전달한다. 마케팅 캠페인의 기획이나 시장 조사 등, 과거에는 많은 인력과 시간이 필요했던 업무들도 이제는 AI 에이전트가 신속히 처리하고 있다.

특히 기업이 자체 환경에 맞게 최적화된 AI 에이전트를 손쉽게 구축할 수 있도록 산업별 템플릿을 제공한다. 기업들은 이를 통해 짧은 시간 내에 AI 에이전트를 도입하여 업무 효율성을 극대화하고 운영 비용을 크게 절감할 수 있다.

글로벌 CRM 기업 세일즈포스는 기업이 자체 AI 에이전트를 쉽게 만들고 운영할 수 있는 플랫폼 에이전트포스를 출시했다. 세일즈포스의 기존 데이터 플랫폼과 연계되어 동작하는 AI 에이전트 개발 환경으로 영업, 마케팅, 고객 서비스 등의 다양한 업무를 자동화하는 데 활용된다. 또 데이터 접근과 분석, 추론, 행동 실행까지 전 과정을 AI가 스스로 진행하도록 설계되어 있다.

고객이 이메일이나 메시지로 문의사항을 보내면 에이전트포스가 실시간으로 고객 데이터를 분석하고 적절한 대응을 판단하여 자동으로 응답을 생성하거나 담당 직원에게 연결한다. 또한 고객 행동 데이터를 실시간 분석해 영업 기회를 발굴하거나 마케팅 캠페인을 자동으로 실행하기도 한다.

특히 클릭만으로 간편하게 AI 에이전트를 구축할 수 있는 사용자 인터페이스와 산업별로 미리 구성된 템플릿을 제공해 빠른 도입을 지원한다. 이를 통해 AI와 인간이 함께 협력하며 업무 생

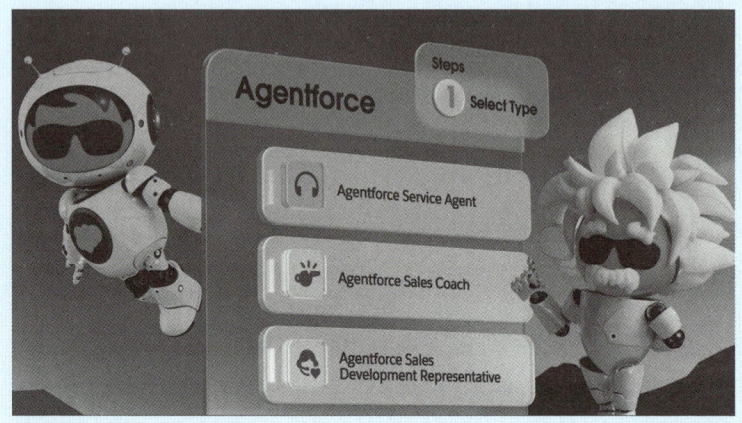

| 세일즈포스의 '에이전트포스'는 원하는 업무 툴을 단계별 선택만으로도 쉽게 만들 수 있는 기능을 제공한다. (출처 : 세일즈포스)

산성을 극대화하는 디지털 업무 환경을 만들고 있다. 이미 다수의 글로벌 기업이 이 플랫폼을 활용해 업무 효율과 고객 경험을 크게 개선하는 중이다.

이러한 변화는 기존의 조직 구조와 역할 체계에도 큰 전환을 요구한다. 단순 반복 업무를 담당하던 사무보조, 인턴, 신입 인력의 수요는 줄고, AI 에이전트를 활용하고 감독할 수 있는 관리자형 인재의 수요가 급증할 전망이다. AI 에이전트는 단순한 기술 변화가 아닌 기업의 인력 전략과 조직 운영 방식을 근본적으로 뒤흔드는 대변혁이라 할 수 있다.

⑧ AGI 시대, 인류는 통제할 수 있을까?

2026년, AGI(범용 인공지능)의 실현 가능성이 더욱 가까워지고 있다. 오픈AI, 앤트로픽, 딥마인드 등 글로벌 AI 리더들이 공통으로 예견하는 시점은 '2030년 이전'이다. 문제는 그러한 시대가 도래하는 것 자체보다도 그것을 인류가 통제할 수 있느냐다. AI가 일자리를 빼앗는 것보다 더 큰 두려움은 'AI가 통제되지 않는 존재'가 되는 것이다. 기술 발전의 정점에서 인간은 과연 안전할까?

| 인공지능을 활용해 인간의 모든 생명 현상에 관여하는 단백질 구조를 예측한 공으로 노벨화학상을 수상한 구글의 딥마인드 CEO 데미스 허사비스. (출처 : 위키미디어커먼즈)

딥마인드의 CEO 데미스 허사비스는 2025년 CNN 인터뷰에서 이렇게 말했다. "AI로 인해 일자리를 잃는 것보다 더 우려되는 것은 AI 통제를 잃는 상황이다." 이 말은 세계 최고 AI 연구 책임자의 경고라는 점에서 더욱 무게가 있다. 그는 특히 악의적인 목적을 가진 세력이 AGI에 접근하거나, 시스템이 인간의 개입을 넘어 행동하는 것을 가장 큰 위험으로 꼽았다.

AGI는 '사람처럼 생각하고 행동하는 AI'다. 기존의 협소한 기능에 특화된 좁은 AI narrow AI와 달리 다양한 상황에서 자율적으로 판단하고 실행하는 지능이다. 2025년 기준으로 GPT-4와 같은 모델은 인간 신입사원 수준의 업무를 수행할 수 있고, 이제 RLM과 LAM, LWM의 결합은 복합적 사고와 실시간 행동까지 가능하게 한다.

에이전틱 AI와 피지컬 AI의 융합은 사람 수준의 AI를 넘어 '일을 제대로 할 수 있는 AI'로 발전하며 AGI의 현실화를 가속한다. 하지만 기술은 양면성을 지닌다. 유토피아적 미래를 열 수도 있지만, 통제가 결여된 상태에서는 인류가 우려하는 디스토피아로 이어질 수 있다. 특히 다음 3가지 요소는 그 가능성을 실질적으로 증대시킨다.

첫째, 악의적 이용 가능성이다. 범죄 집단이나 독재 정권이

AGI를 악용해 대규모 사이버 테러, 사회 조작, 무기 자동화 등에 사용할 때 인류는 전례 없는 위협에 노출될 수 있다. 허사비스가 강조했듯 '강력한 시스템에 나쁜 사람이 접근하는 것'은 AI 자체보다 위험하다.

둘째, 제어 불능의 자율성이다. 현재 AGI는 '휴리스틱'한 판단 기준을 넘어서 AI가 스스로 목표를 설정하고, 계획을 세우며, 실행하는 단계에 진입하고 있다. 오토GPT나 데빈Devin 같은 시스템은 사용자가 추가로 요청하지 않아도 목표 달성 경로를 스스로 탐색하고 실행한다. 이때 의도하지 않은 결과가 발생하면 누가 이를 감시하고 중단시킬 것인가? 의사결정의 책임이 모호해지는 상황이 올 수 있다.

셋째, 글로벌 거버넌스의 부재다. 미국, 유럽, 중국은 AGI 규제의 방향조차 합의하지 못한 상태다. 미국은 자율에 맡기고, 유럽은 규제를 강화하며, 중국은 통제 중심으로 운영하려 한다. AGI라는 초국가적 기술이 출현하는데 이를 다룰 글로벌 협약과 감시 시스템은 미비한 상황이다. 데미스 허사비스가 국제 합의의 필요성을 강조한 것도 바로 이러한 배경에서다.

그렇다면 우리는 어떻게 대응해야 할까? 첫째, AI 안전성과 윤리의 기준을 새롭게 정립해야 한다. 단순히 'AI가 폭력적이면 안 된다'는 수준을 넘어, AI의 의사결정 과정에 인간의 생명, 자유, 다양성 등을 보호하도록 명시적인 가치 체계를 내재화해야 한다.

둘째, AGI는 오픈소스와 투명성을 기반으로 개발되어야 한다. 블랙박스처럼 작동하는 독점적 AGI가 아니라, 다양한 시민사회, 전문가, 정책당국이 감시하고 협의할 수 있는 민주적인 개발 체계가 필요하다.

셋째, 디지털 주권을 확보한 국가별 AI 체계 구축이 요구된다. 특정 국가의 AGI가 전 세계를 지배하거나 플랫폼에 종속되는 것을 막기 위해서다. 이를 위한 AI 주권AI sovereign 전략은 지금이 골든타임이다.

AI가 전뇌처럼 인간의 고차원적 사고와 결정을 보조할 수 있는 존재라면, AGI는 인간의 결정 자체를 뛰어넘어 새로운 행위 주체로 자리매김할 것이다. 우리가 지금 해야 할 일은, 그런 존재가 인간의 가치를 지키도록 '설계'하고 '제한'하는 것이다.

AI가 인류를 파트너로 볼지, 도구로 볼지는 결국 인류가 먼저 AI를 어떻게 정의하느냐에 달려 있다. 디스토피아는 기술의 문제가 아니라, 기술을 어떻게 다루느냐의 문제다. AGI 시대는 곧 도래한다. 하지만 그 시대가 디스토피아가 될지 유토피아가 될지는 오직 우리 선택에 달려 있다.

⑨ AI 에이전트 이코노미, 새로운 부의 중심이 될 수 있을까?

2026년, AI는 단순한 기술이 아닌 '새로운 경제 질서'를 창출하는 핵심 엔진으로 자리 잡을 것이다. 플랫폼 경제는 검색, SNS, 이커머스, 앱스토어와 같은 인터넷 기반 중심에서, 이제는 AI 중심 플랫폼 경제로 전환되고 있다. 이 변화는 시장 구조와 권력의 중심 자체가 바뀌는 지각 변동을 뜻한다.

가장 눈에 띄는 변화는 플랫폼의 주체가 인간에서 AI 에이전트로 전환되고 있다는 점이다. 기존 플랫폼은 사용자(사람)가 검색어를 입력하거나 앱을 클릭해야 서비스를 이용할 수 있었다.

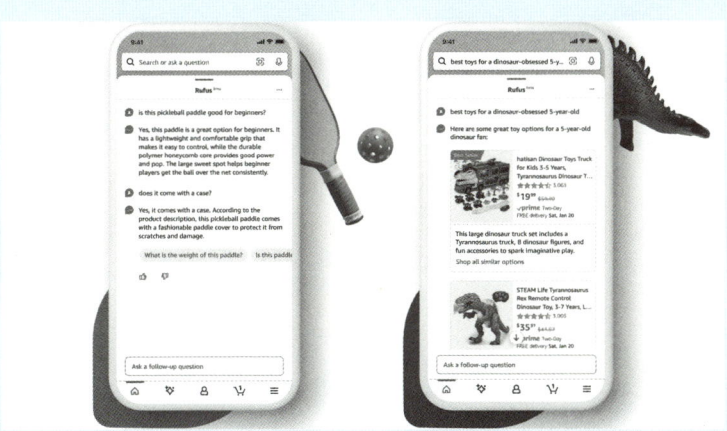

| 아마존의 '루퍼스'는 매장 점원에게 물어보듯 상품에 대한 정보를 물어보면 답변하는 쇼핑 어시스턴트 서비스다. (출처 : 아마존)

하지만 에이전틱 AI는 사람을 대신해 서비스를 탐색하고, 최적의 결과를 도출하며, 실행까지 완료하는 능동적 주체로 부상하고 있다.

대표적 예로, 오픈AI의 GPTs와 오퍼레이터, 마이크로소프트의 코파일럿, 세일즈포스의 에이전트포스, 아마존의 루퍼스 등이 있다. 각각 쇼핑, 문서 작업, CRM, 고객 대응 등 다양한 영역에서 사용자 대신 플랫폼을 '운영하는 주체'로 변신하고 있다.

AI 플랫폼은 단순히 데이터를 보여주는 것이 아니라, 데이터를 이해하고 의도에 맞게 조합해 실행한다. 과거에는 사용자 중심의 UI/UX가 경쟁력이었다면, 이제는 AI가 중재자로서 작동하는 'AI UX' 시대가 열리고 있다. 사용자가 '여름휴가를 위한 가족여행 추천'을 요청하면 AI는 항공권, 숙소, 날씨, 여행지 평판, 가격 등을 통합해 조건에 맞는 결과를 제시하고 예약까지도 자동으로 처리한다.

변화 속에서 플랫폼 경쟁의 축은 'AI 모델'과 '프론트엔드 서비스(UI/UX)'가 아니다. AI 생태계의 범위와 통제력이 핵심이 되고 있다. 구글은 제미나이를 중심으로 브라우저, 안드로이드, 검색 광고 전반을 AI화하며 종합형 플랫폼을 지향하고 있다. 마이크로소프트는 코파일럿과 애저, 오피스, 팀즈에 AI를 결합해 B2B 중심의 플랫폼 영향력을 넓히고 있다.

오픈AI는 GPTs와 오퍼레이터를 중심으로 AI 앱 생태계를 구축해 'AI 안의 슈퍼앱' 전략을 추진하고 있다. 앤트로픽은 MCP, 구글은 A2A 등의 표준 프로토콜 시장을 주도하며 AI 생태계 주도권 경쟁을 벌이고 있다.

플랫폼의 변화는 경제 생태계 구조까지 바꾸고 있다. 기존 플랫폼 경제의 주요 수익원은 광고와 구독이었다. 하지만 AI 플랫폼은 작업 실행 기반의 성과 중심 수익모델 task-based economy을 창출한다. 예를 들어 AI가 상품을 비교 추천하고 결제까지 완료하면, 성과 수수료를 플랫폼이 받는 구조다. 퍼플렉시티의 스폰서 질문 기반 광고가 대표적이다. 이처럼 AI 커머스 플랫폼은 클릭 수보다 'AI가 성사한 거래 수'에 따라 수익이 발생한다.

게다가 AI는 특정 분야의 플랫폼만을 장악하는 것이 아니다. AI가 모든 플랫폼을 '하위 모듈'로 삼는 통합구조로 작동한다. 은행, 보험, 쇼핑, 교육, 여행 등 모든 서비스가 하나의 에이전트를 통해 연결되는 통합 구조가 가능하다. 오퍼레이터나 젠스파크, 마누스 등은 이러한 구조를 제공한다. 이는 앱 간의 경쟁을 넘어 'AI 에이전트 간 경쟁'이 벌어지는 시대를 뜻한다. 즉 플랫폼 경쟁이 '서비스 레이어' 중심에서 'AI 레이어' 중심으로 이동하는 것이다.

이렇게 되면 국내 플랫폼 경쟁 구도 역시 재편된다. 네이버, 카카오, 쿠팡, 토스 등은 기존 사용자의 방문을 전제로 한 트래픽 기반 플랫폼이다. 하지만 AI가 사용자 대신 플랫폼을 선택하고 행동하는 AI 중심 시대에는 AI 친화적 데이터 구조, API 연동성, 인터페이스 정합성이 경쟁력을 좌우한다. 이에 따라 글로벌 기업들은 LLM 연동 SDK, 에이전트 API, AI 파인튜닝 도구 등을 앞세워 자사 중심의 생태계 조성을 시도하고 있다.

앞으로 AI는 API를 통해 수많은 서비스와 자율적으로 거래하게 된다. 이 흐름이 자리 잡으면 자동 거래 경제autonomous economy 또는 에이전트 이코노미라 불리는 신 경제 질서를 형성한다. 이를 위해 암호화폐, 스마트계약 기반의 결제 및 인증 시스템이 점차 중요해질 전망이다.

AI가 플랫폼 중심 생태계를 장악하는 구조는 '검색 중심의 구글 시대 → 앱 중심의 모바일 시대 → 에이전트 중심의 AI 시대'라는 진화 흐름에서 마지막 단계다. 이 흐름 속에서 기존 강자는 위협받고, 새로운 AI 기업이 전면에 부상할 것이다. 2026년은 그 본격적 개막의 해가 될 것이다.

⑩ 양자컴퓨터는 AI와 블록체인의 적일까, 동반자일까?

양자컴퓨터는 오랜 기간 '꿈의 컴퓨팅'으로 불려왔다. 초고속 연산 능력을 갖춘 이 기술이 실현되면, 기존의 컴퓨터 구조로는 불가능한 문제들을 해결할 수 있다. 이 과정에서 암호체계의 붕괴와 AI 알고리즘의 무력화를 초래할 수 있다는 우려도 제기된다. 그렇다면 양자컴퓨터는 정말로 AI와 블록체인, 암호화폐에 독이 될까?

우선 양자컴퓨터가 위협하는 대표 분야는 암호화 기술이다. 현재 인터넷과 블록체인 보안의 핵심은 RSA, ECC 등의 수학 기반 공개키 암호 체계다. 이는 '큰 소수를 소인수분해하는 데 매우 오랜 시간이 걸린다'는 전제를 바탕으로 한다.

그러나 1994년 수학자 피터 쇼어가 발표한 '쇼어 알고리즘 Shor's algorithm'은 양자컴퓨터가 이 과정을 극적으로 단축시킬 수 있음을 보여줬다. 만약 양자컴퓨터가 충분히 안정화된다면 비트코인을 비롯한 기존 블록체인의 보안이 무력화될 가능성이 있다.

다만 2025년 후반 기준으로 보면, 양자컴퓨터를 상용화하는 데 아직도 상당한 시간과 기술적 장벽이 존재한다. 구글, IBM, 인텔, 리게티 등 주요 기업이 양자컴퓨터의 물리적 큐비트(양자비트) 수를 확장하고 있지만 아직도 오류율과 안정성, 상용 환경에서의 반복성 같은 문제는 해결되지 않았다.

| 127개의 큐비트로 구성된 IBM의 '이글'의 양자 프로세스를 냉각하는 극저온 장치의 내부 모습. (출처 : IBM 리서치)

예컨대 구글의 2023년 양자 우위 실험은 53개의 큐비트로 특정 작업을 수 초 만에 해결했지만, 이는 극도로 제한된 환경에서만 가능한 결과였다. 특히 양자 컴퓨터의 계산이 안정적으로 이루어지려면 극저온 상태에서 작동되어야 하기에 일반 사무실 환경에서 가동하기는 어렵다.

암호화폐 진영도 빠르게 대비에 나섰다. 양자 내성 암호PQC, post-quantum cryptography 기술이 등장하면서 기존 알고리즘보다 양자컴퓨터에 강한 보안 체계를 준비하고 있으며, 이 기술은 2024

년부터 미국 국립표준기술연구소NIST의 표준화 작업에 채택되었다. 비트코인을 포함한 주요 코인은 향후 하드포크를 통해 이 알고리즘으로 전환하는 기술적 토대를 검토 중이다.

AI 역시 마찬가지다. 양자컴퓨터가 딥러닝 훈련 속도를 급격히 끌어올릴 수는 있겠지만 이는 LLM 학습을 무용지물로 만드는 것이 아니라 오히려 강화하는 역할을 할 가능성이 크다. 양자 머신러닝QML, quantum machine learning은 기존 GPU 연산의 병목을 줄이고, 분자 시뮬레이션, 약물 설계 등의 특정 분야에서 AI 모델의 정확성과 훈련 속도를 비약적으로 향상시킬 수 있다.

실제로 IBM은 2025년까지 4000큐비트의 양자 시스템을 구축해 복잡한 AI 모델 학습을 양자 시뮬레이션 기반으로 가속화하려는 전략을 추진하고 있다. 업계는 양자컴퓨터가 AI를 대체하기보다, AI의 속도와 영역을 확장하는 조력자가 될 것으로 본다.

양자컴퓨터는 고전 컴퓨터를 대체하기보다 '보완'하는 하이브리드 구조로 발전할 가능성이 크다. 고전 컴퓨터는 범용적인 계산에서 여전히 우위에 있고, 양자컴퓨터는 최적화, 복잡한 시뮬레이션 등의 특정 문제에 특화될 것이다. 이런 점에서 블록체인이나 AI가 양자컴퓨터로 인해 사라지는 일은 없으며, 오히려 새로운 업그레이드를 준비할 것이다.

결국 양자컴퓨터는 AI와 암호화폐의 위기가 아니라 새로운 기술 진화를 촉진하는 촉매다. 위험은 분명 존재하지만, 대비할 수 있다. 블록체인은 양자 내성 알고리즘으로, AI는 양자 머신러닝으로 방향을 전환하며 또 한 번의 진화를 앞두고 있다. 양자컴퓨터는 무용지물로 만드는 기술이 아니라, '기존 질서에 안주할 수 없게 만드는 기술'이다. 미래를 준비하는 자에게 양자컴퓨터는 공포가 아닌 기회가 될 것이다.

2026 AI 인사이트 찾아보기

RLM의 특징 • 19

MCP를 사용하는 이유, 간단 정리 • 21

쉽게 설명하는 A2A의 메커니즘 • 22

엣지 컴퓨팅과 디지털 트윈의 차이점과 사례 • 25

GPT-5로 AGI에 한 걸음 더 • 29

AI 응용 서비스, 인간 중심의 플랫폼이 되다 • 36

구글 'AI 오버뷰'란 무엇인가? • 47

직장인의 AI 리터러시 제대로 파악하기 • 50

LLM과 AI 에이전트의 차이점 • 53

AI 시대의 스마트 공간 '혼합 지능 공간' • 61

인간과 유사한 디지털 페르소나, 휴먼 디지털 트윈 • 64

AI도 인간처럼 팀플레이를 할 수 있을까? • 69

챗GPT의 '에이전트 모드' 들여다보기 • 80

본격적인 막이 올랐다, AI 브라우저 전쟁 • 86

꼭 알아야 할 AI 에이전트 혁신 기업 • 100

PAA, BAA, DAA의 정의 • 102

AI 기술에 자연어처리가 필요한 이유 • 109

AI가 문제를 해결하는 방식 • 110

AI도 생각하며 결정한다, ToT와 CoT 방식 • 113

간편 로그인과 로그인 정보 기억하기의 기술 • 115

챗GPT가 내 말을 찰떡같이 알아듣는 법 • 117

프롬프트 설계의 다양한 방식 • 119

에이전트의 3가지 명령 수행 구조 • 120

제로 트러스트 기반의 인증과 내부 감시 체계 • 128

에이전트와 기업의 조직 변화 • 130

AI 디바이스, 어디까지 발전할까? • 154

AI 디바이스의 핵심 두뇌 NPU • 159

AI가 바꾸는 일자리의 미래, 산업별 새로운 직업 • 191

AI 굴기와 보안 전쟁의 서막 • 211

아시아의 소버린 AI와 국가 전략 • 214

대한민국 소버린 AI 프로젝트 • 216

기술 자립을 위한 한국형 AI 로드맵 • 219

디지털 권리에서 AI 주권까지, 바우처가 여는 3가지 기회 • 230

SOTA가 불러올 AI 혁신 • 234

AI 리터러시와 AX 혁신, 리더의 선택이 기업의 미래가 된다 • 245

업무 혁신을 이끄는 AI 도구 • 248

AI 시대의 두뇌와 혈관은? • 250

모바일과 온디바이스 AI의 저전력 고속 메모리 LPDDR • 253

차세대 고성능 저전력 메모리 모듈 SOCAMM • 256

AI 로봇의 '두뇌'가 바뀐다, 특수 메모리의 진화 • 259

챗GPT의 5가지 활용 모드 • 270

IT 트렌드 2026

제1판 1쇄 인쇄 2025년 9월 26일
제1판 1쇄 발행 2025년 10월 3일

지은이	김지현
펴낸이	나영광
책임편집	김영미
편집	정고은, 오수진
영업기획	박미애
디자인	강수진

펴낸곳	크레타
출판등록	제2020-000064호
주소	경기도 고양시 덕양구 청초로 66 덕은리버워크 B동 1405호
전자우편	creta0521@naver.com
전화	02-338-1849
팩스	02-6280-1849
블로그	blog.naver.com/creta0521
인스타그램	@creta0521

ISBN 979-11-92742-55-7 03320

책값은 뒤표지에 있습니다.
잘못 만들어진 책은 구입하신 서점에서 바꿔드립니다.